困難化させない

ケアマネジメント

支援のヒント事例集

國光登志子
牧野　雅美

編著

第一法規

はじめに

　ケアマネジャーが現在かかえている業務遂行上の悩みで、最も多かったのは「記録する書式が多く手間がかかる」（約70％）で、次に多かったのが、「困難ケースへの対応に手間がとられる」（約50％）でした（「居宅介護支援事業所及び介護支援専門員の業務等の実態に関する調査研究事業結果概要」第129回社会保障審議会介護給付費分科会資料１－５）。

　こうした複合的な課題を抱える利用者・家族への支援困難な事例（認知症、本人や家族の障害、サービス拒否等の複数の課題をかかえている利用者）の対応に苦慮しているケアマネジャーに向けて企画されたのが、この『困難化させないケアマネジメント　支援のヒント事例集』です。ケアマネジャーが要介護者等への支援を困難化させないため、ケアマネジメントの過程ごとにポイントがつかめ、支援業務のヒントが得られることをねらいとした事例解説書です。

　紹介する事例は、利用者一人ひとりの生活環境、状況の変化や介護サービスの変化などに応じたケアマネジメントの総合的な記録です。また、基本情報にはじまり、チェックポイントシート、課題整理総括表等を用いてニーズを導き出し、ケアマネジャーとともに各種サービスの担当者が個々のサービス利用者の立場に立ってサービスを調整・統合し、利用者にふさわしいサービスを常に継続して確保し続けた成果物とも言えるでしょう。

　本書には９本の事例を掲載しました。それぞれに特徴のある事例です。対応によっては「困難事例」となる要素がありますが、各過程におけるケアマネジャーのふりかえりとチェックポイントを適宜提示し展開しています。事例を読み進めることによって、ケアマネジャーが自身のケアマネジメントへの気づき、対人援助のあり方や後進へのアドバイスのヒントも得られることでしょう。自己研鑽、さらには、事業所内での職員研修のテキストとしてぜひご活用ください。

　平成27年４月から介護保険法に位置づけられた「地域ケア会議」において、ケアマネジャーは事例提出が努力義務になりました。事例検討はケアマネジメントの専門性向上の重要な手法であり、ひいては地域包括ケアの構築にもつながっていきます。

　編集委員一同、本書を、ケアマネジャーの方々のより質の高いケアマネジメントの実践に役立ていただくことを心から願っております。

平成28年12月
編集委員を代表して　國光　登志子

目次 CONTENTS

はじめに
本書の利用にあたって

第1編　解説編

Ⅰ　介護保険制度の基本

　　1　制度導入の背景………… 3
　　2　介護保険制度と居宅介護支援………… 4
　　3　ケアマネジャーをめぐる動向………… 6

Ⅱ　困難化させないケアマネジメント

　　1　支援困難事例の特徴………… 11
　　2　ケアマネジメントプロセスの重層的な展開………… 12
　　3　「主任介護支援専門員制度」の理解
　　　　－スーパーバイズシステム－………… 15
　　4　事例検討の勧め………… 18
　　5　まとめ………… 19

第2編　事例編

認知症高齢者と家族介護者への対応………… 23
家族が認知症疾患やケア方法の理解を深めながら、在宅生活の継続を可能とする支援

事例2 虐待・DV等多問題を抱える本人と家族への対応............ 44
居場所を失くした家族が、本人を中心に一つ屋根の下で生活を継続・再構築するための支援

事例3 がん末期患者と家族への対応............ 65
福祉用具貸与から介入し、ターミナルケアまでの本人と家族への支援

事例4 独居の認知症高齢者への対応............ 86
成年後見制度を利用し、住み慣れた地域で暮らし続けるための支援

事例5 西洋医学を拒む独居高齢者への対応............ 105
本人のこだわりに寄り添いながら独居生活の維持・継続を図る支援

事例6 進行性難病で余命告知を受けた利用者への対応............ 126
医療との連携で、本人と介護する妻の負担軽減を図りながら在宅生活継続を支援

事例7 家族による高齢者虐待への対応............ 147
施設入所から在宅生活を再開、家族間調整を図りながらの再入所までの支援

事例8 独居の認知症高齢者の生活再建への対応............ 169
利用者が抱える多様化・複合化する問題を整理し、帰郷の実現を支援

事例9 介護力不足の三世代家族への対応............ 193
チーム連携で、自宅での介護・看取りを希望する本人と家族の在宅継続への支援

本書の利用にあたって

　本書は、要介護者等への支援を困難化させないためのヒント事例集です。
　自己研鑽、事業所内研修に役立つよう、ケアマネジメント過程に沿った様式類を用い、過程ごとにケアマネジャーの「ふりかえり」と編著者による「チェックポイント」を掲載し、ヒントを得られるように構成しています。各事例の末尾には、事例に即した関連機関・周辺制度、関係法令等の「ポイント解説」を掲載しました。

　第2編　事例編の構成
　　●事例の概要
　　●ケアマネジメントの依頼経緯
　　●ケアプラン作成までの経過
　　　・ケアマネジャーのふりかえり／ケアプラン作成までのチェックポイント
　　●アセスメント
　　　・ケアマネジャーのふりかえり／アセスメントのチェックポイント
　　●基本情報
　　●チェックポイントシート
　　●課題整理総括表
　　●ケアプラン
　　　・ケアマネジャーのふりかえり／ケアプランのチェックポイント
　　●居宅サービス計画書（1）（第1表）
　　●居宅サービス計画書（2）（第2表）
　　●週間サービス計画表（第3表）
　　●サービス担当者会議
　　　・ケアマネジャーのふりかえり／サービス担当者会議のチェックポイント
　　●ケアプランの確定
　　　・ケアマネジャーのふりかえり／確定ケアプランのチェックポイント
　　●サービス担当者会議の要点（第4表）
　　●医療情報シート
　　●モニタリング
　　　・ケアマネジャーのふりかえり／モニタリングのチェックポイント
　　●居宅介護支援経過（第5表）
　　●評価表
　　＊困難化させない支援のヒント
　　　・編集委員会／ケアマネジャー
　　＊ポイント解説

　さまざまな課題を有する事例を読むこと、あるいは事業所内で検討会の材料とすることは、他のケアマネジャーの手法を知ると同時に、類似案件を担当する際に応用でき不安感の軽減につながります。各過程でのふりかえりとチェックポイントからは、各事例の困難化させない手立てがわかる仕掛けになっています。自身の支援業務、後進へのアドバイスに、ぜひご利用ください。

　　※各事例は個人が特定されないよう情報を改変しています。
　　※様式類は一部簡略化して収録しています。

第 1 編

解説編

Ⅰ 介護保険制度の基本
1. 制度導入の背景
2. 介護保険制度と居宅介護支援
3. ケアマネジャーをめぐる動向

Ⅱ 困難化させないケアマネジメント
1. 支援困難事例の特徴
2. ケアマネジメントプロセスの重層的な展開
3. 「主任介護支援専門員制度」の理解
   －スーパーバイズシステム－
4. 事例検討の勧め
5. まとめ

I 介護保険制度の基本

1 制度導入の背景

　介護保険制度導入前の高齢者福祉は、老人福祉と老人医療に分かれ、老人福祉では市町村がサービスの種類や提供機関を決めるために利用者がサービスを選択することができない、所得調査があるために利用には心理的抵抗感が伴う等の問題がありました。また、本人と扶養義務者の収入に応じた利用者負担（応能負担）があり、中高所得層には重い負担である一方、老人医療では利用者負担が福祉サービスより低いため、介護を理由とする一般病院への長期入院（社会的入院）の問題が発生し、医療費の増加を招きました。

　高齢化の進展による要介護高齢者の増加、介護期間の長期化など、介護ニーズが増大するなかで、核家族化の進行、介護する家族の高齢化など、要介護高齢者を支えてきた家族の状況も変化し、高齢者の介護を社会全体で支え合うしくみ、いわゆる介護の社会化を目指し、「①要介護状態になっても、自立した生活ができるよう、高齢者の介護を社会全体で支えるしくみ、②ケアプラン作成事業者に相談すれば、介護サービスを総合的に受けられる利用しやすいしくみ、③社会保険方式の導入で受けられる介護サービスと保険料の関係がわかりやすいしくみ」が検討され、平成8年に連立与党3党が政策に合意、翌平成9年に「介護保険法」が成立し、平成12年4月に施行となりました。

1）制度の目的

　介護保険制度の目的は、介護保険法（以下「法」という。）第1条が示す通り要支援・要介護状態になっても尊厳を保持し、有する能力に応じ自立した日常生活を営むことができるよう支援することです。そのため、要介護状態等になってもその人らしく住み慣れた地域で暮らしていけるように、必要な保健医療サービス・福祉サービスに係る給付を行います。

> （目的）
> **第1条** この法律は、加齢に伴って生ずる心身の変化に起因する疾病等により要介護状態となり、入浴、排せつ、食事等の介護、機能訓練並びに看護及び療養上の管理その他の医療を要する者等について、これらの者が尊厳を保持し、その有する能力に応じ自立した日常生活を営むことができるよう、必要な保健医療サービス及び福祉サービスに係る給付を行うため、国民の共同連帯の理念に基づき介護保険制度を設け、その行う保険給付等に関して必要な事項を定め、もって国民の保健医療の向上及び福祉の増進を図ることを目的とする。

2）制度の基本理念

法第2条で要介護状態等の軽減、悪化の防止、医療との連携に配慮し、総合的かつ効率的に行うことを基本理念として定めています。

> （介護保険）
> **第2条** 介護保険は、被保険者の要介護状態又は要支援状態（以下「要介護状態等」という。）に関し、必要な保険給付を行うものとする。
> 2 前項の保険給付は、要介護状態等の軽減又は悪化の防止に資するよう行われるとともに、医療との連携に十分配慮して行われなければならない。
> 3 第1項の保険給付は、被保険者の心身の状況、その置かれている環境等に応じて、被保険者の選択に基づき、適切な保健医療サービス及び福祉サービスが、多様な事業者又は施設から、総合的かつ効率的に提供されるよう配慮して行われなければならない。
> 4 第1項の保険給付の内容及び水準は、被保険者が要介護状態となった場合においても、可能な限り、その居宅において、その有する能力に応じ自立した日常生活を営むことができるように配慮されなければならない。

2 介護保険制度と居宅介護支援

1）介護保険の基本目標

(1) 基本目標

制度の基本目標は、以下の通りです。

①高齢者介護に対する社会的支援

②高齢者自身による選択

③在宅介護の重視

④予防・リハビリテーションの充実

⑤総合的、一体的、効率的なサービスの提供

⑥市民の幅広い参加と民間活力の活用

⑦社会連帯による支え合い

⑧安定的かつ効率的な事業運営と地域性の配慮

(2) 居宅介護支援

制度の目的や基本理念を達成するために、個々の要介護者等が介護サービスを利用できるようにする具体的な方法を、在宅の場合は「居宅介護支援」（以下「ケアマネジメント」という。）といい、法第8条第24項で以下の内容を定めています。

①介護保険サービス、日常生活を営むために必要な保健医療サービスまたは福祉サービスを適切に利用できるよう、居宅要介護者等の依頼を受けて、その心身の状況その置かれている環境、要介護者および家族の希望等を勘案し、利用する指定居宅サービス

の種類、内容、担当者、その他厚生労働省令（「指定居宅介護支援等の事業の人員及び運営に関する基準」等）で定める居宅サービス計画（以下「ケアプラン」という。）の作成

②指定居宅サービスの提供が確保されるようにサービス事業者等との連絡調整・その他便宜の提供

③要介護者等が必要とする場合は地域密着型介護老人福祉施設、介護保険施設等への紹介その他便宜の供与

上記の中に「ケアマネジメントの基本プロセス」と言われている、申込受付（インテーク）、アセスメント、ケアプラン作成、サービス担当者会議、モニタリング等に関する一連の手続きが定められています。

図1　居宅介護支援のプロセス

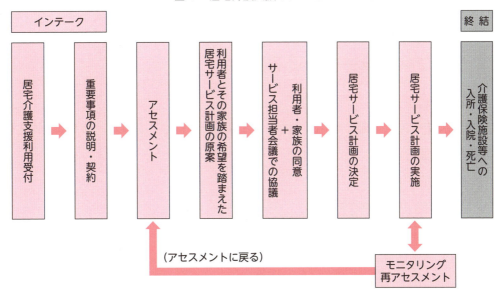

2）ケアマネジメントと介護支援専門員

介護保険制度の基本目標を達成するためのケアマネジメントを行う専門職種が「介護支援専門員」（以下「ケアマネジャー」という。）です。「制度の要」とも言われています。

ケアマネジャーは、自立支援を進めていく上で医療とも密接に連携しながら多様なサービスを組み合わせてケアプランを作成し、進行管理を行う専門職として法第7条第5項で制度に位置づけられ、以下のように定義されています。

ケアマネジメントは居宅の場合のみならず、地域密着型施設や介護保険施設を利用する場合においても基本的な考え方は同じです。

ケアマネジメントは、①要介護者等からの相談に応じ、②要介護者等がその心身の状況に

応じ適切な居宅サービス等との連絡調整を行い、③要介護者等が自立した日常生活を営むのに必要な援助に関する専門的知識および技術を有する者として「介護支援専門員証」の交付を受けたものが行います。

> （定義）
> **第7条**
> 5　この法律において「介護支援専門員」とは、要介護者又は要支援者（以下「要介護者等」という。）からの相談に応じ、及び要介護者等がその心身の状況等に応じ適切な居宅サービス、地域密着型サービス、施設サービス、介護予防サービス若しくは地域密着型介護予防サービス又は特定介護予防・日常生活支援総合事業（第115条の45第1項第1号イに規定する第1号訪問事業、同号ロに規定する第1号通所事業又は同号ハに規定する第1号生活支援事業をいう。以下同じ。）を利用できるよう市町村、居宅サービス事業を行う者、地域密着型サービス事業を行う者、介護保険施設、介護予防サービス事業を行う者、地域密着型介護予防サービス事業を行う者、特定介護予防・日常生活支援総合事業を行う者等との連絡調整等を行う者であって、要介護者等が自立した日常生活を営むのに必要な援助に関する専門的知識及び技術を有するものとして第69条の7第1項の介護支援専門員証の交付を受けたものをいう。

3　ケアマネジャーをめぐる動向

1）制度改正とケアマネジャー

　介護保険法は平成12年施行後、計4回の大きな改正が行われました。概要は、表1の通りです。

表1　介護保険法改正の概要

平成12年4月 （2000）	介護保険法施行 ・居宅介護支援制度の導入 ・介護支援専門員の法定化　　等
平成17年 （2005）	「介護保険法及び老人福祉法の一部を改正する法律」 1　予防重視型システムへの転換 　・要支援者への給付を介護予防給付に 　・介護予防事業、包括的支援事業などの地域支援事業の実施 2　施設給付の見直し 　・食費・居住費を保険給付の対象外に 　・低所得者への補足給付（平成17年10月施行） 3　新たなサービス体系の確立 　・地域密着型サービスの創設 　・地域包括支援センターの創設 　・居住系サービスの充実 4　サービスの質の確保・向上 　・介護サービス情報の公表 　・ケアマネジメントの見直し（ケアマネジャー資格の更新制の導入、研修の義務化、主任介護支援専門員の創設） 5　負担の在り方・制度運営の見直し 　・第1号保険料の見直し 　・要介護認定の見直しと保険者機能の強化 　・費用負担割合等の見直し 【施行期日】平成18年4月施行

I 介護保険制度の基本

平成20年 (2008)	「介護保険法及び老人福祉法の一部を改正する法律」 1 業務管理体制の整備 ・業務管理体制の義務付け 2 本部への立入検査等 ・国・都道府県・市町村の事業本部への立入検査権の創設 ・国・都道府県・市町村による事業者に対する是正勧告・命令権を創設 3 処分逃れ対策 ・廃止届の事後届出制から事前届出制へ ・指定取消事業者が密接な関係にある事業者に事業移行した場合の指定・更新の欠格事由に追加 4 指定・更新の欠格事由の見直し ・不正行為の組織的関与の有無を確認、自治体が指定・更新の可否を判断 5 サービス確保対策の充実 ・事業廃止時のサービス確保について義務化 ・行政が必要に応じ、事業者の実施する措置に関する支援を行う 【施行期日】平成21年5月1日
平成23年 (2011)	「介護サービスの基盤強化のための介護保険法等の一部を改正する法律」 1 医療と介護の連携の強化等 ①医療、介護、予防、住まい、生活支援サービスが連携した要介護者等への包括的な支援(地域包括ケア)を推進 ②日常生活圏域ごとに地域ニーズや課題の把握を踏まえた介護保険事業計画を策定 ③単身・重度の要介護者等に対応できるよう、24時間対応の定期巡回・随時対応サービスや複合型サービスを創設 ④保険者の判断による予防給付と生活支援サービスの総合的な実施を可能とする ⑤介護療養病床の廃止期限(平成24年3月末)を猶予(新たな指定は行わない) 2 介護人材の確保とサービスの質の向上 ①介護福祉士や一定の教育を受けた介護職員等によるたんの吸引等の実施を可能とする ②介護福祉士の資格取得方法の見直し(平成24年4月実施予定)を延期 ③介護事業所における労働法規の遵守を徹底、事業所指定の欠格要件及び取消要件に労働基準法等違反者を追加 ④公表前の調査実施の義務付け廃止など介護サービス情報公表制度の見直しを実施 3 高齢者の住まいの整備等 ○有料老人ホーム等における前払金の返還に関する利用者保護規定を追加 ※厚生労働省と国土交通省の連携によるサービス付き高齢者向け住宅の供給を促進(高齢者住まい法の改正) 4 認知症対策の推進 ①市民後見人の育成及び活用など、市町村における高齢者の権利擁護を推進 ②市町村の介護保険事業計画において地域の実情に応じた認知症支援策を盛り込む 5 保険者による主体的な取組の推進 ①介護保険事業計画と医療サービス、住まいに関する計画との調和を確保 ②地域密着型サービスについて、公募・選考による指定を可能とする 6 保険料の上昇の緩和 ○各都道府県の財政安定化基金を取り崩し、介護保険料の軽減等に活用 【施行日】1⑤、2②については公布日施行。その他は平成24年4月1日施行
平成26年 (2014)	「地域における医療及び介護の総合的な確保を推進するための関係法律の整備等に関する法律」 1 新たな基金の創設と医療・介護の連携強化(地域介護施設整備促進法等関係) ①都道府県の事業計画に記載した医療・介護の事業(病床の機能分化・連携、在宅医療・介護の推進等)のため、消費税増収分を活用した新たな基金を都道府県に設置 ②医療と介護の連携を強化するため、厚生労働大臣が基本的な方針を策定 2 地域における効率的かつ効果的な医療提供体制の確保(医療法関係)

	①医療機関が都道府県知事に病床の医療機能（高度急性期、急性期、回復期、慢性期）等を報告し、都道府県は、それをもとに地域医療構想（ビジョン）（地域の医療提供体制の将来のあるべき姿）を医療計画において策定 ②医師確保支援を行う地域医療支援センターの機能を法律に位置づけ 3　地域包括ケアシステムの構築と費用負担の公平化（介護保険法関係） ①在宅医療・介護連携の推進などの地域支援事業の充実とあわせ、予防給付（訪問介護・通所介護）を地域支援事業に移行し、多様化 ②特別養護老人ホームについて、在宅での生活が困難な中重度の要介護者を支える機能に重点化（新規入所要件は要介護3以上に） ③低所得者の保険料軽減を拡充 ④一定以上の所得のある利用者の自己負担を2割へ引上げ（ただし、一般の世帯の月額上限は据え置き）（自己負担は1割または2割に） ⑤低所得の施設利用者の食費・居住費を補填する「補足給付」の要件に資産などを追加 4　その他 ①診療の補助のうちの特定行為を明確化し、それを手順書により行う看護師の研修制度を新設 ②医療事故に係る調査の仕組みを位置づけ ③医療法人社団と医療法人財団の合併、持分なし医療法人への移行促進策を措置 ④介護人材確保対策の検討（介護福祉士の資格取得方法見直しの施行時期を27年度から28年度に延期） 【施行期日】公布日（H26.6.25）。ただし、医療法関係は平成26年10月以降、介護保険法関係は平成27年4月以降など、順次施行

資料出所：厚生労働省資料より作成

2）ケアマネジャーの質の向上に関する動向

　表1の通り、平成17年の法改正でケアマネジャーの資格の更新制（5年間）、更新研修の義務化が導入され、「適切なケアマネジメント」の促進役として「主任介護支援専門員」が導入（本編「Ⅱ3」参照）されました。この年の改正以降、ケアマネジメントの質が問われ続け、「ケアマネジメントが機能していない……」という意見をはじめ、中にはケアマネジャー不要論も登場しました。そして、介護給付費分科会等公の場においてもさまざまな課題が指摘されました。

【介護保険部会意見書（平成22年11月30日）】
「より良質で効果的なケアマネジメントができるケアマネジャーの資格のあり方や研修カリキュラムの見直し、ケアプランの標準化等の課題について、別途の検討の場を設けて議論を進めることが必要である」
【介護給付費分科会審議報告（平成23年12月7日）】
「根本的なケアマネジメントの在り方の検討が求められている」
「ケアマネジャーの養成・研修課程や資格の在り方に関する検討会を設置し、議論を進める」
【社会保障・税一体改革大綱（平成24年2月17日閣議決定）】
「ケアマネジメントの機能強化を図る」
「自立支援型のケアマネジメントの実現に向けた制度的対応を検討する」

　それらを受け、「介護支援専門員の資質向上と今後のあり方に関する検討会」が設置（平成24年3月）され、以下のような課題で検討が開始されました。

　①介護保険の理念である「自立支援」の考え方が、十分共有されていない

②利用者像や課題に応じた適切なアセスメントが必ずしも十分でない

③サービス担当者会議における多職種協働が十分に機能していない

④ケアマネジメントにおけるモニタリング、評価が必ずしも十分でない

⑤重度者に対する医療サービスの組み込みをはじめとした医療との連携が必ずしも十分でない

⑥インフォーマルサービス（介護保険給付外のサービス）のコーディネート、地域のネットワーク化が必ずしも十分できていない

⑦小規模事業者の支援、中立・公平性の確認について、取組が必ずしも十分でない

⑧地域における実践的な場での学び、有効なスーパーバイズ機能等、介護支援専門員の能力向上の支援が必ずしも十分でない

⑨ケアマネジャーの資質に差がある現状を踏まえると、ケアマネジャーの養成、研修について、実務研修受講試験の資格要件、法定研修の在り方、研修水準の平準化などに課題がある

⑩施設におけるケアマネジャーの役割が明確でない

　上記の課題に対応するための見直しは、「自立支援に資するケアマネジメントが実践できるようになる環境整備」、「ケアマネジャー自身の資質の向上」の2つの視点からアプローチされ、加えて、ケアマネジャーとともに、国、都道府県、保険者、事業者等が役割分担をしながら取り組んでいくことの必要性も論じられました。

　検討会は7回にわたり開催され、「介護支援専門員（ケアマネジャー）の資質向上と今後のあり方に関する検討会における議論の中間的な整理」（平成25年1月7日）と題された改善策が提示されました。

　各論として「(1)ケアマネジメントの質の向上について、(2)保険者機能の強化等による介護支援専門員の支援について、(3)医療との連携の促進について、(4)介護保険施設における介護支援専門員について」の4項目が掲げられました。(1)、(2)の概要は下表の通りです。

(1)ケアマネジメントの質の向上について
①アセスメントの重要性と課題抽出プロセスの明確化　➡「課題整理総括表」の活用
②サービス担当者会議の重要性　➡個別サービス計画の交付を受ける
③モニタリングにおける適切な評価の推進　➡目標への到達度評価の新たな「評価表」等の開発・活用
(2)保険者機能の強化等による介護支援専門員の支援について
①地域ケア会議の機能強化　➡地域ケア会議の法定化（努力義務・平成26年法改正）によって機能が強化
②居宅介護支援事業者の指定のあり方　➡平成30年度から指定権限を都道府県から区市町村へ委譲
③介護予防支援のあり方　➡平成27年度からの新総合事業（「介護予防・日常生活支援総合事業」の開始（平成29年度までに全市町村が実施）に伴って介護予防のケアマネジメントが多様化

④ケアマネジメントの評価の見直し　➡給付管理外でも、介護支援専門員のケアマネジメントを適切に評価する仕組みの検討

3）ケアマネジャーの法定研修に関するカリキュラム等の見直しと要綱改正

「介護支援専門員の資質向上と今後のあり方に関する検討会」の「中間的な整理」を踏まえて、平成18年度から実施されていたケアマネジャーに係る4つの研修カリキュラム「介護支援専門員実務研修」「介護支援専門員実務従事者基礎研修」「介護支援専門員専門〈更新〉研修」「主任介護支援専門員研修」が改正され、新たに「主任介護支援専門員更新研修」を導入するとした「介護支援専門員資質向上事業実施要綱」（平成26年7月4日老発0704第2号）が示され、平成28年4月1日より適用されています。

カリキュラム等の見直しが目標とするのは①地域包括ケアシステムの中で、医療職をはじめとした多職種との連携・協働、②利用者の尊厳を旨とした自立支援に資するケアマネジメントの実践です。

図2　介護支援専門員研修制度の見直し

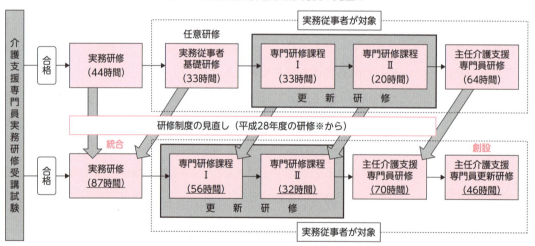

※　実務研修等は平成28年度の介護支援専門員実務研修受講試験の合格発表の日から、専門研修等は平成28年4月1日から施行。

資料出所：厚生労働省

研修制度の見直しは科目数と時間数が増えたことのみならず、ケアマネジメントの質を上げるためのねらいが以下のように示されました。

①別立ての講義科目と演習科目を一体科目として講義と演習を織り交ぜて効果的に行う
②演習は、受講者の積極的参加を促す小規模班編成により実施し、班編成は保健、医療、福祉の各職種の均衡に配慮する

③各科目の到達目標の達成度について修了時評価を実施する
④研修記録シート（ポートフォリオ）の活用（受講前・受講中・受講直後、修了後3カ月程度の自己評価を記録する
⑤新実務研修での実習先は、指導体制が整った事業所（特定事業所加算取得事業所）で行うことが適切であり、主任介護支援専門員が配置されている事業所に協力してもらうことが適当である
⑥専門研修課程Ⅰ、専門研修課程Ⅱ、主任介護支援専門員研修、主任介護支援専門員更新研修は各自の実践を振り返り自らの課題を再確認、専門職としての知識・技術を高める演習を組み込み、実践事例、担当事例を提出する

Ⅱ 困難化させないケアマネジメント

1 支援困難事例の特徴

1）事例の個別性・多様性

　要支援・要介護高齢者の生活全体を視野において、自立に向けて計画的に支援していくケアマネジメントは、一人ひとりの個別性があり、奥深いものです。

　介護保険制度の目的は、要介護高齢者の「自立した日常生活を営むよう支援すること」です。利用者個々の生活は多種多様で、それぞれに生活課題を抱えています。本書第2編の掲載事例にあるように、虐待、家族関係をめぐる問題、近隣住民とのトラブル等々、個別性・多様性に富んでおり、ケアマネジメントのプロセスに沿って一定の枠内でおさまるものではありません。

2）ケアマネジャーにとって支援困難事例とは

　支援困難事例とは、ケアマネジャーが困難を感じることが多い事例と言い換えることも可能ですが、困難要因は絶対的、限定的なものでなく主観的な概念です。「最近困難事例が多くなった」「当初予測していた経過に沿えず、これしかないと考えていた支援も拒否されるので、何をすればいいのかわからない」などケアマネジャーを悩ませる利用者、家族に対する対応のあり方や、主治医も含めた関係機関との調整に手間取ることによる負担感など、ケアマネジャーの側からの判断やイメージが中心になっての「困難」もあります。

3）支援困難事例の発生要因

　主任介護支援専門員の法定研修等で提出される事例の特性を利用者・家族の要因とケアマネジャー・ケアマネジメントの要因に分けてみると下記の要因がそれぞれあがってきます。

利用者・家族の要因	ケアマネジャー・ケアマネジメントの要因
・家族間の葛藤 ・住宅環境・地域との関係 ・物忘れ、認知症 ・要医療 ・経済 ・精神障害 ・急変状態 ・アルコール依存	・ケアマネジャーが主治医と連携していない ・インフォーマルな情報が把握されていない ・社会資源が不足している ・アセスメントに必要な情報が不足している ・利用者のその人らしさを尊重していない ・利用者・家族への説明が不足している ・ケアマネジャーと利用者・家族との信頼関係が構築されていない ・アセスメント情報を課題分析に活用していない ・短期目標が具体的でない ・ニーズが明確になっていない

　個々の事例を利用者・家族の特性とケアマネジャーが業務として関わるケアマネジメントプロセスの両側面から捉えると、それぞれの要因は小さな課題であっても両側面の要因がクロスしてしまえば、解決の見通しが立たなくなるような困難に増幅してしまうことは当然想定できることです。

2　ケアマネジメントプロセスの重層的な展開

　ケアマネジメントは生活機能が低下し、日常生活等が困難な人々に対して、その人らしい自立支援と生活の質（QOL）の向上を目指して、総合的な支援を継続していく方法論です。しかし、ケアマネジメントの目的は、単にサービスを組み合わせて提供するためではなく、またそのためのケアプランを作成して終わるものでもありません。

　ケアマネジメントは目標指向型アプローチと言われているように、達成可能な目標と期間を限定し、チーム力を結集した支援を繰り返し、ステップアップしていく過程が重要視されます。なぜなら、それぞれの支援過程において利用者の能力や意欲を高め、さらに、自立生活を可能とするため地域の社会資源を組み合わせたり不足分を開発したり、それらの見直しを通して、地域社会の課題解決力を高めていくことにも目を向けているからです。

　この利用者の自立支援と地域の社会資源の協働による効果を確認し、積み上げていくケアマネジメントの展開は、前述の図1のプロセスを踏んでいくことにより可能となり、これを繰り返していくために循環サイクルともいわれています。

　ケアマネジメントを学び、力をつけていくためには、この展開過程の一つひとつにおいて利用者と援助者のさまざまな関わり方による変化を研修や事例などから学ぶことが重要で

す。

1）ケアマネジメントの重層的な進行

　ケアマネジメントの基本プロセスにはそれぞれにポイントがあり、緊急時の暫定ケアプラン等の場合は別として、アセスメント抜きにケアプランが作成されたり、ケアプランなしにサービス利用が開始されたりすることは認められていません。また、一つの段階が終わってから次の段階に着手するのではなく、実践場面においては次のプロセス、あるいはその先を意識して、図3のように重層的に展開していきます。

　ケアマネジメントの基本プロセスを断片的に理解するのでなく、ケアマネジメントの目的を踏まえた上で、利用者への質問や情報提供・確認を重ねて自立支援の課題を関係者間で共通認識し、利用者や家族が意欲的に取り組める目標や受け入れ可能な支援を、双方向の協働の関わりのなかで同時進行していくチームアプローチであることを意識することが重要です。

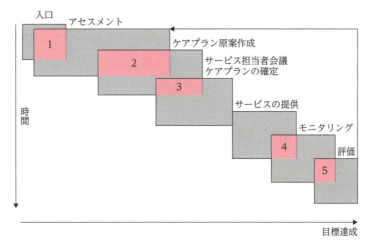

図3　ケアマネジメントサイクルの重層的な進行

(1) 入口とアセスメントの重なり（図3の 1 ）

　介護保険制度でのケアマネジメントの対象は要支援・要介護認定を受けていることが要件であるため、入口では、ケアマネジメントの対象者となる人であるかどうかスクリーニングが行われます。この時点で、現在あるいは過去の生活実態をある程度把握することになり、これらの中にはアセスメントの基本情報や要支援・要介護の程度を推し測る健康やADL等に関する情報に及ぶものもあります。取り次ぎの受付機関でも、またケアマネジャー以外のスタッフが受け付けても、集めた情報はアセスメント情報として引き継いで

いかなければ、質問の重複や時間のロスが生じることになります。また、昨日までどうしていたか、なぜ代理人が相談に来たのか、代理人と利用者との関係など受付時点だからこそ把握しやすい情報もあるため、受け付けとアセスメントの重なる部分の実態把握を意図的に行うことでアセスメントを深めていくことができます。

(2) アセスメントとケアプラン原案作成の重なり（図3の 2 ）

　アセスメントは課題分析とも言われ生活実態を総合的に把握し、生活困難に至った原因や背景を分析します。また、生活困難の解決方法としても利用者主体の自立支援の視点から有効な方法を見つけ出すために、課題分析標準項目等に関する質問をし、状況確認を行います。アセスメントは双方向のコミュニケーションによって進め、何に困っているのか、困り事をどうしたいのか、専門的な立場からは何が必要なのか、どのように解決するかを提案し、わかりやすい説明と質問を繰り返すうちに、意欲的な目標を利用者の考えとして引き出していくアプローチです。ここで、実態把握と同時に分析の視点からケアプランにおける解決すべき課題や目標、支援内容、支援方法の合意点を確認していくプロセスをたどっていけば、アセスメントの過程においてケアプランの原案となる主要項目を利用者は理解し、自らケアマネジメントの主体者として意識化することができます。

(3) ケアプラン原案作成とサービス担当者会議の重なり（図3の 3 ）

　ケアプランの原案にはアセスメントで確認したことを、順序立てて記載します。目標達成に向けて活用するサービス内容やサービスの種類、頻度、事業者については利用者の意向を踏まえると同時に、当該事業者へ事前に提供可能であるかを打診します。サービス事業者もどのような利用者に何をどのように支援するのか、サービス提供の拠り所となる個別サービス計画のアウトラインを把握しておかないと、受け入れる体制があるのか判断できません。つまり、ケアプランを確定するためのサービス担当者会議では、ゼロからの検討でなく詳細部分の検討の余地を残しながらも、利用者とその家族を含むチームメンバーの合意が得られそうな内容を盛り込んだケアプラン原案が協議の対象となるのです。

　協議の後、利用者・家族の同意を経てケアプランが確定し、それに基づいてサービスが提供されます。

(4) サービスの提供とモニタリングの重なり（図3の 4 ）

　モニタリングはモニターが語源で、継続的に実施状況を把握することを意味します。個別のサービスは個別サービス計画に基づいて提供されます。したがって、サービス実施状況の把握はサービス提供場面ごとに、計画通りサービスが提供できたか、できなかった場合にはなぜできなかったかなどを振り返る視点が重要です。解決すべき課題（ニーズ）が変わったのか、目標の達成状況はどの程度か、変化等は利用者側か提供者側に何らかの突発的な理由があったのかをチェックしつつ再アセスメントを実施し、必要があれば図3

の 5 の部分、計画の見直しのプロセスに進まなければなりません。

　ケアマネジャーはサービス事業者からのモニタリング報告を定期的に受けつつ、自らも利用者宅を訪問し、ケアプランに位置づけたサービスが計画通り提供されているかを利用者・家族に尋ねたり、提供場面に同席したりするなどで確認します。つまり、モニタリングはサービス提供と同時並行的に行われる部分と、ケアマネジャーの定期的あるいは随時の訪問により確認する2方向の情報管理により成り立っています。

2）利用者の自立支援をめざす、利用者主体のアプローチ

　以上のようにケアマネジメントをプロセスごとに見ていくと、ケアマネジャーが主体となっているかのように誤解される場合がありますが、主体は利用者であり、利用者がどのような主体性を発揮することができるか、多角的な視点からサポートしていくことがケアマネジャーに求められます。

　専門職としてのスキルアップには、自己評価をしたり事例検討会を開催したり多様なアプローチを検討することが大切です。

3　「主任介護支援専門員制度」の理解　－スーパーバイズシステム－

1）主任制度創設のねらい―制度化の背景

　表1に示した通り、「主任介護支援専門員制度」が導入されたのは平成17年の法改正によるもので、「介護支援専門員資質向上事業の実施について」（平成18年6月15日老発0615001号）の「主任介護支援専門員研修実施要綱」に基づいて研修が開始されました。「介護支援専門員の実務経験5年以上」の者を対象とし、公的な役割を担う地域包括支援センターにおける「保健師・社会福祉士・主任介護支援専門員」の3職種の一つとして配属され「包括的・継続的ケアマネジメント」（困難事例に対する指導、助言）を担当することが決まりました。現在の法定配属先は後述4）の通りです。

　現在は、平成28年度からのカリキュラム改正（平成27年2月12日老発0212第1号）に伴い同要綱の一部改正に基づいて行われています（下表）。

主任介護支援専門員研修実施要綱

1　目的
　介護保険サービスや他の保健・医療・福祉サービスを提供する者との連絡調整、他の介護支援専門員に対する助言・指導などケアマネジメントが適切かつ円滑に提供されるために必要な業務に関する知識及び技術を修得するとともに、地域包括ケアシステムの構築に向けた地域づくりを実践できる主任介護支援専門員の養成を図ることを目的とする。

> (中略)
> 3　実施方法等
> 　(1)　実施に当たっての基本的な考え方
> 　　主任介護支援専門員研修は、他の介護支援専門員に適切な指導・助言、さらに事業所における<u>人材育成及び業務管理</u>を行うことができ、また、<u>地域包括ケアシステムを構築</u>していくために必要な情報の収集・発信、事業所・職種間の調整<u>を行うことにより地域課題を把握し、地域に必要な社会資源の開発やネットワークの構築など、個別支援を通じた地域づくりを行うことができる者を養成するための研修であることから、<u>適切なケアマネジメントを実践できていることを前提とし</u>、介護支援専門員が実際に直面している問題<u>や地域包括ケアシステムを構築していく上での課題を把握することにより</u>、本研修の修了者が、<u>主任介護支援専門員として役割を果たすことができるよう</u>、効果的な研修内容とすること。
> (後略)
> ※注：下線が平成27年度改正の追加部分

2）「主任介護支援専門員制度」のしくみ

「主任介護支援専門員」になるには都道府県の「主任介護支援専門員研修」を受講する必要があります（図2参照）。対象となるのは、常勤専従のケアマネジャーとしての実務経験が通算5年以上あり、更新研修の修了者、または、専門研修課程Ⅰと専門研修課程Ⅱの両方の修了者等となっています。

研修は、①地域や事業所内におけるケアマネジャーの人材育成（スーパーバイズ機能の強化）、②地域包括ケアシステムの構築に向けた地域づくりの実践をポイントに行われています。

3）主任の役割

主任の役割は、下記の通りです。
①他のケアマネジャーへの適切な指導・助言
②事業所の人材育成・業務管理
③地域包括ケアケアシステム構築のための必要な情報収集・発信
④事業所・職種間の調整を行い、地域課題を把握
⑤地域に必要な社会資源の開発・ネットワークの構築
⑥ケアマネジャーが直面する問題や地域包括ケアシステム構築上の課題把握

4）配属先

平成17年の介護保険法改正によって新たに創設された地域包括支援センター、および居宅介護支援費に関する特定事業所加算（Ⅰ、Ⅱ、Ⅲ）を取得する事業所は、常勤かつ専従のケアマネジャーとは別に「主任介護支援専門員」を配置しなければならないとされています。

しかし主任介護支援専門員研修修了者は毎年養成されているため、配置義務のない多数の事業所にも存在するようになりました。前述の通り、主任には新たな役割が付与され、地域包括ケアの構築に向けて、今後の活躍が期待されています。

5）指導・助言とケアマネジャーの自己評価、他者評価

主任介護支援専門員の役割の第一として「他のケアマネジャーへの適切な指導・助言」が掲げられています。主任が担当ケアマネジャーに対して事例に関する指導・助言をする際には以下の点に留意して進めていきましょう。

(1) 指導・助言のポイント
　①ケアマネジメントの対象となっている利用者の自立支援を目指す
　②ケアマネジメントプロセスの基本を踏まえる
　③個々のケアマネジャーのケアマネジメント力のスキルアップ、育成をねらいとする
　④ケアプランチェック、問題点の指摘に止まらないよう留意し、課題解決の糸口を見出す

(2) 相談ポイントの絞り込み

　ケアマネジャーの相談内容・困り事は、漠然としたものや主任に丸投げ型の相談が多く、ケアマネジメントの基本プロセスを振り返っていない相談もあります。また、相談者としての心構えや準備がないケアマネジャーには、主任からの指導が批判・非難と受け止められる場合があります。

　主任が的を絞り込まないまま、同行訪問をしたり経緯・経過を聞くことを繰り返していると、二人担当ケアマネジャーのように延々と関係が継続し、責任体制も不明確なままエンドレスの状態に陥ってしまいます。担当のケアマネジャーから相談を持ち込まれた際はポイントを絞り込みましょう。

(3) 効果的な指導・助言

　専門職のスキルアップを目的とした指導・助言は、より早く力をつけられるよう意図的に、効果的に行われます。

　ケアマネジメントに関する指導・助言は、担当ケアマネジャーのスキル全体ではなく、個別利用者ごとのケアマネジメントプロセスに沿った自己評価が基本となります。自己評価の評価基準は担当ケアマネジャーの主観的なものではあるが、ケアマネジメントの基本に則して自らやるべきだと考えていたことができたのか、実施したが不十分だと考えているのか、実施しなかったのかを絞り込むことによって、スキルアップ課題を自己覚知することができます。

　また、ケアマネジメント過程を他者の視点（主任介護支援専門員の立場）で評価される

ことによって生まれる「気づき」や「一致点」によって主任と担当ケアマネジャーが相互に効果を確認することができます。

4　事例検討の勧め

1）事例検討の必要性

　要支援・要介護の個々の利用者に対する自立支援を実践するには、提供しているケアマネジメントを多様な側面から具体的に考え、分析し、チームメンバーが共通認識の上で目標達成に向けて機能しているか、役割分担や連携・協働は行えているか、援助方法のあり方を常に検討できる方法や技術をもっているかが求められます。

　よって、介護支援専門員は、専門職としての姿勢やケアマネジメントの方法や技術を検証する機会を設け、介護支援専門員同士や多職種の専門職同士で事例を振り返ることが必要です。

2）事例検討の目的

　事例検討では、①担当ケアマネジャーとしての振り返りを行い、②事例発表者も参加者も専門職同士が学び合い、質の向上を目指す機会とすることを目的としています。

　良かれと思って進めてきた援助方法が実際にはどうだったのか、再検討すべきことは何か、利用者の自立支援に向かっているのか検証し、自己研鑽、スキルアップの機会としていきましょう。事例検討会には積極的に参加し、意見交換、提案、討論に加わることが大切です。

3）事例検討の効果

　事例検討の効果は、①ケアマネジメント実践力の向上（専門性の向上）、②多職種・他事業所との交流（ネットワーク構築）、③地域の新しい課題や問題点の発見（地域包括ケアの一助）などがあげられます。自己覚知で気づいた自分の不得手な部分の克服にもつながります。

4）事例検討会の進め方

　事例検討会は一般的に次の展開・ルールの下で行われます。

事例検討会の展開	事例検討の基本ルール
①事例の説明（提出理由） ②事例の共有化（質問・確認） ③論点の明確化と検討（検討テーマの確認、討論） ④今後の方向性の検討（事例提供者の意見） ⑤振り返り（専門的な助言―スーパーバイズ）	①実践の成功や失敗を診断する場ではない ②担当者を非難したり、絶対評価する場ではない ③個人の体験や意見を押し付ける場ではない ④権威ある人の指示を受ける場ではない ⑤意見や異論を恐れず、活発に討論する ⑥前向きな提案を心がける

5 まとめ

　本編に続く「第2編　事例編」では、9つの事例を取り上げました。事例のテーマが示す通り、それぞれに特有の課題を抱えています。一般的には「困難事例」として受け止められそうな事例ですが、担当のケアマネジャーはさまざまなアプローチを試みて個々の利用者の特性を引き出し、自立に向けたケアマネジメントを展開しています。

　事例の冒頭「事例の概要」を一読すると、ケアマネジャーが対応に苦慮するような事象、たとえば認知症、虐待、サービス拒否、家族関係をめぐる問題、近隣住民とのトラブル、判断能力が不十分な人への対応等々、内容や原因、困難の程度は多種多様で、複合化していることがわかります。これらの事象に対し、ケアマネジメント過程に沿ってどのように対応・支援したかを、様式類を交えて紹介しています。

　これらの事例から、改めて「困難化させないケアマネジメントのヒント」を考えてみると、以下のことが浮かび上がってきます。

①利用者の「その人らしさ」の理解に努め、信頼関係の構築を第一にしている。

②初回のアセスメントで利用者の生活状況を全て把握することは難しく、重要なニーズが潜在化している可能性があると考え、モニタリング、再アセスメント、ニーズ、プランの見直しのサイクルを短期間に、かつ丁寧に実施している。

③区分変更や担当ケアマネジャーが変更した場合は、利用者からの申し出がない限り、使い慣れている従前のサービスを継続するケアプランになりがちであるが、よりよい自立支援プランに切り替えるチャンスとして新たな視点でフルアセスメントからの再スタートを試みることを重要視している。

④利用者の生活環境が変化した場合は、利用者の新旧生活圏域における地域アセスメントを忘れずに、なじみの場所はあるか、知っている人がいるか、阻害されていないか、孤立していないか、回覧板や行政広報誌は届いているか、防災情報は届くか等を確認している。

⑤住み慣れた地域で生活を継続していたとしても、要支援・要介護状態になる前後でどの

ように変化しているか、地域アセスメントを必要に応じて実践している。
⑥家族アセスメントは、同居家族であっても一緒に食事をしているか、生計の賄いは一緒か別かなど、家族としての絆や協力関係、ジレンマなどの有無を捉えて、阻害要因になるか促進要因になるかの判断を適宜・適切に行っている。
⑦ケアマネジメントの重層性を意識して先を見通す視点を欠かさない。
⑧公的な関係機関とのネットワークを強化するために、利用者の生活全般を捉えるケアマネジャーの専門性を最大限に活用して、積極的に質問や意見交換の機会を作り、制度の背景や知識を熟知する好機として活かしている。

　多種多様・複合化した課題にケアマネジャーがどう向き合い、どのように行動して困難化を回避したのか、ケアマネジメント過程に沿ったケアマネジャーの「ふりかえり」と「チェックポイント」にも着目して読み進め、ご自身のケアマネジメントや後進ケアマネジャーへのアドバイスの参考となるヒントを見つけていただきたいと思います。

〔参考文献〕
太田貞司・國光登志子編集『対人援助職をめざす人のケアマネジメントLearning10』
みらい、2007年
居宅サービス計画書作成の手引編集委員会編集『五訂居宅サービス計画書作成の手引』
長寿社会開発センター、2016年
日本地域福祉研究所監修／中島修・菱沼幹男共編『コミュニティソーシャルワークの理論と実践』
中央法規出版、2015年
太田貞司編集代表『地域包括ケアシステム―その考え方と課題』
光生館、2011年

第2編

事例編

事例1　認知症高齢者と家族介護者への対応
事例2　虐待・DV等多問題を抱える本人と家族への対応
事例3　がん末期患者と家族への対応
事例4　独居の認知症高齢者への対応
事例5　西洋医学を拒む独居高齢者への対応
事例6　進行性難病で余命告知を受けた利用者への対応
事例7　家族による高齢者虐待への対応
事例8　独居の認知症高齢者の生活再建への対応
事例9　介護力不足の三世代家族への対応

事例 1：認知症高齢者と家族介護者への対応

家族が認知症疾患やケア方法の理解を深めながら、在宅生活の継続を可能とする支援

キーワード	環境の変化／アルツハイマー型認知症／BPSD／家族間調整 社会参加／インフォーマルサポート／家族の会

［事例の概要］

- Aさん、80歳、女性。要介護1、アルツハイマー型認知症、夫・長男家族と同居
- 夫との二人暮らしから、平成26年5月に長男家族と同居。環境の変化からか金銭管理ができないなど認知症様の症状が現れ、長男の妻へのもの盗られ妄想、嫉妬妄想、夫への暴言・暴力などの行動・心理症状（BPSD）が出現、経過観察中にも症状が進行。家族は疲労困憊し、長男妻の葛藤も深くなっていった
- かかりつけ医に相談し精神科を受診、平成27年7月27日にG病院に入院。薬物療法や環境調整により症状が安定し、本人は退院を希望。家族は在宅介護の不安から退院を躊躇。入院中に介護保険の認定申請を行った結果、要介護1となり、当事業所に居宅介護支援を依頼。外出、外泊を試みながら在宅生活を検討。本人、家族参加によるサービス担当者会議を開催し、ケアプランを確定。同年11月9日に退院
- 通所介護を利用しながら友人との交流、自治会婦人部活動を再開するなど社会参加の機会を多く確保。家族へのメンタルケアについては、認知症専門病院の医師など医療職とケアマネジャー、家族の会がサポートし、不安の軽減・解消に努め、在宅生活の継続を可能としている

［ケアマネジメントの依頼経緯］

- 長男妻から、電話
- 平成27年7月から精神科病院に入院している。本人が自宅に戻ることを希望しており、家族も同じ考えでいるが、不安もある。病院の相談員から介護保険の説明を受け、介護認定を申請し要介護1の認定を受けた
- これから退院に向けた準備を始めるので、在宅生活をどのようにしたらよいか、一緒に考えてほしい

[ケアプラン作成までの経過]

日付	手段	対象	キーワード	内容
平成27年10月1日	病院訪問（G病院）	本人、夫、長男妻、長女、G病院精神保健福祉士・看護師	・情報収集 ・居宅介護支援契約で面接	関係者から経過を聴取し、本人・家族と面接し主訴を聴く。医療職からは、本人の身体・精神状態等を確認
平成27年11月2日	居宅訪問 事業所見学	本人、夫、長男妻、長女、友人Qさん	居宅の環境確認 N通所介護事業所	外泊中の居宅訪問、住環境の確認、生活動線などを確認しながら、アセスメント実施 本人の社会参加促進、家族の介護負担軽減のための通所介護利用を想定し、見学

 ケアマネジャーのふりかえり

- 入院先を訪問し情報収集、外泊時の居宅訪問でアセスメントを実施
- Aさんの人となりの理解—Aさんと家族から生活歴および今後の生活への希望等をていねいに聴取
- 家族関係の理解—Aさんと家族の病識の違いからくる気持ちのずれが大きく感じられ、それぞれが抱く思いを確認、ケアプラン作成に役立てた

ケアプラン作成までのチェックポイント

●**退院支援を行う際のアセスメント**
- 入院先でのアセスメントだけでなく、外泊や外出時を活用したアセスメントは重要ポイント

●**生活歴についてていねいに確認することができた要因**
- 面接対象のメンバーの絞り込み
- 面接環境への配慮と面接前、面接中、面接終了後の個々人の思いの変化等への配慮
- 生活歴の聴き取り面接において「家族の気持ちのずれ」に気づき、本人および家族がそれぞれに抱いている感情や考えを確認している点は、インテーク時の重要ポイント

アセスメント

ニーズ❶ 「病気に気をつけて、元気に暮らしたい」

本人は「もの忘れがあるようだ」と周囲の人からの指摘を受け止めているが、BPSDについての自覚はなく「（身体的には）健康そのもの」と自信をもっている。家族はBPSDの対応などに不安を抱いている一方で改善も期待。医療と介護の専門職による認知症ケアと薬物療法により症状改善の見通しをもち、ニーズを導いた。

ニーズ❷ 「家のことは何でもしたい」

長年主婦として家族のために働いてきた。長男家族との同居や認知症の発症により家庭内での役割を担えなくなっていたが、本人は家事能力があり意欲も示した。家事の一部を手伝うことで、本人の思いに応えたい気持ちを家族は共有した。金銭に関する不満は、家族が本人と一緒に管理することで減少するという見通しをもち、ニーズ②とした。

ニーズ❸ 「友人と会っておしゃべりしたい」

本人は現住所地に長年居住し友人も多く、地域活動にも参加していた。認知症の発症により、友人との付き合いや地域活動が中断されていたが、友人との関係復活、地域活動への参加を望んだ。友人との交流や地域活動等の社会参加はインフォーマルサポートの活用、BPSDの軽減につながる見通しをもち、ニーズ③とした。

💬 ケアマネジャーのふりかえり

> **環境因子**：長男家族との同居により家事作業の担い手変更（本人 ➡役割の喪失）
> 　　　　　　認知症の進行による家族の介護負担拡大
> **個人因子**：認知機能障害からくる生活の支障（IADLが自立できない。友人との関係疎遠、
> 　　　　　　地域活動への不参加、夫に対する思い、腰痛）
> ・本人の希望の確認とチェックポイントシートを用いてニーズを抽出。ニーズ①は、健康状態、認知症、BPSD、介護力が関連しているため、整理が難しく迷ったが、本人が明快に答えた「暮らしのニーズ」をそのままニーズ①とした。②③は課題分析標準項目のIADLと認知、社会との関わりから導いた

📍 アセスメントのチェックポイント

- 情報収集をていねいに複数回行ったことで本人の意欲的なニーズになり、支援する家族や関係者の心を一つにすることにつながった
- ニーズを3つに分類・整理して本人や家族にもわかりやすくしたこともポイント
- ケアプラン作成では、収集した情報をいかに整理するかが要となる

基　本　情　報

※提出ケアプラン作成時点（平成27年11月2日）

利用者名	Aさん		性別	男・⒇（女）	生年月日	大正・㊫昭和 10年（80歳）
住　所	○○県○○市					

| 主　訴 | 〔相談経路〕長男妻より電話。
・平成27年7月から精神科病院に入院している。本人が自宅に戻ることを希望しており、家族としても退院を考えている
・病院の相談員より介護保険の説明を受け要介護認定を申請。要介護1の認定を受けた。これから退院に向け準備を始めるので、在宅生活をどのようにしたらよいか、一緒に考えてほしい
〔本人・家族の要望〕
本人：私はどこも悪いところはない。早く家に帰って普通に生活したい
長男妻：いじわるされたことを思い出すと、まだドキドキします。同じ家で一緒に暮らしていけるか心配ですが、いろいろご相談しながら、おかあさんが自宅で暮らせるよう考えてみます
夫：病院では問題がないようだが、自宅で豹変しないか心配だ。退院がうまくいくといいのだが、今の段階では心配のほうが大きい |

| 生活歴・生活状況 | 〔生活歴〕　昭和8年、農家を営む両親のもと、5人きょうだいの第4子として誕生。中学校卒業後、洋裁学校に通いながら農業の手伝い、きょうだいの子どもの世話をしていた。
23歳の時、見合いで会社員と結婚。2児をもうけた。夫を支えながら、子どもたちの洋服は、得意の洋裁で手づくりしていた。子どもたちが成長すると洋裁の内職や、近所の人たちに洋裁を教えていた。平成26年5月、自宅改築とともに長男家族と同居。この頃より、不要な受診、洋服や化粧品を何度も購入し散財がめだつようになる。長男妻に対するもの盗られ妄想、嫉妬妄想、夫に対する暴言、暴力も始まる。当初は経過観察をしていたが症状が激しくなり、かかりつけ医に相談し精神科受診。平成27年7月27日からG病院に入院となる。
〔趣味・特技〕洋裁、家庭園芸（花・野菜）、ゲートボール |

〔家族状況〕

続柄	年齢	同別居	健康状態	就労有無
夫	84	同居	良	無
長男	53	同居	良	有（会社員）
長男妻	49	同居	不良	専業主婦
孫	25	同居	良	有（会社員）
長女	56	別居	良	専業主婦
弟	77	別居	良	無
弟妻	75	別居	良	無

健康管理 ※かかりつけ医のNoに○をつける	No.	病名	初診年月日	医療機関	診療科	服薬情報
	①	高血圧症	50代	M医院	内科	
	②	糖尿病	67歳	M医院	内科	
	3	腰痛症	72歳	L病院	整形外科	
	4	アルツハイマー型認知症	平成27年7月7日	G病院	精神科	
	5					

日常生活自立度	障害高齢者の日常生活自立度	J2	認知症高齢者の日常生活自立度	Ⅱa

認定情報	要介護度　要介護1　（平成27年8月21日～平成28年7月31日）	認定日	平成27年9月18日

アセスメント理由	㊞新規・更新・区分変更・その他（　　　　）

利用者の他法関係情報	【医療保険の種類　後期高齢】【年金の種類　老齢基礎年金】【生活保護受給　有・㊞無】 【障害者関係手帳（身体、知的、精神）　等級等の程度】取得年月日　【難病認定　　】

現在利用しているサービス	（フォーマル・インフォーマルを含めて） 入院中

事例1：認知症高齢者と家族介護者への対応

チェックポイントシート

平成27年11月2日現在

課題分析 標準項目	原因	状態 （現在の状況：できること・できないこと・しているとこと・していないこと）		アセスメントで明らかにするもの 問題（困りごと） （本人・家族の思い・意向）		生活全般の解決すべき課題（ニーズ）
健康状態	・高血圧症、糖尿病、腰痛症 ・アルツハイマー型認知症	・高血圧（50代〜）：内服治療 ・糖尿病（67歳〜）：は内服療法なく、食事療法で体温調節。血液データは正常範囲内 ・腰痛症（72歳〜）：は湿布。骨粗鬆症の処方、内服管理も自立 ・アルツハイマー型認知症（80歳）は経過観察、内服治療で安定 ・外出時による変化があるが、痛みはない 身長148cm 体重40kg	利用者	・健康そのもの。私は気づかないけど、もの忘れはあるようだ	利用者	病気に気をつけて、元気でいたい
			家族（継続）	・長男妻：認知症の症状が進行しないように、年相応の変化と診断されました。 本人の悩みがなことは本当になのか、わかりません	長男妻：認知症の症状が悪化しないようにしてほしい。高血圧や糖尿病、腰痛も悪化させたくない
			意見（※1）		意見（※1）	CM：入院中は症状が安定している。自宅に戻ってもこの状態を継続させる
ADL		・歩行：自立 食事：自立 排泄：自立 入浴：自立 ・整容：自立（化粧をする）、身なりも整っている	利用者		利用者	足腰鍛えていたい
			家族（継続）		家族（継続）	
			意見（※1）		意見（※1）	
IADL	アルツハイマー型認知症 腰痛症 長男家族と同居による環境変化	・買物：同じものばかり購入 掃除：自室の掃除、モップかけができる、用意をすればほ 除機もかける（床拭きをすることはできない 洗濯：干したあと洗濯機をたたみ、タンスにしまう 調理：長男家族と同居のため、行わない 金銭管理：散財が目立ち、金銭感覚がない 内服管理：不可（入院中は看護師管理）	利用者	・娘さんが何もやるやらやる、やることがない	利用者	家のことは何でもしたい
			家族（継続）	・夫：金銭管理は家族の手伝い、無駄使いがないようにする ・長男妻：家のことを手伝ってもらうようにする	家族（継続）	夫：金銭管理：家族が手伝っても散財が減らす 長男妻：調理や洗濯、掃除もできるので協力してもらう
			意見（※1）		意見（※1）	CM：もの忘れないようはつきりある
認知	アルツハイマー型認知症	・記憶：見当識障害、理解・判断力の低下が認められる MMSE: 16/30点、ADAS-Jcog: 35点　COGNISTAT: 判断領域以外は障害域 FAB：6点 ・日常の意思決定はできない ・簡単な会話は可能であるが、数分後には覚えていない。同じことを何度も聞く	利用者	・もの忘れがあるが時々わからなくなると、かっしてしまう ・怒ったり文句を言い、家族や娘を嫌うな気分いがするので困る	利用者	ものに勉強いがなくなりたい
			家族（継続）		家族（継続）	夫：専門医や専門病院の助言・支援ができるならば欲しい
			意見（※1）	CM：認知機能障害により、生活に支障が出ている	意見（※1）	CM：入院時や専門医の助言を受け認知機能障害が生活に及ぼす支援を減らしていく
コミュニ ケーション 能力		・視力：問題なし 聴力：問題なし ・自分の気持ちを伝えることができる	利用者	・同じ話を何度も聞くのはわずらわしい、その場で話すことができる ・夫：その時の気持ちや意見を伝えることはできるが、状況判断や意思決定 はすぐにできない	利用者	
			家族（継続）		家族（継続）	
			意見（※1）		意見（※1）	
社会との 関わり	地域活動に関心がある 長男家族と同居している 人に興味がある	・近所に親しい友人が2人いる ・自治会婦人部活動に参加（交通安全・公園清掃・盆踊りなど） ・近隣の個人宅訪問やお茶飲みなど1人では不可能 ・自宅介護者は10〜15分程度活発	利用者	・家に帰りたいことがつまらない、外にも出られないので友人に会えずらい ・長男妻：友人にお金を貸してしまうことにより言い迷惑をかけ、以前と同じ付 き合いができないようになっているのが可哀想	利用者	早く家に帰りたい、友人に会うことができる 夫：以前のように友人たちと付き合いができるようになる
			家族（継続）	Dr：退院時は自宅面会での外出はつしてください ・見守りや手足などの活動に参加してしないでさるような、好みの活動を通じて 会話参加ができると思われる CM：入院中に友人と付き合いができる、社交性もある。退院後は友人との付き合いが再 開できるような支援が必要	家族（継続）	CM：友人との付き合いが再開できるようにする
			意見（※1）		意見（※1）	
排尿・排便		・失禁、便秘はない	利用者		利用者	
			家族（継続）		家族（継続）	
			意見（※1）		意見（※1）	
じょく瘡・ 皮膚の問題		・外反母趾で変形、両足膝屈曲であるが、歩行は問題なし	利用者		利用者	
			家族（継続）		家族（継続）	
			意見（※1）		意見（※1）	
口腔衛生		・上下義歯使用→義歯の調整までできる ・口腔ケアは実施できない	利用者		利用者	
			家族（継続）	Ns：肥満（のため、フットケアや爪切りの介助が必要	家族（継続）	CM：声かけや足指の手入れを継続する
			意見（※1）		意見（※1）	
食事摂取	高血圧症、糖尿病	・米飯・常総摂取、塩分6g以下/日 ・糖尿病による食事制限：1日総摂カロリー1440kcal	利用者		利用者	
			家族（継続）	CM：声かけや家族の援助の調整が可能	家族（継続）	
			意見（※1）		意見（※1）	
問題行動	アルツハイマー型認知症	・金銭感覚を持っていないため、使用後に何度も金銭を調達し、もらえないと友人に 電話し借りをする ・夫、長男妻に対する被害妄想、義母への被害妄想、暴言 ・何度も入院の希望の繰り返し	利用者	・もの忘れがあると時々わからなくなる、かっしてしまう。自分のお金が 自由に使えず情けない ・夫：散らかって被害妄想、義父母への関係を疑うなたっており、家族の仲が悪くなる ・長男妻：長男妻と同居し環境変化により行動抑制障害が生じた。環境 整備が薬物療法必要	利用者	退院できるなら、大の長男の嘔うにする 夫、長男妻：認知症の攻撃的な行動を緩和できるとよい、病状が安定し自宅で生 活できる
			家族（継続）		家族（継続）	
			意見（※1）		意見（※1）	
介護力	アルツハイマー型認知症 長男家族と同居による 課題変化	・夫、長男妻が本人の世話に対応。長女は協力もするが、どちらかと言えば夫の味方をす る。家族間でトラブル発生することもある ・夫の弟夫婦が本人の話の聞き出しはつもる。同居の媒介はほぼ出来事に無視される	利用者	・家族に迷惑をかけたいと思うが、また暴れたら分からなくなり ・長男妻：自宅で介護を抱けられるが、おかあさんと同じ空間にいることがつらい	利用者	夫：認知症の症状が自宅であれば自宅で看ていきたい、長男家族と一緒に暮らして いきたい
			家族（継続）		家族（継続）	
			意見（※1）		意見（※1）	
住環境		・最寄駅から徒歩10分程度の住宅街としてな商店街がある地域 ・この地域に50年在住。自立は持ち家、2階建て ・1階にキッチン、食堂、居室用トイレ、リビング、夫妻の部屋	利用者	・家族に不安を抱えているので、家族の状況を見回頃中心ににいている	利用者	夫：試験外泊は成功したが、退院後も継続的に見守り必要
			家族（継続）	・長男妻：在宅介護の支援をも使ったい ・長男妻：二世帯住宅があれば良い	家族（継続）	CM：試験外泊は成功し、本人、家族過ごし方を確認
			意見（※1）		意見（※1）	
特別な状況			利用者		利用者	
			家族（継続）		家族（継続）	
			意見（※1）		意見（※1）	

※1：ケアマネジャー（CM）、主治医（Dr）、作業療法士（OT）、看護師（Ns）

課題整理総括表

利用者名　A　殿　　　作成日　平成27年11月2日

自立した日常生活の阻害要因（心身の状態、環境等）	① アルツハイマー型認知症	② 高血圧症	③ 腰痛症
	④ 肥厚爪	⑤ 長男家族と同居による環境の変化	⑥

利用者及び家族の生活に対する意向	本人：夫と家族と一緒に暮らしたい。自分のお金は、ある程度自由に使いたい。 夫：認知症がこれ以上進まないなら、家族とも争いを起こさずに生活していきたい。残りの人生、平穏に暮らしていきたい。 長男夫婦：夫婦や子どもたちとの時間を大切に生活していきたい。現同居とは少し距離がとれるように。

状況の事実※1

	現在※2	要因※3	改善/維持の可能性※4	備考（状況・支援内容等）	見通し※5	生活全般の解決すべき課題（ニーズ）[案]	※6
移動：室内移動	自立　見守り　一部介助　全介助　支障なし　支障あり		改善　(維持)　悪化		家族と一緒に台所仕事をすることで、主婦としての役割が果たせる	家のことは何でも自由にしたい	2
移動：屋外移動	自立　見守り　一部介助　全介助　支障なし　支障あり		改善　維持　悪化				
食事：食事内容	自立　見守り　一部介助　全介助　(支障なし)　支障あり		改善　維持　悪化				
食事：食事摂取	自立　見守り　一部介助　全介助　(支障なし)　支障あり		改善　維持　悪化				
食事：調理	自立　見守り　一部介助　全介助　支障なし　(支障あり)	①⑤	(改善)　維持　悪化	●長男家族と同居以来、調理は長男夫婦に任せるようになった			
排泄：排尿・排便	自立　見守り　一部介助　全介助　(支障なし)　支障あり		改善　維持　悪化		声かけをして口腔ケア、義歯の管理ができる	病気に気をつけて、元気に暮らしたい	1
排泄：排泄動作	自立　見守り　一部介助　全介助　(支障なし)　支障あり		改善　維持　悪化				
口腔：口腔衛生	自立　(見守り)　一部介助　全介助　支障なし　(支障あり)	①	改善　(維持)　悪化	●食後、声かけで口腔みがきを行う			
口腔：口腔ケア	自立　(見守り)　一部介助　全介助　支障なし　(支障あり)	①②③	改善　(維持)　悪化	●内服管理ができないため、指示された薬を手渡しする。飲み終わるまで見守る	声かけをして処方通りの内服ができる		
服薬	自立　見守り　(一部介助)　全介助　支障なし　(支障あり)	①	改善　(維持)　悪化				
入浴	自立　(見守り)　一部介助　全介助　(支障なし)　支障あり	①	改善　(維持)　悪化	●自室の掃除、階段のキャップが外れているため、用品を外す。掃除機をかけることができる。拭き掃除はできない。●干してある洗濯物をたたみ、洗濯物を家族と一緒に行うことができる。●物の置き忘れ、しまい忘れがあるため、食器やものを決めるように。ダンスなどしまい入れるところを全員共有している。●財布にいくらあるか全部使ってしまう。金額が不足する友人に借りの申し入れをする。●高価なものを何度も購入する、不要なものを購入する	●声かけや準備をすれば、自室や共同部分の掃除ができる。●洗濯物のたたみや衣類の整理、物品の管理を家族と一緒に行う。●基本的な金銭管理は家族に任せて、置いて物を確認。買い物などの楽しみを見つける		
更衣	自立　(見守り)　一部介助　全介助　(支障なし)　支障あり		改善　(維持)　悪化				
掃除	自立　(見守り)　一部介助　全介助　支障なし　(支障あり)	①	改善　(維持)　悪化				
洗濯	自立　(見守り)　一部介助　全介助　支障なし　(支障あり)	①	改善　(維持)　悪化				
整理・物品の管理	自立　見守り　(一部介助)　全介助　支障なし　(支障あり)	①	改善　(維持)　悪化				
金銭管理	自立　見守り　(一部介助)　全介助　支障なし　(支障あり)	①	改善　(維持)　悪化				
買物	自立　見守り　(一部介助)　全介助　支障なし　(支障あり)	①	改善　(維持)　悪化				
コミュニケーション能力	自立　見守り　一部介助　全介助　(支障なし)　支障あり		改善　(維持)　悪化	●同じことを何度も聞く、その時々の話で内容が異なるなか家族は理解が緩慢、注意力・見当識が低下、判断力の低下。●入院中のため家族と疎く。長年の友人とおしゃべりすることができない	●家族は認知症の症状を理解し、ケア方法を学び、ストレスを軽減する●退院後に支援があれば、友人との行き来が再開できる	友人に会っておしゃべりをしたい	3
認知	自立　見守り　一部介助　全介助　支障なし　(支障あり)	①	改善　(維持)　悪化				
社会との関わり	自立　見守り　一部介助　全介助　支障なし　(支障あり)	①	改善　(維持)　悪化				
褥瘡・皮膚の問題	自立　見守り　一部介助　全介助　(支障なし)　支障あり	④	改善　(維持)　悪化	●肥厚爪があるため、足の管理ができない	●爪切りや足のトラブルがないか確認する		
行動・心理症状（BPSD）	自立　見守り　一部介助　全介助　支障なし　(支障あり)	①⑤	改善　(維持)　悪化	●家族状況の変化、認知症により妄想や暴言、暴力、家族の金銭管理ができない、知人に借金の申し入れをするため家族は複雑な感情を抱いた●妄想症状や徘徊を疑う、忘れたしまい入れに過ごす場所を作り下す	●家族など家族と一緒に活動を行い、家族内の役割を作る。●介護サービスを利用し、自宅以外に過ごす場所を作る		
介護力（家族関係含む）	自立　見守り　一部介助　全介助　支障なし　(支障あり)	①⑤	改善　(維持)　悪化				
居住環境	自立　見守り　一部介助　全介助　(支障なし)　支障あり		改善　維持　悪化				

※1 本書式は総括表でありシートではないため、必要に応じて詳細な情報収集・分析を行うこと。なお「状況の事実」の各項目は課題分析標準項目に準拠しているが、「状況の事実」の各項目についても、必要に応じて追加して差し支えない。
※2 介護支援専門員が改善した各根拠の事実を記載する。
※3 現在の状況が「支障あり」以外は「支障なし」である場合、◯印を記入。選択肢に◯印を記入。
※4 今回の設定有効期間における改善/維持/悪化の可能性についての、介護支援専門員の判断（複数の番号に◯印を記入）。
※5 「要因」および「改善/維持の可能性」を踏まえ、要因を解決するための援助内容と、それが提供されることによって見込まれる事後の内容について記入する。ただし、解決が必要な場合だが本計画期間に取り上げることが困難な課題については「―」印を記入。
※6 本計画期間における課題解決の優先順位を数字で記入（複数の番号に◯印を記入可）。

🅰 ケアプラン

ニーズ❶への対応 「病気に気をつけて、元気に暮らしたい」

　健康状態、認知、問題行動、介護力が関連したニーズであり「夫や家族と一緒に暮らしたい」を目標とした。援助内容は健康状態を維持するための受診や家族の介護不安を軽減する家族の会の参加等、介護保険サービス、認知症専門病院の専門職を活用した。

ニーズ❷への対応 「家のことは何でもしたい」

　本人の能力を活用した園芸や家族の支援で家事を行うことで、「家族の笑顔を見る」という目標にした。援助内容は支援を受けながら家事を行うこと、入院前にトラブルとなった金銭管理は本人から切り離すのではなく、本人がきちんとその内容を知ること、説明を受けることによりトラブルの回避ができないかと考えた。

ニーズ❸への対応 「友人と会っておしゃべりしたい」

　友人との付き合いや地域活動への参加を再開し、「地域へ貢献をする」という目標にした。援助内容はインフォーマルサポートである友人の訪問、自治会婦人部の活動参加であるが、周囲に認知症であることを告知し協力を得られる体制を作ることを提案した。

☐初回アセスメントによる週間予定表

　介護保険サービスだけでなく、家族や友人が行うサポートも週課表に記入し、日常生活の予定がわかるようにし、週間予定を理解し、意識して過ごせるようにした。

💬 ケアマネジャーのふりかえり

- 本人や家族の困り事や意向を話し合いの中から見つけ出し、ポジティブな生活が送れるようなニーズを導いた
- 目標は具体的な生活がイメージできるような言葉を本人、家族と一緒に考えて決めた。在宅での生活を継続するには介護保険サービスだけでなく、元々つながりのあったインフォーマルな社会資源を活用し計画を立てた

📍 ケアプランのチェックポイント

- ニーズが本人にとって意欲的なものとなっていることから、目標が具体的で本人が取り組みやすい。プランに個別化されたインフォーマル資源が組み込まれ、本人を支援する家族の援助の軸となった
- 認知症高齢者が地域で暮らし続けていくために、何が必要かをケアマネジャーが理解したことが、個別化されたインフォーマル資源の活用につながり、本人と地域の関わりの再生や再構築の可能性を拡げるケアプランとなった
- インフォーマル資源として「認知症カフェ」の活用も考えられる

第2編 ● 事例編

第1表　居宅サービス計画書（1）

(初回)・紹介・継続　　(認定済)・申請中

利用者名　　A　殿　　生年月日　昭和10年○月○日　住所　○○県○○市
居宅サービス計画作成者氏名　　Y
居宅介護支援事業者・事業所及び所在地　P居宅介護支援・○○県○○市
居宅サービス計画作成（変更）日　年　月　日　　初回居宅サービス計画作成日　平成27年11月6日
認定日　平成27年9月18日　　認定の有効期間　平成27年8月21日　～　平成28年7月31日

要介護状態区分	(要介護1)・要介護2・要介護3・要介護4・要介護5
利用者及び家族の生活に対する意向	本人：主人や家族と一緒に暮らしたい。自分のお金は、ある程度自由に使いたい 夫：認知症がこれ以上悪くならず、家族ともめ事を起こさずに生活をしていく。残りの人生、平穏に暮らしていきたい 長男妻：夫婦や子どもたちとの時間を大切に生活していきたい。同居がプラスになるようしていきたい
介護認定審査会の意見及びサービスの種類の指定	なし
総合的な援助の方針	ご本人の「主人や家族と一緒に暮らしたい」という気持ちを実現できるよう、医療機関と連携を図り、介護サービスやインフォーマルサポートを利用しながら、在宅生活の支援をしていきます。ご本人の症状に変化がある時は、早期に連絡をしあい、対応を行います。ご家族の介護に対する不安が軽減できるよう、ケアチームで協力していきます。 緊急連絡先：長女○○○-○○○○-○○○○　長男○○○-○○○○-○○○○
生活援助中心型の算定理由	1．一人暮らし　2．家族が障害、疾病等　3．その他（　　　）

第2表　居宅サービス計画書（2）

利用者名　A　殿

生活全般の解決すべき課題（ニーズ）	長期目標	（期間）	短期目標	（期間）	サービス内容	※1	サービス種別	※2	頻度	期間
①病気に気をつけて、元気に暮らしたい	足腰達者で、主人や家族と一緒に暮らしたい	H27.11.9～H28.4.30	#1 症状を悪化させない	H27.11.9～H28.1.31	a 診察・検査 b 専門医・専門職による助言・指導 c 服薬管理 d 家族以外の人と過ごす e 手芸、軽運動等 f 爪切り・フットケア g 送迎	○	a b 保険診療（医師・臨床心理士・作業療法士） a b 保険診療 c 家族 d e f g 通所介護	G病院 M医院 夫 長男妻 Nデイサービス	4週に1回 月1回 日2回 週3回	H27.11.9～H28.1.31
			#2 認知症を理解し、ケア方法を学び、介護の不安を軽減をする	H27.11.9～H28.1.31	h 家族の会に参加 i 家族の不安等を聞き、対応方法を考えていく		h 家族の会活動 i 精神保健福祉士 i 介護支援専門員	家族の会○○ G病院 P居宅介護支援	月1回 4週に1回 月2回	H27.11.9～H28.1.31
②家のことは何でもしたい	庭で育てた野菜を利用して、料理をしたり、家事を行い、家族の喜ぶ顔が見たい	H27.11.9～H28.4.30	#3 家計の相談を行ないながら、金銭管理を行う	H27.11.9～H28.1.31	a 通帳管理、銀行に行く b 家計簿をつける		a 本人 a b 家族	夫	月1回 月1回	H27.11.9～H28.1.31
			#4 家族と買物に出かけたり、料理や家事を行う	H27.11.9～H28.1.31	c 買物・外出の付き添い d 夕食を作る e 漬物を作る f 掃除や洗濯を行う		d e f g 本人 c 家族 f 家族 d e f 家族	夫、長女 長男夫妻 弟夫妻 夫 長男妻	毎日 週1回2 月1回 毎日 毎日	
			#5 庭で花や野菜を育てる	H27.11.9～H28.1.31	g 花の水やり、苗の手入れ、収穫		g 本人 g 家族 g 友人	夫 Qさん Rさん	毎日 毎日 週1回	H27.11.9～H28.1.31
③友人と会って、おしゃべりしたい	長年付き合いのある友人たちとおしゃべりしたり、婦人部活動に参加し、地域貢献ができる	H27.11.9～H28.4.30	#6 友人と過ごす時間がもてる	H27.11.9～H28.1.31	a 病状の説明を行い、協力を得る b お茶会でおしゃべりをする		a 家族 b 本人 b 友人	夫 長男 Qさん Rさん	必要時 必要時 週1回 週1回	H27.11.9～H28.1.31
			#7 婦人部活動に参加です	H27.11.9～H28.1.31	c 婦人部の集まりや公園清掃等に参加する		C 婦人部活動	V町婦人部	月2回	H27.12.1～H28.1.31

※1 「保険給付の対象となるかどうかの区分」について、保険給付対象内サービスについては○印を付す。
※2 「当該サービス提供を行う事業所」について記入する。

事例1：認知症高齢者と家族介護者への対応

第3表								週間サービス計画表	

利用者名　　A　殿

		月	火	水	木	金	土	日	主な日常生活上の活動
深夜	4:00								
早朝	6:00								起床 庭の手入れ
	8:00								朝食・内服
午前	10:00	通所介護	買物(夫・長女)	通所介護	買物(夫・長女)	通所介護		買物 (長男夫妻)	買物
	12:00								昼食
午後	14:00						お茶会(友人)		
	16:00								お茶
	18:00	夕飯の支度	夕飯の支度	夕飯の支度	夕飯の支度	夕飯の支度	夕飯の支度	夕飯の支度	夕飯の支度
夜間	20:00								夕食・内服 入浴
深夜	22:00 4:00								就寝

週単位以外のサービス	通院（G病院・4週に1回、M医院・月に1回）、自治会婦人部活動（月2回）、家族の会参加（月1回） 銀行に行く（月1回）、弟家族との外出（月1回）、定期的な面接（G病院・4週に1回、介護支援専門員・月に2回）

サービス担当者会議

　本人、家族（夫、長男妻）に出席してもらい、入院に至る経緯と入院中の状態を共有。本人・家族にも病状や退院後の留意点等を説明、ケアプランの一部を修正し、確定した。

ケアマネジャーのふりかえり

- 本人が参加し、自分の気持ちを話してもらうことができてよかった。家族の気持ちは入院の経緯から会議で発言することが難しいと考え事前に聴取。ケアマネジャーが代弁したが、それでよいのか迷いがあった
- 出席者に精神保健福祉士より経過説明、主治医より病状説明を行い、ケアプラン原案を示し専門的意見をもらい、一部修正をした。事前準備をすることで、協議する内容に焦点を当てた議論ができた

サービス担当者会議のチェックポイント

- 「本人が自分の言葉で語るための担当者会議の開催」について、どのような点に配慮したかを言語化しておくと再現性が図れる
- 同じく、家族が自分の言葉で語ることが難しいと感じて代弁している点について、担当ケアマネジャーの迷いがどこから生じているかを明らかにすると検証のポイントになる

ケアプランの確定

本人、家族間に葛藤があり、一致点を見つけながらプランを作成した。

本人にはできることがたくさん残っており、その能力を活用するには常に見守り支援が必要であることから、家族に負担がかかる。主介護者である長男妻だけでなく夫や長男、長女、弟夫妻にも支援してもらえるよう調整しプランに位置づけ、インフォーマルサービスについても検討し、友人や婦人部の協力を得ることができた。

ケアマネジャーのふりかえり

- 本人との面接でできることがたくさんあることがわかり、本人の希望をプランに反映した
- 家族の介護不安については、インフォーマルサービスの紹介だけでなく、専門職とケアマネジャーとの定期的な面接を位置づけて、認知症ケアの理解を促し自信をつけてもらうなど、家族への支援も重視し、軽減を図った

確定ケアプランのチェックポイント

- 本人にとって楽しみがたくさん詰まったケアプランを交付する際、ていねいな面接を通して見えた"本人の力"に着目して作成したプランであることを説明して得た同意は、エンパワメントの促進が期待される
- ケアプランに「認知症」と記載する際は、本人告知がなされているかを確認した上でその可否を検討するとよいだろう

事例1：認知症高齢者と家族介護者への対応

第4表		サービス担当者会議の要点				

作成年月日： 平成27年11月5日

利用者名： A 殿　　居宅サービス計画作成者（担当者）氏名： Y
開催日時： 平成27年11月5日　15:30～16:00　　開催場所： G病院 ミーティングルーム　　開催回数： 1回

会議出席者	所属（職種）	氏名	所属（職種）	氏名	所属（職種）	氏名
	本人	A	G病院（医師）	H	G病院（精神保健福祉士）	J
	夫	B	G病院（看護師）	I	Nデイサービス（相談員）	O
	長男妻	D	G病院（作業療法士）	K	P居宅介護支援（ケアマネジャー）	Y

検討した項目	1．①経過説明、②病状説明 2．退院にあたっての留意点 3．ケアプラン確定
検討内容	1．①経過説明（精神保健福祉士） 平成26年5月に長男家族と同居した頃から不要な受診が増え、同じ物を何度も買う、金銭感覚の欠如等が目立つようになり、家庭環境の変化から勘違いが増えて、家族間でのトラブルも起こるようになった。当院初診は7月7日、しばらく自宅で経過観察をしていたが、トラブルが激しくなり入院となった。 1．②病状説明（H医師） 元々の病気は高血圧症、糖尿病。当院にはアルツハイマー型認知症の治療のために入院した。治療は環境調整と薬物療法。家族と離れて過ごし、生活もシンプルなので、家族に対する間違った認識や買物による散財もない。精神を落ち着かせる薬、睡眠の質をよくする薬を飲んでいるが、症状は安定している。退院できる状態であり、外来に通院して定期的に状態を診せてほしい。 2．退院にあたっての留意点 （H医師）規則正しい生活をしてもらうことが基本になる。食事と睡眠、内服も続けてもらう。入院後は介護保険サービスのデイサービス等を利用して、頭や身体を使うこと、家族以外の人と過ごす時間をもつことが重要。 （I看護師）病棟では安定して過ごしている。入院前の状況から家族と一緒に買物に出かけたり、簡単な家事は行ってもらうようにするとよいと思う。ADLは自立しているが、外反母趾と肥厚爪のため、入浴時等に足の手入れの援助があるといいと思う。 （K作業療法士）集団活動と個別活動に参加してもらっている。集団活動では簡単なゲームをしながらの頭の体操と身体の体操、個別活動では花を育ててもらったり、刺し子をしてもらった。絵手紙や習字は好まない。同年代の患者と話している姿も見られた。できることがたくさんあるので、引き続きできることを発揮できる機会をもってもらうとよいと思う。Aさんに入れてもらうお茶は大変おいしい。 3．ケアプラン確定 目標　本人：自宅で家族や地域の人と仲良く暮らす　　家族：認知症の理解を深め、負担を増やさないようにする。 ・介護保険サービスを利用するのは初めて。利用がスムーズに開始できるか見守る ・インフォーマルサポート（弟夫妻や自治会婦人部）は実施状況を確認しながら、無理なく継続できる方法ををを考えていく ・長男妻は退院に不安を抱えていると話した。長男妻にはG病院精神保健福祉士とケアマネジャーが定期的に面接を行い、心身の健康状態を確認する ・長男妻に負担が偏らないように、長男や孫、弟夫妻にも協力してもらえるように働きかけることにする
結論	●Aさんの経過、病状について、ケアチームで確認 ●退院にあたっての留意点や長男妻の発言から、ケアプラン原案の一部を修正し、ケアプランを確定した。 （修正点）①足浴、足の爪切りはデイサービスの看護師が担当する、②弟夫妻との外出（夫より依頼する）、③長男の休日には、Aさんや長男妻の話を聞いてもらうなど協力してもらう（長男より依頼）、④長男妻とG病院精神保健福祉士、ケアマネジャーが定期的に面接を行うことをケアプランに位置づける
残された課題	●初回のケアプランであるため、Aさんの状態に合わせ、柔軟な対応を行う ●長男妻の心身状態により、Aさんの在宅生活が大きく影響するため、Aさんの経過観察とともに、長男妻の状態についても確認する
（次回の開催時期）	次回：平成28年1月末を予定

医療情報シート (主治医意見書の該当項目から転記、面談等による意見を記入してください。)

記入日：平成27年11月2日	病院・診療所名　　G病院　　　担当医師氏名　　H医師
1．現在の病状 (1)　診断名	アルツハイマー型認知症　高血圧症　糖尿病　腰痛症
(2)　症状としての安定性	⦿安定　　　　　　　　不安定　　　　　　　　不明
(3)　生活機能低下の直接の原因となっている傷病または特定疾病の経過および投薬内容を含む治療内容	アルツハイマー型認知症 メマンチン塩酸塩（夕食後）、ニフェジピン（朝食後・夕食後）、チアプリド塩酸塩（朝食後・夕食後）
2．生活機能の現状 (1)　障害高齢者の日常生活自立度 　　　認知症高齢者の日常生活自立度	自立　　J1　　⦿J2　　A1　　A2　　B1　　B2　　C1　　C2 自立　　Ⅰ　　Ⅱa　　⦿Ⅱb　　Ⅲa　　Ⅲb　　Ⅳ　　M
(2)　認知症の中核症状 　　　短期記憶 　　　日常の意思決定を行うための認知能力 　　　自分の意志の伝達能力	無　⦿有（　記憶・見当識障害　理解力・判断力の低下　　　　　） 無　⦿有（　　　　　　　　　　　　　　　　　　　　　　　） 自立　　　　　いくらか困難　　⦿見守りが必要　　　　判断できない 伝えられる　⦿いくらか困難　　具体的要求に限られる　　伝えられない
(3)　認知症の周辺症状	無 ⦿有（幻視・幻聴　⦿妄想　昼夜逆転　⦿暴言　⦿暴行　介護への抵抗　徘徊　火の不始末 　　　不潔行為　異食行動　性的問題行動　その他（　金銭管理・散財　））
(4)　その他の精神・神経症状 　　　専門医受診の有無	⦿無　有（　　　　　　　　　　　　　　　　　　　　　　　　　　　　　　　　　　　） 無　⦿有（　　　　　　　　　　　　　　　　　　　　　　　　　　　　　　　　　　　）
(5)　身体の状態	利き腕　⦿右・左　　身長（148cm）　体重（40kg） 麻痺（　なし　　　　　　　　　　　　　　　　　　　　　　　　　　　　　　　　　　） 筋力の低下（　なし　　　　　　　　　　　　　　　　　　　　　　　　　　　　　　　） 関節の拘縮（　なし　　　　　　　　　　　　　　　　　　　　　　　　　　　　　　　） 関節の痛み　腰痛　　　　　　　　　　　　　　　　　　　　　　　　　　　　　　　　） 失調・不随意運動（　なし　　　　　　　　　　　　　　　　　　　　　　　　　　　　） 褥瘡（　なし　　　　　　　　　）　その他の皮膚疾患（　両足肥厚爪　　　　　　　　）
3．今後の見通しと療養上留意すること (1)　現在発生しているまたは今後発生の可能性の高い状態とその対処方針	状態（　環境の変化により被害妄想が再発する可能性がある　　　　　　　　　　　　　） 対処方針（　家族に対処方法を指導、介護サービスの利用　　　　　　　　　　　　　）
(2)　サービス利用による生活機能の維持・改善の見通し	⦿期待できる　　　　　　　　期待できない　　　　　　　　不明
(3)　医学的管理の必要性	服薬管理
(4)　サービス提供における医学的観点からの留意事項	
4．特記すべき事項	

　　　年　　月　　日　開催のサービス担当者会議に出席できないので、主治医から出席者に伝えたいこと。

①ケアプラン原案について

②サービス、サービス提供スタッフ等に対する意見・指導・助言

③その他、福祉用具の活用についてのご意見等

個人情報の管理に厳重注意！

モニタリング

①居宅サービス計画の実施状況

居宅サービス計画書第2表に沿って本人、家族、サービス提供事業者にモニタリングを実施。本人は忘れていることが多かったが、言葉や表情から、自宅に戻りいきいきしている姿が確認できた。家族との面接では、不安や疲労度、サービス利用に対する満足度を聴取し、目標である在宅介護を続けていけることを確認した。事業所には通所介護の活動内容を聞きながら、グループの中で友人を見つけ、笑顔で過ごしていることを確認した。

以上から、目標との大きなずれがなく生活していること、計画に沿ったサービスが提供できていることを確認した。

②居宅サービス計画の点検

居宅サービス計画書第2表をもとに、生活全体を見る視点で居宅サービス計画の点検を行った。自宅での生活を継続するポイントは3点で、①心身の状態を悪化させないこと、認知症について家族が理解すること、②本人のできることを活かし、主婦としての役割をもつことで、長男妻や夫への嫉妬妄想やもの盗られ妄想、散財が減少するという見通しを立てた。この計画は家族の協力なしでは実施できないため、家族のメンタルケアを見落とさないようにした。③地域活動を行い社会貢献をすることは、友人や婦人部などのインフォーマルサポートを必要とするため、実施状況の確認を怠らないようにした。

③今後の方針・対応

今後も在宅生活を継続するという方針でケアプランを作成することを本人、家族に確認した。初回ケアプランの援助の方針を定着させていくよう対応する。

ケアマネジャーのふりかえり

- 初回プラン作成時、退院することにより本人の症状、家族関係が悪化しないか、家族の不安感の軽減が図れるかという課題があったため、初動期のモニタリングをていねいに行った
- 自宅での本人のいきいきとした姿から、在宅生活を継続するためには家族の介護力がカギとなるので、家族それぞれのメンタルケア、体調への配慮等を行った

モニタリングのチェックポイント

- モニタリングで短期目標の一つひとつをていねいに検証し、見直す点や伸ばす点の根拠を明らかにすることは、ケアマネジメントプロセスを円環的に展開するための重要な"つなぎ目"となり、さらにAさんが自身の目標に近づくためのポイントとなる

| 第5表 | 居宅介護支援経過 |

利用者名　　　A　　殿

居宅サービス計画作成者氏名　　　Y

月日	内容
H27.9.28（月） 14:00 ～14:15	<居宅介護支援の申込み—長男の妻より電話> 入院中の義母の退院後の生活について相談 ・認知症により7月27日から入院しているが、近々退院予定 ・退院後は介護保険を利用しながら、在宅生活を送りたい 電話で経緯を聞き、入院中の本人Aさんと面接する約束をした。
H27.10.1（木） 15:30 ～16:20	<初回面接経過聴取—G病院訪問> 面接：長男妻、長女、G病院J精神保健福祉士 平成26年5月に本人夫妻と長男家族の同居が始まり、家族が本人に認知症を疑う症状があることに気づく。 ・不要な受診、洋服や化粧品を繰り返し購入、散財 ・長男妻に対する被害妄想、嫉妬妄想、暴言、夫への暴力。しばらく様子を見ていたが、家族は疲弊。家族間もぎくしゃくし、かかりつけ医に相談。精神科受診を勧められ、平成27年7月27日同病院に入院 ・入院中、行動障害はなく、同年代の女性と一緒に過ごし、リハビリ活動にも参加。週1、2回の家族の面会を楽しみにしている。家族には妄想や暴力等は認知症という病気が原因だと伝え、対応について学習をしてもらう。長男妻、夫のストレスは軽減したようだが、退院後の生活に不安をもっている。長女は自宅に帰りたいと繰り返す本人のために、一日も早く退院をさせてあげたいと考えている J精神保健福祉士より、外出や外泊を試みて家族の不安が軽減されてから退院することが提案された。 長男妻：「そうしていただくと助かります。あの頃のことを思い出すとまだドキドキします」 長女：「父も母の行動が再現しないか心配しています。私は早く退院させてあげたいと思いますが、母の面倒をみるのは父やDさん（長男妻）なので、少しずつ退院できるよう準備ができるとよいと思います」 本人は長女と長男妻の姿に気づき、笑顔で手をあげた。長女からケアマネジャーを紹介してもらう。 本人：「私はどこも悪くないと思うんだけど……。早く家に帰りたいです。よろしくお願いしますね」 担当I看護師に入院中の様子を聞く。 10月3日（土）午後、自宅へ外出予定とのこと。夫と長男夫妻、長女が迎えに来て、自宅で数時間過ごすことになっているという。 <居宅介護支援契約> 本人、長男妻、長女に、重要事項、契約内容の説明を行い、本人に署名、捺印をして

		もらう。 本人：「家に帰れるなら、何でも言うことを聞きます。家族とも仲良くします」 【中略】
H27.10.21（水） 14:00 〜14:50	<介護保険サービス等の紹介―G病院訪問>	
	本人、夫、長男妻、長女、J精神保健福祉士が同席し退院に向けた準備の一つとして、介護保険サービス等の紹介、説明を行う。 ・本人の希望：①家族と暮らす、②自宅で園芸をする、③友人とおしゃべりをする、④ゲートボールは腰痛が心配なので希望しない ・夫の希望：平穏に暮らしてほしい。無駄遣いせず、意地悪せず、家族みんなと仲良く暮らせること	
H27.11.2（月） 13:30 〜15:00	<自宅訪問・Nデイサービス見学>	
	Aさん、夫、長男妻、長女、友人Qさん 外泊：10月31日〜11月3日 自宅にてアセスメント Nデイサービス見学 同行：Aさん、長男妻、長女 通所介護に行くことを躊躇していたが、手芸や大工仕事、園芸をしている通所者の姿を見て、悪い印象をもたなかったようだ。	
H27.11.5（木） 15:30 〜16:00	<サービス担当者会議>	
	出席者：Aさん、夫、長男妻、H医師、I看護師、K作業療法士、J精神保健福祉士、NデイサービスO相談員 詳細は第4表「サービス担当者会議の要点」のとおり。 ケアプラン原案について ・退院にあたり長男妻は不安をもっていることを明かした ・ケアプランの一部を変更し、承認を得た ・退院は11月9日（月）午前に決まる	
H27.11.9（月） 14:45 〜15:30	<退院後初の居宅訪問>	
	面接：本人、夫、長男妻 ・本日退院。ケアプランの説明、同意を得て本人に署名してもらう 本人：自宅で家族や地域の人と仲よく暮らす 家族：認知症の理解を深め、負担が増えないようする	
H27.11.11（水） 17:15 〜17:25	<状況確認―本人宅に電話し夫と話す>	
	・退院後は問題なし。食事、睡眠はとれている ・今朝、通所介護に行くのを嫌がった。自分が送っていった。到着すると職員に促されて建物に入る。午前は体操と散歩。昼食は完食。午後は刺し子に取り組み、帰宅後はソファに座り相撲を見ていた ・本人には家事に参加してもらい、夫と長男妻が2人になる時間がないようにしている	

H27.11.13（金） 15:30 ～16:00	<状況確認―通所介護事業所訪問> 面接：相談員 ・朝の迎え時は初日以外、送迎車に乗車できた ・活動には促されて参加。始まってしまえば、体操、散歩、手芸、園芸に取り組むことができる ・軽度者グループの利用者と食事、おしゃべり、活動ができるようにしている ・本人に声をかけると、他の利用者にケアマネジャーを友人と紹介する。緊張している様子はない ・通所介護を婦人部の活動の一部と思っているようで拒んでいる様子はない 通所することで気分転換ができている。友人ができる可能性あり。
H27.11.24（火） 11:30 ～12:00	<受診同行> G病院　本人、長男妻、長女、J精神保健福祉士 H医師、J精神保健福祉士は、慣れてきたらサービスを増やすことを検討する、家族は引き続き家族の会に参加し、J精神保健福祉士の面談を継続するよう話す。 高血圧、糖尿病については、かかりつけ医にフォローしてもらう。次回の受診は4週間後。
H27.11.28（土） 14:00 ～14:30	<モニタリング―居宅訪問> 面接：本人、夫、長男妻 サービス実施状況 ・週3回の通所介護に参加 ・11月23日に本人夫妻、弟夫妻で外出 ・長男は以前に比べ、妻の話を聞いてくれるようになった。買物の付き添いもしている ・長男妻は以前のような症状が起こるのではないかと不安をもちながら生活している。G病院J精神保健福祉士、ケアマネジャーとの面接を行い、自分の気持ちを話している ・長男妻と長女は家族の会に1回参加。長男妻は自宅では話せないことを家族の会で話すことができ、介護経験者から心構えや介護方法を聞いている ・短期目標の達成度確認　➡庭で花や野菜を育てることは未実施だが、その他はほぼ達成されている 12月のケアプラン ・G病院からサービス利用増の提案があったが、朝、通所準備が間に合わず行きたがらない日もあるため、サービス利用は11月と同内容 ・12月から参加予定の婦人部活動は、まだ婦人部長に相談をしていないとのこと。介護保険以外のサービス利用の必要性を伝え、友人のQさんにも相談し、活動参加のお願いをするよう勧めた
H27.11.28（土） 16:45 ～17:00	<モニタリング―通所介護相談員に電話> 1．通所介護参加状況 ・通所介護は週3回の予定。今まで9回の利用予定のうち7回参加。当日は夫に付き添ってもらったが、今はバス送迎で通所。休みのうち1回は、本人が行きたくないとのこと

	２．サービス実施状況 ・顔見知りの人ができて、手芸、園芸に参加。身体的な問題はなく体操に参加。足腰は丈夫で体操や近所への散歩は好んで参加 ・ほかの利用者への心遣いも見られ、「大丈夫？　疲れたら座ってもいいんじゃないの」等の発言があったという ・園児交流では肩をたたいてもらい「気持ちよかったよ」と礼を言った ・フットケアとして足浴、爪切りを実施 ３．家庭訪問の結果を報告 ・通所週３回を継続。通所介護以外の活動予定がある ・友人の訪問や婦人部活動ができない時には、通所介護を増やすことを検討 【中略】
H27.12.10（木） 16:15 〜16:30	<長男妻より報告—長女と家族の会参加> ・自己紹介と近況報告をすることから始まり、自分は嫉妬妄想、金銭等困り事の半分ほどしか話せなかったが、話して気分が晴れた ・一緒に参加した長女は参加者の「息子さんや娘さんからいつまでも慕われるおかあさんでいたいんじゃないの」という発言を聞いて、「おかあさんを大切に思っているという気持ちが通じれば、おかあさんも変わるのではないか」と話していたと言い、いつもより明るい声で、「おかあさんが大切に思われているということを実感できるようなことを考えてみたい」と言って電話を切った 介護家族の言葉は、同じ立場で、経験を基にした話であるため、家族にとってわかりやすく、心強い支援であるようだ。
H27.12.12（土） 13:30 〜13:45	<長男妻より報告—婦人部の活動> ・本日は11:00〜婦人部の忘年会があり、長女と参加 ・夫と長女が相談し、11日に長女が婦人部長を訪ね、本人が認知症であることを告げ、今後も婦人部の活動に参加させてほしいと依頼 婦人部長は、「会費をきちんと納めてくれ、神社の掃除にも参加してくれた。年をとれば、他人に迷惑をかけながら生活するのはしかたないことで、それをお互い様と思える会である」と笑顔で答えた ・このように受け止めてもらい、取り越し苦労だった ・忘年会に長女も参加することになり梅酒と漬物を持参。梅酒は入院前に義父母が漬けたもので、ぬか漬けを作る姿は自信に満ちている ・家族の会や婦人部長に話を聞いてもらい、気持ちが楽になった。その時に言われた「おかあさんが喜ぶことをするとよい」という言葉が腑に落ちた ・家族の会や婦人部長の話は、家族を心理的に支えるものになったと感じた。 【中略】
H27.12.25（金） 16:45 〜17:05	<モニタリング—居宅訪問> 面接：本人、夫、長男妻 サービス実施状況 ・週３回の通所介護は休まずに参加 ・毎週土曜日には友人の訪問があり、おしゃべりをしている

	・婦人部の活動に3回参加。○神社の清掃、△公園の清掃、忘年会 ・長女より婦人部長に認知症であると告げ、おかしなことがあった時は知らせてもらうことになっている ・家族の会参加。月1回。長男妻、長女が参加 介護経験者のアドバイスは、家族にとって大きな支えになっている。 ・家族の協力体制 夫：ルーティンのように、日課をこなしている 本人：夫の身体を気遣う言葉を発するようになった 長男妻：通所介護の後で疲れている時以外は、夕食の準備を手伝ってもらっている 　　　みそ汁を作る、漬物を切るなど簡単な作業だが、自信をもって行っている 長男：買物の付き添い、長男妻の話を聞いてくれる 長女：服や化粧品を購入する時の付き添い、婦人部の活動にも参加 ・短期目標の達成度　➡良好に推移
H27.12.26（土） 13:00 ～13:15	<モニタリング―通所介護事業所訪問> 面接：相談員 １．通所介護参加状況 ・通所介護は週3回の予定。今月は休まず送迎バスで通所 ２．サービス実施状況 ・同年代の女性グループで行う体操、散歩、おやつづくりに積極的に参加。手芸で動物柄の刺し子を作成、園児交流会の際にプレゼントをしていた ・フットケアで足浴、爪切りを実施、肥厚爪は悪化していない ・送迎時や連絡ノートを通して、自宅での様子を聞いている。夕食の準備を手伝っていると聞き、おやつづくりに参加してもらった ３．家庭訪問の結果を報告 ・週3回の通所を継続 ・通所介護以外の活動にも参加できている 1月のケアプラン ・サービスの実施状況、短期目標の達成度からケアプラン内容を継続 ・1月は8日から通所予定 ・12月は本人、家族を支えるインフォーマルサポートを利用できた
H28.1.8.（金） 8:15 ～8:30	<交通安全の旗振り見学> ・黄緑のジャケット、黄色のたすき、交通安全の旗を持って、参加 ・50代から高齢者まで10人ほどが参加し、本人は友人Rさんと一緒に子どもたちに「気をつけて行ってらっしゃい」と声をかけている 夫の協力や婦人部の理解で、活動ができている。夫の体調管理に配慮が必要。
H28.1.16（土） 9:30 ～9:40	<長女より電話―旅行についての相談> ・1月24日～25日に両親、弟夫妻と房総半島に旅行に出かける予定。どのような準備をすればよいか ・H医師から旅行に行くことの了解をとっている ・過去に行ったことがある場所で、日程も比較的ゆったりの計画である

		旅行中、Aさんを1人にしないようにすればよいのではないかと話し、心配なことは受診時に確認するよう伝えた。
H28.1.20（水） 11:00 〜11:15		<長女より電話―報告> ・19日に受診。経過は良好 ・H医師は旅行に行くことに反対はなく「楽しんで来てください。旅行中の内服薬の変更はなし。心配であれば、女性の付き添い者がもう1人いたほうがよい」と助言を受け、急きょ自分も行くことにした 本人も旅行を楽しみにしている。
H28.1.27（水） 16:30 〜16:40		<モニタリング―通所介護事業所相談員に電話> 1．通所介護参加状況 ・通所は週3回の予定。今月は交通安全運動、家族旅行で休みは2回。バス送迎で通所 2．サービス実施状況 ・同年代の女性グループと活動。体操、散歩、手芸に参加。おやつ時、お茶を入れてくれている ・血圧は安定、フットケアを実施。通所中の問題はない ・短期目標　➡良好に推移
H28.1.28（木） 13:30 〜14:15		<モニタリング―居宅訪問> 面接：本人、夫、長男妻 サービス実施状況 ・週3回の通所介護には、自己都合以外には休まず通所 ・友人の訪問は、お正月や家族との外出以外、月2回実施 ・婦人部の活動に2回参加 ・家族の会参加。月1回。長男妻が参加 ・家族の協力体制　➡夫、長男妻、長男それぞれの役割が果たされている ・1泊2日の旅行 　○「どうしてここにいるの」と繰り返し発言があった。長女または義妹が常に傍らにいて、旅行に来ていると説明した。 　○食事や温泉、花摘みや花の苗を購入する時は笑顔であったが、若い時に旅行に行った時とはだいぶ印象が違うと感じたようだ 　夫：「旅行はしばらく行かなくていい」 ・短期目標の見直し（詳細は「評価表」参照）

評 価 表

利用者名　　A　　殿　　　　　　　　　　　　　　　　　　　　　　　　　　　　作成日　平成28年1月28日

短期目標	(期間)	援助内容			結果 ※2	コメント(効果が認められたもの/見直しを要するもの)
		サービス内容	サービス種別	※1		
#1 症状を悪化させない	H27.11.9 ～ H28.1.31	a 診察・検査(Dr CP OT) b 専門医・専門職による助言・指導 c 服薬管理 d 家族以外の人と過ごす e 手芸、軽運動等 f 爪切り・フットケア g 送迎	ab 保険診療 ab 保険診療 c 家族 defg 通所介護	G病院 M医院 夫、長男妻 Nデイサービス	○	症状は悪化していない。定期受診、介護サービス、家族の協力により、退院後も安定した生活をしている。 ⇨変更：症状が安定し、日常生活を充実させる。
#2 認知症を理解し、ケア方法を学び、介護の不安を軽減する	H27.11.9 ～ H28.1.31	h 家族の会に参加 i 家族の不安等を聞き、対応方法を考えていく	h 家族の会活動 i 精神保健福祉士 i 介護支援専門員	家族の会　○○ G病院 P居宅介護支援	△	専門職の助言、家族の会に参加し助言を受けて、徐々に認知症の理解やケア方法を習得している。家族の会の参加が長男妻の精神的なよりどころになっている。⇨継続
#3 家計の相談を行いながら、金銭管理を行う	H27.11.9 ～ H28.1.31	a 通帳管理、銀行に行く b 家計簿をつける	a 本人 ab 家族	夫	△	金銭に関する不満があるが、夫と通帳を確認したり、銀行に行く、家族と買物に行くことは有効であった。⇨継続
#4 家族と買物に出かけたり、料理や家事を行う	H27.11.9 ～ H28.1.31	c 買物・外出の付き添い d 夕食を作る e 漬物を作る f 掃除や洗濯を行う	defg 本人 c 家族 f 家族 def 家族	夫、長女 長男夫妻、弟夫妻 夫 長男妻	○	買物、食事の準備、家事を行っている。引き続き、家事を行うことで、家族のために役立っている思いを持ち続けられる。⇨継続
#5 庭で花や野菜を育てる	H27.11.9 ～ H28.1.31	g 花の水やり、苗の手入れ	g 本人 g 家族 g 友人	夫 Qさん・Rさん	△	平成28年1月に旅行に行き、花の苗を購入して庭に植えた。今後、水やりや手入れをしていく。⇨継続
#6 友人と過ごす時間がもてる	H27.11.9 ～ H28.1.31	a 病状の説明を行い、協力を得る b お茶会でおしゃべりをする	a 家族 b 本人 b 友人	夫、長男 Qさん・Rさん	○	・友人の訪問や訪ねて行くことが、定期的にできている ・友人とのおしゃべりが、生活の中に位置づけられている⇨継続
#7 婦人部活動に参加する	H27.11.9 ～ H28.1.31	c 婦人部の集まりや公園清掃に参加する	C 婦人部活動	V町婦人部	○	・平成27年12月から、月に2〜3回、婦人部の活動に参加できている。引き続き参加することで、意欲をもって生活ができる⇨継続

※1　「当該サービスを行う事業所」について記入する。　※2　短期目標の実現度合いを5段階で記入する（◎：短期目標は予想を上回って達せられた、○：短期目標は達せられた（再度アセスメントして新たに短期目標を設定する）、△：短期目標は達成可能だが期間延長を要する、×1：短期目標の達成は困難であり見直しを要する、×2：短期目標だけでなく長期目標の達成も困難であり見直しを要する）

困難化させない支援のヒント

編集委員会

- 長男家族との同居を機にBPSDが顕著になっている点からBPSDのケアに着目し、病気の理解や介護方法等の啓発活動から家族支援の方向性を位置づけた
- 認知症である本人との面接をていねいに行って過去と現在の空白を埋める必要性を明らかにし、「地域での役割の再生」を重視したことは、「問題のある人」から地域の一員として「地域でお互いさまの生活をする人」へ、また、「地域の支え合い」の構築につながったのではないだろうか
- 「『おかあさんの喜ぶことをするとよい』という意味が腑に落ちた」という長男妻の言葉に、本人や家族のストレングスに着目したプランニングの効果が現れており、本事例最大のポイントとなっている

ケアマネジャー

- ケアマネジメントの基本は自立（自律）支援である。利用者は認知症の診断を受けていても、何もわからない人ではない。本人の話をていねいに聞き、その人が思い描く「希望する生活の姿」を本人中心に家族や関係者と一緒に探り、ケアプランを作成した
- 課題解決のためにケアチームの役割を決め、サービスを利用することで本人や家族がどのように変化するか、サービス内容は本人の状態とずれがないか、希望する生活に近づいているかなど、初動期のモニタリングをきめ細かく行ったことを通して、本人や家族の状態を確認しながらのサービス提供が、事例を困難化させないポイントと考える

ポイント解説：認知症カフェ

「認知症施策推進総合戦略（新オレンジプラン）」（平成27年1月27日公表）では、認知症の人の意思が尊重され、できる限り住み慣れた地域で自分らしく暮らし続けることができる社会の実現を目指している。7つの柱の1つである「認知症の人の介護者への支援」には「認知症カフェ等の設置」が掲げられ、認知症の人やその家族が、地域の人や専門家と相互に情報を共有し、お互いを理解し合う場所として平成30年度からすべての市町村に配置されることになっている。企画は認知症地域支援推進員等により、地域の実情に応じて実施・運営される。

認知症カフェはオレンジカフェとも呼ばれ、認知症サポーター養成講座の修了生が活躍する場ともなっている。

第2編 ●事例編

事例 2

虐待・DV等多問題を抱える本人と家族への対応

居場所を失くした家族が、本人を中心に一つ屋根の下で生活を継続・再構築するための支援

キーワード 多問題家族／虐待／ＤＶ／外国籍／経済的困窮／地域トラブル
医療と介護の連携／サービス拒否

［事例の概要］

- Ａさん、87歳、女性。外国籍、長男家族と戸建てに同居。高血圧、不眠症、平成26年10月に認知症と診断
- 行政保健師から介護保険への切り替えに伴う依頼。相談時、サービスの利用につながらず、同居の長男の暴力により本人は入院加療中、長男は精神科入院中
- 主介護者であった長男妻は度重なる長男からのDVに自宅を飛び出して離婚を申し出ており、本人の入院期限が迫る中、皆が居場所を失くしている状況にあった
- 地域とのトラブルも根が深く、自宅での生活が本人のために果たして良い環境なのだろうかと誰もが迷う状態であったが、本人の意向により在宅生活の再開に向け手探りで検討開始
- 内科医とともにかかりつけ医となった精神科の医師より、本人、長男が困難を招いている状況はおそらく「軽度知的障害」であろうこと、本人は現在では知的障害よりも認知症による困難が大きくなっており、長男は統合失調症によることが予測され、今後のために支援対象を3人として、それぞれ継続的に支援を行っていく必要性が高いだろうという見立てがなされた
- 本事例は、支援者側が「多問題を抱える本人・家族」と見なし、ネガティブに捉えがちになってしまう状況を、どのように打開し、チームが前に進めるよう軌道修正していけば良いのかを模索し、本人の支援と同時に支援チームの形成、キーパーソンである長男妻の思いを傾聴・支援することに力を注ぎながらケアプランを立案、退院後の在宅生活を可能にした事例

[ケアマネジメントの依頼経緯]

- 行政保健師からの依頼。同居長男の暴力により本人入院加療中、長男は精神科に入院中
- 本人の退院に向けて介護保険の利用につなげたい。長男妻の離婚申し出、外国籍であること、また長年の近隣トラブルなど多問題を抱える家族への支援の要望

[ケアプラン作成までの経過]

日 付	手 段	対 象	キーワード	内 容
平成26年 9月24日	電話	行政保健師	新規依頼・相談	・長男の暴力により入院加療中。退院時期が迫り、在宅での支援が必要（長男は精神科入院中）
平成26年 10月4日	病院訪問	本人・長男妻・MSW（医療ソーシャルワーカー）他	初回面接	・本人、長男妻、MSW、行政保健師、地域包括主任ケアマネジャーからの情報収集
平成26年 10月11日	訪問	主治医	今後の相談	・主治医となることの依頼・快諾
平成26年 10月14日	病院訪問	本人	アセスメント	・本人病室でのアセスメント（MSW、PT（理学療法士）同席）
平成26年 10月15日	居宅訪問	本人・長男妻	契約締結	・居宅介護支援契約
平成26年 10月17日	居宅訪問	本人・長男妻・サービス提供事業所担当者	サービス担当者会議	・ケアプランの検討

 ケアマネジャーのふりかえり

- 一人ひとりの抱える困難が大きく、軽減や解決が容易にできない状況にあり、誰が、どこまで関わるのか？ それは可能か？ 必要な情報は今後どこから得られるのか？ 等々が不明であった
- 他にもケアマネジャーへの支援は地域包括支援センターにより得られるのか？ 等の問題が山積しており、どこから着手して良いのかわからない状況からの支援開始となってしまった
- それぞれがバラバラで当事者に会えないことから情報不足は否めず、当事業所が引き受けると行政が手を引くことが懸念されたため、依頼を受諾するのに躊躇した

📍 ケアプラン作成までのチェックポイント

- 最初からバラバラな家族はない。一つの課題が解決できない間にそれが原因となって次の課題が発生するという連鎖によって、未解決の課題が重層化していく困難化構造は少なくないだろう
- 福祉関係法令が高齢、障害、子育てなど一人ひとりの課題にはある程度関わることはできるが、家族の総合的な課題として捉え解決に向けてアプローチする場合は、制度の垣根を超えて働きかける援助者が必要である。本事例はケアマネジャーがその役割を果たしたところがポイントである

アセスメント

ニーズ❶　大切にされたい

継続的に関わる支援者が不在であり、家族と一緒にいる時間が少ない。日本に住んで以来、周囲から偏見等を受け良い思い出がなく、地域とのトラブルが原因で本人・家族が孤立している。人から大切にされるという経験、実感が必要。

ニーズ❷　別々に過ごせる時間をもちたい

家族の介護負担、精神的負担が非常に大きい。負担軽減のため、別々に過ごせる時間が必要。

ニーズ❸　夜になると不安で眠れない

昼夜逆転、夜間不穏。原因の一つとなっている日中の活動不足を解消する。

ニーズ❹　栄養面の改善

一人では安全に調理ができず、コンビニの調理パンや菓子を購入し食事としている現状。菓子類など甘いもの好きで、炭水化物（米飯・パン）がほとんど。歯みがきの習慣がなく口臭があり、義歯に黒い汚れがある。偏食の是正と専門家による口腔ケアが必要である。

ニーズ❺　一人では受診ができない

膝に痛みがあることを確認、居宅内においても移動時の安全確保が必要であることから受診時においても同行介助が必要である。

ケアマネジャーのふりかえり

- 本人と家族、本人・家族と地域の間には、これまでにさまざまな葛藤があり、本当はこうしてほしい、こうしてあげたいという互いの気持ちをうまく伝えられない状況である
- 教育を受けられず、知的障害もあり読み書きのできない本人に唯一残されていた、その場その場での会話によるコミュニケーションが、認知症の影響でとりにくくなっている。本人の苛立ちや戸惑いが大きくなり、昼夜逆転や精神状態の不安定さが増し、家族の負担も重くなり、地域での問題も増加するという悪循環が生じている

アセスメントのチェックポイント

- 地域とのトラブルの背景には、戦中・戦後を通して周囲から受けた差別的な環境の中での生活を余儀なくされた歴史的な要因が考えられる
- 本人が地域から孤立していった理由の一つは、言語・教育・文化等の手段や方法を活用できなかった生活環境の中での「自己防衛」もあったのではないか
- 地域の寛容性を求めていくには、地域へのていねいな教育的アプローチが求められる

基 本 情 報

※提出ケアプラン作成時点（平成26年9月24日）

利用者名	Aさん	性別	男・(女)	生年月日	大正・(昭和) 2年（87歳）
住　　所	○○県○○市				

主　訴	〔相談経路〕 ・行政保健師より連絡あり ・1年ほど関わりをもっていたが、具体的な支援に結びつかず情報もあまり得られずにいた。先月同居長男からの暴力により本人は入院加療しており、長男も精神科入院中。長男妻は家出中 ・帰宅できたら介護保険につなげていきたいとCM依頼 〔本人・家族の要望〕 本人：家に帰りたい。病院は嫌だ。私はどこも悪くない 長男妻：私はもう限界です。なぜあの家に嫁いだのかもわからない。離婚を考えています 長男：一緒には暮したくないが金がないから仕方がない。自分が先におかしくなりそうです

生活歴・生活状況	〔生活歴〕 12歳未満で来日。結婚した18歳頃に両親は帰国したという。夫は40代でがんにより死亡。生まれてから学校というところに通った経験はなく、日本語の読み書きはできない。母国語もわからないと本人。所有地の半分を売った金銭で細々と暮らしてきたと話す。長男は中卒後就業せず同居。30代で結婚し、孫が一人。友人・知人の存在は確認できず、詳しい成育歴の情報がとれない。 〔趣味・特技〕 〔家族状況〕

続柄	年齢	同別居	健康状態	就労有無
長男	65	同居	不良	無
長男妻	64	同居	良	有
孫	30	同居	良	有

健康管理 ※かかりつけ医のNoに○をつける	No.	病名	初診年月日	医療機関	診療科	服薬情報
	①	高血圧	平成23年1月	F医院	内科	・アムロジピンベシル酸塩 ・エスタゾラム ・抑肝散
	②	不眠症	平成23年11月	F医院	内科	
	3	認知症	平成26年10月	Jクリニック	精神科	
	4					
	5					

日常生活自立度	障害高齢者の日常生活自立度	J2	認知症高齢者の日常生活自立度	Ⅲb

認定情報	要介護度　2	（平成26年1月1日〜平成26年12月31日）	認定日	平成26年1月8日

アセスメント理由	(新規)・　更新　・　区分変更　・　その他（　　　　　　　）

利用者の他法関係情報	【医療保険の種類　国保】【年金の種類　無】【生活保護受給　有・(無)】 【障害者関係手帳（身体、知的、精神）　等級等の程度】取得年月日　【難病認定　　】

現在利用しているサービス	（フォーマル・インフォーマルを含めて） 行政保健師が関わるが、公費適応のサービス等の利用には一切つながらず

事例2：虐待・DV等多問題を抱える本人と家族への対応

チェックポイントシート

平成26年9月24日現在

課題分析標準項目	状態（現在の状況：できること・できないこと・していること・していないこと）	原因	アセスメントで明らかにするもの 問題（困りごと）（本人・家族の思い・意向）		生活全般の解決すべき課題（ニーズ）
健康状態	・正しく全身の身体評価ができていない 語彙の貧弱さから痛みやつらさを正しく伝えられているのかが不明	・教育を受けられなかったという背景 ・外国籍	利用者 家族（長男） 意見（※1） 利用者 家族（※1） 意見（※1）	日本人にはずっといじめられ恨みがある KP・長男：攻撃的な性格をどうにかしてほしい Dr・主：何が心身に起こっているのかを要継続観察	訴えが精神面での苦痛に偏ってしまう 長男：自分の精神が病んでしまうほうに苦痛 保：本人・家族が別々に過ごせる時間をもつ
ADL	・準備してもらえば食事を摂ることができる ・尿失禁はあるが最近に2～3回程度。パッド使用できず紙おむつを使用 ・入浴、更衣、整容等は促しがあれば一人でできる	・認知度を疑われているが時間はかかる	利用者 家族（※1） 意見（※1）	嫌な事はしなくてはいのでKP使用で手助かる KP：手助けしなくてはいけないのでキが困る Dr・CM・包：第三者の力を借りて互いの負担軽減が必要	誰か手伝ってくれる人がほしい KP：手はかかるがお金はかかると困る CM：本人のために使える金額はどのくらいか要確認
IADL	・月1～2回、着衣乱れありとKP（長男嫁）より情報あり ・火の不始末が昨年より頻繁で現在は使用させていない ・金銭管理はできていなかい様子。服薬管理はできず、片づけは昔からできないらしい 長男	・知的障害と診断ありはない ・認知症を疑われている	利用者 家族（※1） 意見（※1） 利用者 家族（※1） 意見（※1）	できないことが最近増えてきてに不安、イライラする KP：次のてから自分だけ気済ませかないこともった デイ：できること、できないことの見極めが重要	一人でいると不安でイライラする KP：できるだけ関わりたくない CM・保：家から外に出るサービスの利用を検討
認知	・何が要因となっているかは不明だが、ごみを窓の外に投げ持てる、非常に強い嫌悪がありさまざまな症状、行動を示す	・外国籍	利用者 家族（※1） 意見（※1）	覚えることが苦手、興奮すると前の記憶がない KP：最近忘れることが増えた感じする Dr・主：定期的な受診、専門医の受診が必要	学校に通ったこともに行きたい KP：仕事が忙しので日中は病気な デイ・Dr・専門医：専門医の受診、専門ケアが必要
コミュニケーション能力	・非識字のか、日本語の読み書きができず、語彙力は低い ・イラつくと前面に出てしまい感情のみが表出されるため、他者が構えてしまい、コミュニケーションが取りづらい	・外国籍	利用者 家族（※1） 意見（※1）	日本語も母国語も読み書きできない KP：全てがその時々でない合うから伝わらない CM：何が原因なのかを把握し、家族と考える必要あり	字が読めない、読めないのでメモが利用できず困る KP・Dr：絵やマークなど文字以外で伝わる方法を検討
社会との関わり	・現在までに書籍される問題を完全に孤立しており、家族以外の人と関わる機会はほぼない	・これまでの環境による自己防衛の気持ち ・孤独・不安	利用者 家族（※1） 意見（※1）	いじめを見ると人いじめられたこと思い出せない KP：近所に迷惑かけないか恥ずかしい 包：近所の問題としかけずに知ることが重要	誰も相手にしてくれないから余計イライラする 長男：できるだけ関わりたくない Dr・主：大切な存在としても接してもらう機会が必要
排尿・排便	・尿取リパッドを流してしまい、トイレを詰まらせたことが何度もあるためが、費用がかかるのでもあまり取り替えていない ツ型紙おむつ使用。紙パンツも使用	・経済面	利用者 家族（※1） 意見（※1）	急々に転がある、だから間に合わない 長男：汚すよりはいい デイ・CM：両膝をすることの仕事が目立つ	急な尿意で間に合わないことがある トイレを汚さないようにしたい デイ：間に合わない原因を検討する必要がある
じょく瘡・皮膚の問題	なし				
口腔衛生	・強い口臭がある。上下ともに義歯が汚れが黒く付着している ・歯みがきの習慣がなく家族による足し、介助などはされていない	・偏った生活習慣	利用者 家族（※1） 意見（※1）	入れ歯を外すと痛い、入らなくなるから外さない ・忙しくて歯みがきまで手が回らない CM：口腔衛生は重要な健康管理、歯科受診が必要	入れ歯をきれいにして痛みの原因をなくす KP：うがいくらい自分でできるようになってほしい デイ・CM：専門的な歯磨調整と洗浄、口腔ケアが必要
食事摂取	・偏食あり。菓子と炭水化物（米飯・パン）がほとんど ・目の前にあれば甘い物だけ食べてしまう（KP より） ・金銭を渡すとすぐに甘い物を買い込んでしまい1日中食べている	・偏った食習慣	利用者 家族（※1） 意見（※1）	家族が忙しいと何かつくってもらえない KP：仕事もあり1いち準備をするのが面倒 デイ・CM：食生活の改善を図ることが必要な状況	誰かに準備してもらえれば食事の用意もできる KP：仕事をしているので日中の世話は無理 デイ・保：自宅以外でのバランスの良い食事を摂れる環境が必要
問題行動	・夜中に突然、ベランダから叫ぶ、物を窓から投げる、他者の家に勝手に上がり込み排尿をする、店に入り暴言・暴力をふるうなど、地域の問題行動多数ある	・社会常識を身につける環境になかった	利用者 家族（※1） 意見（※1）	昔の恨みを覚えている、食生活の改善を図るなどの面倒 KP：思い込みだらどうにもならず関わりたくない KP：大切にされていないから思い出せなくらい辛い	つらいことばかり思い出してしまう KP：自分がやったことだから仕方ない デイ・保：日中を楽しむことができる改善可能ではないか
介護力	・KPが日常生活のサポートを一人間的に担っている ・KPは仕事とも、日中長い時間不在一人で過ごすことが多く不安が募る 状況あり。長男は一切手を貸さず、手伝はない	・心身の不安定・介護の負担が大きい	利用者 家族（※1） 意見（※1）	誰かが面倒みてくれないと思うことが多い KP：一人でこれしかしいの介護にはこれからない デイ・保：他人との関わりで変わりそうな子供	誰もに私の面倒をすべてみさせない KP：これしかくて仕事はこれできない デイ・CM：家から外でかかり他者にも大切にケアしてもらう
住環境	・戸建ての2階部分が本人専用の居室兼倉庫がある ・階段は急でずり落ちを止めがなく一人で昇降可能 ・玄関上がりかまちがある。踏まずでは正常、自宅の生活が成り立たなくなる	・膝の痛み	利用者 家族（※1） 意見（※1）	私をいじめに守られる怖い 他者の痛みをるなるとしか当然 CM・デイ・主：膝の痛みを確認、評価と負担を減らす住改善が必要	過去に受けたことが人に迷惑をかけ地域に迷惑かい関わらない KP：これ以上他に迷惑はかけない KP・CM：転倒リスクや転居予約のための手すりやふすべ止めの設置が重要
特別な状況	・長男役本人をパッドで殴り、双方が入院。嫌な関係性が続いており ・継続的なサポートをしないと住民在となり自宅での生活が成り立たない	・近隣とのトラブル ・家族間の葛藤	利用者 家族（※1） 意見（※1）	言うことをきかないから困ると叱られる怖い 長男：自分のほうが頭がおかしくなる 保・Dr・主：家族それぞれの個別の支援が必要であり重要	CM：（自宅）で家族と仲良く暮らしていきたい 長男：お金がかからず仕事に行ってほしい 主・Dr・包・CM：転倒・転居予約のための支援であり、専門職がチームで関わることが重要

※1：ケアマネジャー（CM、主任含む、Dr、精神科医（主）、包括、保健師（保）、主治医（主）、包・家族それぞれの介別の支援の確認、保健師（保）、包括、デイ相談員（デイ）

49

第2編 ●事例編

課題整理総括表

利用者名 　A　　殿　　　　　　作成日　平成26年9月24日

自立した日常生活の阻害要因 (心身の状態、環境等)	① 教育の不足（非識字）	② 不安・焦燥・混乱などの精神的不安定	③ 認知症の症状
	④ 家族介護の心身の負担が大きい	⑤ 孤独	⑥ 膝の痛み

利用者及び家族の生活に対する意向	お金をかけずに別々の時間をもちながら自宅で家族と仲良く暮らしていきたい

状況の事実※1		現在※2	要因※3	改善/維持の可能性※4	備考（状況・支援内容等）	見通し※5	生活全般の解決すべき課題（ニーズ）［案］	※6
移動	室内移動	自立 (見守り) 一部介助 全介助		改善 (維持) 悪化		●過去から現在に至るまで他者から大切にされた配慮がなく、今も孤立し、関わりを拒否されてつらい思いであるため、大切にしてくれる人が出現すれば気持ちが安定し状態が改善する可能性がある	大切にされたい	1
	屋外移動	自立 見守り 一部介助 (全介助)		改善 (維持) 悪化				
食事	食事内容	自立 支障なし (支障あり)	①④	(改善) 維持 悪化	●作り置きができず、メモが読めない			
	食事摂取	自立 見守り 一部介助 全介助		改善 維持 悪化				
排泄	調理	自立 見守り 一部介助 (全介助)	①④	(改善) 維持 悪化	●人の不始末が頻繁にある			
	排尿・排便	自立 見守り 一部介助 (全介助)	②③④⑥	(改善) 維持 悪化	●声かけや気配がなく失禁頻発に怒られる	●互いのストレスが極限に達しているため、自分の時間がもてない自立を解消する必要がある	別々に過ごせる時間をもちたい	2
	排泄動作	自立 見守り 一部介助 (全介助)	③④⑤	(改善) 維持 悪化	●習慣をつくれば改善可能			
口腔	口腔衛生	自立 支障なし (支障あり)	③④	(改善) 維持 悪化	●歯科受診・義歯調整、指導等			
	口腔ケア	自立 支障なし (支障あり)	①③④	(改善) 維持 悪化	●歯科受診・衛生主の指導等			
服薬		自立 見守り 一部介助 (全介助)	③④	(改善) 維持 悪化	●自己管理から他者管理への移行			
入浴		自立 見守り 一部介助 (全介助)	③④	(改善) 維持 悪化	●声かけを促して混乱を回避できる	●KPの了承のもとで医師と相談をし、他科の受診が負担なくできるような家族以外の人が介入すれば受診が実現でき、現状が正しく評価されれば改善する可能性がある	一人では受診ができない	5
更衣		自立 見守り 一部介助 (全介助)	③④	(改善) 維持 悪化	●他者が介助することで環境改善が図れる			
掃除		自立 見守り 一部介助 (全介助)	③④	(改善) 維持 悪化	●以前はできたが自らは洗濯機が使用できない			
洗濯		自立 見守り 一部介助 (全介助)	②③	改善 (維持) 悪化	●精神的に不安定			
整理・物品の管理		自立 見守り 一部介助 (全介助)		(改善) 維持 悪化				
金銭管理		自立 (見守り) 一部介助 全介助	①②③④	(改善) 維持 悪化	●文字に代わる何か工夫を見つける	●歯科受診し義歯・口腔内の改善を図り、通所先などでバランスの良い食事を定期的に摂ることで、栄養面の改善が図れる	食生活の改善	4
買物		自立 見守り 一部介助 (全介助)		(改善) 維持 悪化	●専門医受診、定期受診、服薬管理			
コミュニケーション能力		支障なし (支障あり)	①②③④⑤	改善 (維持) 悪化	●大切にしてくれる人がいない			
認知		支障なし (支障あり)		改善 (維持) 悪化	●大切にしてくれる人がいない			
社会との関わり		支障なし (支障あり)	①②③④⑤	改善 (維持) 悪化	●大切にしてくれる人がいない			
褥瘡・皮膚の問題		(支障なし) 支障あり		改善 (維持) 悪化				
行動・心理症状（BPSD）		支障なし (支障あり)	①②③④⑤	(改善) 維持 悪化	●大切にしてくれる人がいない			
介護力（家族関係含む）		支障なし (支障あり)	①②③④⑤	(改善) 維持 悪化	●別々に過ごせる時間がない	●日中の活動を増やすことで次第に良眠、昼夜逆転の時間（広義の）改善が望める	暗く静かな夜になると不安になり眠れない	3
居住環境		(支障なし) 支障あり	①②③④⑥	(改善) 維持 悪化	●手すり設置、片づけで転倒・転倒リスク減			

※1 本書式総括表のアセスメントツールではないため、必ず別に詳細な情報収集・分析を行うこと。なお「状況の事実」の各項目は課題分析標準項目を踏まえて記載している。選択肢に○印を付ける。
※2 介護支援専門員が収集した事実を客観的かつ総合的に判断したうえで「現在」欄の選択肢に○印を付ける。
※3 現在の状況が「自立」あるいは「支障なし」以外である場合に、そのような状況をもたらしている要因を、様式上部の「要因」欄から選択し、該当する番号（丸数字）を記入する（複数の番号を記入可）。
※4 今回の認定有効期間における改善/維持/悪化の可能性について、介護支援専門員の判断として選択肢に○印を付ける。

※5「要因」および「改善/維持の可能性」を踏まえ、要因を解決するための援助内容と、それが提供されることで見込まれる事後の状況（目標）を記載する。
※6 本計画期間における優先度が高いものから順に数字を記入する。ただし、解決が必要だが本計画期間に取り上げることが困難な課題については［ ］印を記入。

ケアプラン

ニーズ❶への対応
　たくさんの人とふれあう機会をつくり、多くの優しさや感謝の言葉をもらい、大切にされているという実感から自尊心を高められるような関わりを支援者がもつよう共有を図った。

ニーズ❷への対応
　（本人に対して）通所先では自己肯定感を高めるため、得意な生け花をプログラムに取り入れてもらい、皆に教える立場となる時間を定期的に持つようはたらきかけた。

　（家族に対して）安心して自分のことや仕事に目を向けられる時間を確保するために通所を利用することをていねいに説明し、互いに気持ちの良い送り出しへの協力を求めた。

ニーズ❸への対応
　健康状態の正しい評価と活動量の維持・向上を目的に、事前にケアマネジャーが医師・歯科医師等に協力を求め、通院・通所の実現と継続が図れるよう環境調整を行った。

ニーズ❹への対応
　口腔内の健康は全身の健康に重要な意味をもつことを、歯科医師より本人・家族に説明してもらう機会をもった。通所時の食事を写真で撮り、昼食やおやつにどんな物をどれくらい食べたかがわかるように家族へ報告、高齢者の適切な食事と量を学んでもらった。

ニーズ❺への対応
　複数の医師の協力により、受診の機会は本人だけを対象にせず、息子や嫁と孫、そして支援者の心のケア、支援時に活かせる教育や情報共有の場とした。さまざまな科の医師が関わることで、それぞれの分野の見地から熱心に指導してもらえる場となった。

□**初回アセスメントによる週間予定表**　53頁参照

💬 ケアマネジャーのふりかえり

- 初回アセスメントは入院中の病院にて実施。この時点では情報もなく、まだケアプランにつながるものがなく、手立てが思い当たらなかった

📍 ケアプランのチェックポイント

- 過去に地域でトラブルを起こして以来、孤立している利用者のケアプランの立案前に、内科主治医、精神科医師を協力者として巻き込み、行政にも協力者を増やすようにソーシャルワーク的アプローチを先行させ、本人および家族のストレスの軽減、不安解消に働きかけているところがポイント

第1表　居宅サービス計画書（1）

(初回)・紹介・継続　　(認定済)・申請中

利用者名　　A　殿　　生年月日　昭和2年○月○日　　住所　○○県○○市
居宅サービス計画作成者氏名　　U
居宅介護支援事業者・事業所及び所在地　　T居宅介護支援事業所
居宅サービス計画作成（変更）日　平成　年　月　日　　初回居宅サービス計画作成日　平成26年10月17日
認定日　平成26年1月8日　　認定の有効期間　平成26年1月1日　～　平成26年12月31日

要介護状態区分	(要介護1)・要介護2・要介護3・要介護4・要介護5
利用者及び家族の生活に対する意向	本人：日本に来てから、ずっといじめられて今まできました。恨む気持ちが強く、地域の人に信頼がおけず日本人は嫌いです。でも、最近来てくれる人たちは親切で大切にしてくれるから、花なら活けに行ってあげてもいいと思いました。 長男妻：別々に過ごせる時間は、確かに今一番大切なのかもしれません。事件や事故が起きたら家族全員が不幸になります。これから皆が幸せになるためにそこに少しお金を使っても良いのかなと思いました。週に2回から初めてみようと思います。
介護認定審査会の意見及びサービスの種類の指定	なし
総合的な援助の方針	得意の花を活けに週に2回出かけましょう。家族と別々の時間をもつこと、家から外に出かけることも時には大切な時間となります。これから自宅で仲良く家族と暮らしていくためには、家族一人ひとりが、心身ともに元気でなくてはなりません。日本にもAさんを大切に思ってくれる人はたくさんいます。みんなでこれからの生活を応援します。
生活援助中心型の算定理由	1．一人暮らし　2．家族が障害、疾病等　3．その他（　　　）

第2表　居宅サービス計画書（2）

利用者名　　A　殿

生活全般の解決すべき課題（ニーズ）	目標				援助内容					
	長期目標	（期間）	短期目標	（期間）	サービス内容	※1	サービス種別	※2	頻度	期間
大切にされたい（本人・家族）	穏やかに暮したい	H26.10.17～H27.4.30	生活を楽しむ時間をつくる	H26.10.17～H26.12.31	花を活けたり楽しみに目を向ける時間をつくる おいしく栄養バランスの良い食事を摂る 服薬管理 口腔ケア 清拭・パンツ型紙おむつ交換 他者との談笑	○	認知症対応型通所介護	Pデイサービス	週2回目標	H26.10.17～H26.12.31
別々に過ごせる時間をもちたい（本人・家族） 暗く静かな夜になると不安になり眠れない（本人）	自宅で暮らし続けたい 適度な疲れで気持ち良く眠りにつけるようになりたい	H26.10.17～H27.4.30	自分のために使える時間をもつ 日中に体を動かす機会を増やす	H26.10.17～H26.12.31	家から外に出る（送迎） 趣味活動 機能訓練・屋外歩行訓練 他者と触れ合う機会をもつ	○	認知症対応型通所介護	Pデイサービス	週2回目標	H26.10.17～H26.12.31
食生活の改善（本人・家族）	病気が良くなり気持ちが穏やかになる	H26.10.17～H27.4.30	イライラすることが減る	H26.10.17～H26.12.31	栄養バランスのとれた食事の提供 服薬指導・管理 十分な水分補給 義歯調整・口腔ケア	○	保健師・薬剤師・主治医・医師・歯科医師・歯科衛生士・認知症対応型通所介護	F医院 Jクリニック	通所は週2回を目標 歯科通院は開始月月2回目標・歯科衛生士は保健師と必要時同行	H26.10.17～H26.12.31
一人では受診ができない	何が起きているかを知り改善を図りたい	H26.10.17～H27.4.30	専門家の助言を受け状態を正しく把握し対応の方法を知る	H26.10.17～H26.12.31	受診同行、医療連携、情報共有、教育・指導・助言等	○	行政保健師・CM・主治医・精神科医師	F医院 Jクリニック	月2回を目標	H26.10.17～H26.12.31

※1　「保険給付の対象となるかどうかの区分」について、保険給付対象内サービスについては○印を付す。
※2　「当該サービス提供を行う事業所」について記入する。

事例2：虐待・DV等多問題を抱える本人と家族への対応

第3表								週間サービス計画表

利用者名　　A　　殿

		月	火	水	木	金	土	日	主な日常生活上の活動
深夜	4:00								
	6:00								
早朝	8:00								火・金は長男妻の仕事が休み 起床・離床・更衣・整容
午前	10:00			通院			歯科通院		朝食 通院・通所介護
	12:00		認知症対応型 通所介護			認知症対応型 通所介護			昼食 TV
午後	14:00		10時〜16時			10時〜16時			
	16:00								散歩・買い物 入浴
夜間	18:00								夕食 TV
	20:00								
	22:00								就寝
深夜	24:00								夜間トイレは5回程度
	4:00								

週単位以外のサービス	保健師の通院同行（F医院・主治医、Jクリニック・精神科医師、L歯科）、歯科衛生士・薬剤師による居宅療養管理指導

サービス担当者会議

　支援対象者を3名に分け、それぞれ混同しないように注意をした。また、多職種間での関わりが必要であるため、まず医師に協力を仰ぎ、専門的見地より助言をもらい、できること、できないことの整理を行った。同時に役割や分担の範囲を明確にした。

ケアマネジャーのふりかえり

- 主治医を内科にするか、精神科にするかで意見が分かれたが、年配である内科医師に主治医をと相談したところ引き受けてくれた。内科医と精神科医の父とが知り合いであることがわかり、内科主治医より精神科医へ積極的に働きかけてもらい、うまくコンサルテテーションが図れたことが幸いした
- 初めの一歩を間違えると修正が難しくなるが、最初に医療の全面協力を得られたことで、とても良い方向に向かうことができたと考えている

📍 サービス担当者会議のチェックポイント

- サービス担当者会議開催前に、ケアマネジャーが内科医と精神科医のどちらを主治医とするか調整し、主治医となった内科医が利用者宅で開催された会議に出席している
- フルメンバーが一堂に会して長男妻の苦労を労い、本人の意向を確認しながら役割分担やサービス利用により得られる効果を提示するなど、チームケアを実感し、手応えが感じ取れる強い合意形成が得られたことが、事例を困難化させなかったポイントである

ケアプランの確定

　二人の医師の助言に基づき、認知症対応型通所介護へ協力を要請。情報収集を進めることができた。異文化という捉え方をした時、現在の事象にどのような背景が考えられるかに視野が広がり、本人・家族理解へとつながっていった。

💬 ケアマネジャーのふりかえり

- かかりつけ医を二人体制で位置づけられたことから、支援者側への協力要請や相談もしやすくなり、家族の理解も得られるようになってきた。診断をつけるだけでは生活は変化しない。また疾患で情報を紐解くと視点が偏り過ぎる。生活全体を捉え、本人の個性と一人の人の歴史を振り返りながら今を考えることが大切
- 現在起きている多問題の表層にとらわれず、過去の生活史を知ることで見えてくる背景や文化の違いなど、問題解決のヒントがどこにあるかが見えてきたように感じている

📍 確定ケアプランのチェックポイント

- 地域に対する本人の攻撃的な行動の背景や原因が歴史的・社会的なものであり、異文化の狭間で生活してきた本人の人間性を理解してくれるサポート体制が、要介護状態になってようやく得られたのではないだろうか

事例2：虐待・DV等多問題を抱える本人と家族への対応

| 第4表 | | サービス担当者会議の要点 | | | | |

作成年月日： 平成26年10月17日

利用者名： A 様　　　居宅サービス計画作成者（担当者）氏名： U
開催日時： 平成26年10月17日10：30～11：30　　開催場所： 利用者自宅　　開催回数： 1

<table>
<tr><th rowspan="3">会議出席者</th><th>所属（職種）</th><th>氏名</th><th>所属（職種）</th><th>氏名</th><th>所属（職種）</th><th>氏名</th></tr>
<tr><td>本人</td><td>A</td><td>地域包括支援センター（保健師）</td><td>O</td><td>P認知症対応型通所介護（生活相談員）</td><td>Q</td></tr>
<tr><td>長男妻</td><td>C</td><td>F医院（主治医）</td><td>G</td><td>R福祉用具（専門相談員）</td><td>S</td></tr>
<tr><td>行政保健師</td><td>M</td><td>T居宅介護支援事業所（ケアマネジャー）</td><td>U</td><td></td><td></td></tr>
</table>

検討した項目	1．今までの家族の介護負担の大きさを理解し、介護を評価する 2．本人、家族の意向 3．やってみて変化すると予測されること
検討内容	1．家族の苦労を認め、言葉に出して評価し労う機会が必要であり、重要である。 2．本人の意向を感情的にならずにその理由を皆で考え、実現できること、誰が担うのか、金額はいくらかを具体的に話し合い、前向きに検討をする必要がある。 3．少しの努力や負担で、大きな成果が得られることを信頼関係の強い主治医より本人・家族に説明してもらい、医師同士が連携を図ることで得られる具体的な効果を提示し、必要なサービスを検討し動き出す必要がある。
結論	1．ケアマネジャーが長男妻からの聞き取りを整理し、長男妻の了承のもと、その苦労を全員に説明し、大変であったが頑張ってきたという事実を高く評価し、皆でその実際の苦労を考え、それぞれが言葉に出して心から労った。 2．先に聴取した本人の意向を皆で考え、それぞれの役割においてできること、できないことを検討していった。結果、事件が起きてしまう前に互いの幸せのためにも別々に過ごせる時間をつくることになり週2回、ごく少人数の認知症対応型通所介護の利用をケアマネージャーが提案、事業所職員から説明。主治医は専門医受診前だが状況から診断を新たに付け加え利用開始日を決定。 3．主治医より紹介の精神科クリニックの医師に受診し服薬が定期的に管理できれば、実際の生活の中でどんなことが改善される可能性があるかを説明してもらい、その了承のもとで本人にも話し、受診予約を取りつけ日程を検討し決定。 ※長期目標を認定期間と同じだが6カ月と設定しH27.4.30までとした。短期は初回のため年内評価とする。
残された課題 （次回の開催時期）	①精神科クリニック受診の実現 ②主治医の指示通りの服薬管理の実現 ③定期受診の継続

医療情報シート （主治医意見書の該当項目から転記、面談等による意見を記入してください。）

記入日：平成26年10月17日	病院・診療所名　F医院　　担当医師氏名　　G医師
1．現在の病状 　(1)　診断名	ふらつきがある。眠れない 高血圧症　不眠症
(2)　症状としての安定性	安定　　　　　　　　　　（不安定）　　　　　　　　　不明
(3)　生活機能低下の直接の原因となっている傷病または特定疾病の経過および投薬内容を含む治療内容	知的障害による日常生活全般への支障とコミュニケーション不良による精神的不安定 投薬のみ。定期的な服薬ができているかは不明。通院状況も不定期
2．生活機能の現状 　(1)　障害高齢者の日常生活自立度 　　　認知症高齢者の日常生活自立度	自立　　J1　　（J2）　　A1　　A2　　B1　　B2　　C1　　C2 自立　　Ⅰ　　Ⅱa　　Ⅱb　　Ⅲa　　（Ⅲb）　　Ⅳ　　M
(2)　認知症の中核症状 　　　短期記憶 　　　日常の意思決定を行うための認知能力 　　　自分の意志の伝達能力	無　（有）　（　不明　　　　　　　　　　　　　　　　　） 無　（有）　（　不明　　　　　　　　　　　　　　　　　） （自立）　　　いくらか困難　　　見守りが必要　　　判断できない （伝えられる）　いくらか困難　　　具体的要求に限られる　　伝えられない
(3)　認知症の周辺症状	無　：　不明 有　（幻視・幻聴　妄想　昼夜逆転　暴言　暴行　介護への抵抗　徘徊　火の不始末 　　　不潔行為　異食行動　性的問題行動　その他（　　　　　　　　　　　　　　　　）
(4)　その他の精神・神経症状 　　　専門医受診の有無	無　（有）（　不安・焦燥・興奮・暴言・暴力　　　　　　　　　　　　　　　　） （無）　有　（　必要性は高い　　　　　　　　　　　　　　　　　　　　　　）
(5)　身体の状態	利き腕（右）・左　　身長（　不明　㎝）　体重（　38　kg） 麻痺　（　なし　　　　　　　　　　　　　　　　　　　　　　　　　　　　） 筋力の低下（　両下肢　　　　　　　　　　　　　　　　　　　　　　　　　） 関節の拘縮（　なし　　　　　　　　　　　　　　　　　　　　　　　　　　） 関節の痛み（　肩・腰　　　　　　　　　　　　　　　　　　　　　　　　　） 失調・不随意運動（　なし　　　　　　　　　　　　　　　　　　　　　　　） 褥瘡（　なし　　　　　　）　その他の皮膚疾患（　なし　　　　　　　　　）
3．今後の見通しと療養上留意すること 　(1)　現在発生しているまたは今後発生の可能性の高い状態とその対処方針	状態（　知的障害からの問題と認知症などの新たな疾患や問題の発生が懸念される　） 対処方針（　性格特性の先鋭化等　　　　　　　　　　　　　　　　　　　　　）
(2)　サービス利用による生活機能の維持・改善の見通し	期待できる　　　　　　　　期待できない　　　　　　　　（不明）
(3)　医学的管理の必要性	要
(4)　サービス提供における医学的観点からの留意事項	医療との連携が不可欠であり重要
4．特記すべき事項	家族も多くの問題を抱えているため行政支援が必要

　　　年　月　日　開催のサービス担当者会議に出席できないので、主治医から出席者に伝えたいこと。

①ケアプラン原案について

②サービス、サービス提供スタッフ等に対する意見・指導・助言

③その他、福祉用具の活用についてのご意見等

個人情報の管理に厳重注意！

モニタリング

①居宅サービス計画の実施状況

　何とか家族の理解も得られ、通所介護に週１回は出かけられるようになってきた。通所中には他利用者とのトラブルが絶えない。散歩に連れ出したことをきっかけに膝の痛みがあることがわかり主治医へ報告。主治医から紹介された整形外科への受診につなげ、整形外科の医師からも協力が得られるようになったことでチーム層が厚くなった。

　その後、視力障害が判明し、これも主治医紹介の近医総合病院にて２回に分けた白内障の手術に成功。再通所できるようになったことで併設されたショートステイを利用しながら点眼を続け、術後の合併症予防にもつながり視力が回復。以前のようなトラブルが起こらなくなった。

②居宅サービス計画の点検

　受診時は、必ず家族と一緒に医師のもとへ向かい、状況を報告しながら意向を確認して評価を皆で行い、ケアプランは本人・家族の状態・意向から離れず、より実態に即したものになっていったと考える。

③今後の方針・対応

　入所も視野に入れながら、長男のための支援チームにシフトしていく必要性が高まっている。長男妻の心身の負担軽減は「仕事を続ける」ことで確保されており、多職種がしっかりと定期的評価を続ける支援体制を敷いていることから、長男妻への支援の方向を見失うことなく協力が得られ続けている状況である。

ケアマネジャーのふりかえり

- 長男妻の一番のニードは「仕事を続けたい」であったため、仕事の内容やいきさつを聞く機会を得た
- 長男妻は元々障害者施設でヘルパー業務をしていた。母の障害をきっかけに知的障害者施設の寮母として長年従事していた。施設で多くの障害者と関わること、教育を受けることにより「母が悪いわけではない」と「障害をもつ母」を受け入れることができた。母を大切にし、本人にできることは自由に続けてもらい、できないことはどう助ければよいかを学んだ。自身や家族の複雑な思いに納得できるよう努めてきたが、「どうせ理解してもらえないだろう」というあきらめや憤りから、これまで誰かに話すことはなかった
- 何が利用者を支える家族自身の支えになっているのかを考えた時、長男妻が選んでいる仕事の内容に目を向けることができた。援助者がその思いを大切にし理解を深めていくことで、長男妻の援助者側に対する気持ちも変化し、現在に至っている

📍 モニタリングのチェックポイント

- 評価表にも記載のとおり、5つのニーズが相互にプラスの連鎖になり好転している。ただし、行政の保健師とはケアマネジメント開始後もチームの一員として関係を継続しているが、地域包括支援センターが「後方支援」として引いている。後方支援とは何をどのように支援するのか、具体化が求められる

第5表　　　　　　　　　　　　　　　　居宅介護支援経過

利用者名　　　A　　殿

居宅サービス計画作成者氏名　　U

年月日	内　容
H26.9.24 17：08	**＜電話相談＞** ・行政保健師より電話、新規依頼相談あり ・同居の長男が暴力をふるい、本人は硬膜下血腫の術後、H単科病院へ搬送され入院中。長男は精神科へ入院。キーパーソンの長男妻は家出中。離婚すると自宅に戻る道はなくなるが、今は戻ってくれることを信じて支援につなげるためケアマネジメントを引き受けてほしい ・地域包括支援センターがバックアップは必ずするとのこと、引き受ける方向で検討すると電話を切り、上司へ相談し了承を得る
H26.9.25 9：30 10：30	**＜行政保健師へ連絡＞** ・引き受ける前提で詳しく状況を聞きたいと話をするとほぼ情報はなく、入院先の病院で本人とMSW（医療ソーシャルワーカー）と地域包括支援センターでまず面談をしようという提案を受ける MSWへの連絡 ・既知のMSWであったため、事前に連絡し事情を話すと、できるだけの情報を集めて面談時に備えてくれるとのこと、依頼する
H26.9.26 9：15	**＜面談予定の調整＞** ・地域包括支援センターの主任ケアマネジャーより連絡。長男妻から連絡があり、面談当日同席したいとのことで了承 ・契約の準備を進める ・病状の安定と長男妻の予定を行政保健師が調整。10月4日15：00〜16：00に直接病院に集まることになる
H26.10.4 14：30	**＜初回面接＞** ・病院にて本人・家族との初回面接。早めに到着しMSWを訪ねる。長男妻はすでに到着しており挨拶を交わす。長男妻希望により二人で挨拶するため本人のもとに向かう。MSW同行

		・本人病室前にて「今、離婚するかとても迷っている」と長男妻
・理由を尋ねると一言、「義母がかわいそうで」。強い口調だが優しさを感じる言葉だった
・地域包括支援センターの主任ケアマネジャーと保健師が到着し、挨拶をして本人のもとへ。黙ってこちらを見つめているが長男妻に気づくと笑顔が出る。会話はないまま
・カンファレンスルームに向かい、MSW司会にて面談が始まる。今までの経過と現在の状況、明日にでも帰れる状態であるということを聞く
・情報共有と自己紹介を経て、今後について保健師がたずねると後日返事をすると長男妻退席。MSWが長男妻を追いかけて、ケアマネジャーとの契約を尋ねると契約書と重要事項説明書がほしいと言われ、預ける。「読んでお電話します、よろしいでしょうか」と聞かれ、「もちろんです。お待ちしています」と答えると本人の病室には寄らずに病院を出た
・その後支援者間で話し合いをもつ。長男は入院継続、本人の自宅への退院は急がれるものの長男妻次第である、と主治医からの話であった
・H単科病院には精神科はなく、入院中の受診は困難。帰宅後に主治医の紹介で受診することが望ましいとのこと
・服薬は拒否、かなり抵抗が激しく暴言・暴力が絶えないとのこと、Nsは慣れている人が多く対応に苦慮しないが、家族の負担の大きさを指摘
・療養場所探しが難しく、自宅でのサポートが介護保険になるとサービスが途切れ関わりが絶たれる、と行政保健師が激しく主張。地域包括支援センターは行政が出るなら私たちは控える、とかなり消極的。サポートは期待できない様子
H26.10.8
10:30	<訪問依頼>
・長男妻より電話。訪問依頼がある
・できればすぐ来てほしいとのことで、明日の訪問を調整し約束をする。契約希望とのこと。電話を切り、地域包括支援センターと行政へ連絡し報告	
H26.10.9
10:30	<居宅訪問>
・自宅へ初回訪問。長男妻と面談
・契約書・重要事項説明書にはあらかじめ署名と捺印がされている。不明な点を伺うと「問題はない」と一言。説明の必要性を話し一通りの説明を終えると理解していますので大丈夫、これからよろしくお願いしますと言う
・今までの苦労を労うと堰を切ったように話しはじめる。結婚し子どもを連れてこの家に来た時のこと、長男(夫)のストレス、地域への迷惑行為、今回の事件。「でもやっぱり自宅に帰って来たのは義母のことを不憫に思うから」と言う
・自宅に連れて帰ると決めたとの決意を聞き、主治医をどうするか話しを切り出すと、医師は高齢だが地元で長年開業している医院があり、自分と子どもが昔からかかっているところを、と希望。コンタクトの了承を得て、F医院に連絡。主治医を快く引き受けてくれた	
H26.10.11
13:30	<主治医訪問>
・今後の主治医となる院長に相談	

		・長男妻の了承のもと来院した経過を話すと、カルテを取り出し詳細を説明してくれた
		・長年にわたり診療していたが数年に1回の受診であったとのこと。平成23年にふらついて転び来院、高血圧と診断し処方。その後は不定期に来院し、処方を依頼されていたそうだ。同年11月に不眠を訴え、眠剤を処方
		・その後また通院しなくなり、約1年ぶりに先月来院したのが最後とのこと。事情を話し今後を相談すると、Jクリニックの精神科医がかつての親友の息子で、近いから通院できるだろうと、すぐに連絡を取ってくれるという。H単科病院にも連絡を直接してくれることになった
	15：00	行政保健師に連絡
		・地域包括支援センターにも報告を終えてJクリニックへ連絡。すでにF医院の主治医より依頼済み。トントン拍子に話が進んだ。長男妻に報告すると、H単科病院の医師より連絡を受け、15日に退院予定となったとのこと
H26.10.12		<H単科病院MSWより連絡あり>
	9：15	・急だが明日14時に院内にて退院前カンファレンスをしたいとのこと、準備を進めることになる
	10：30	居宅訪問
		・長男妻に電話すると、自宅への訪問を希望したため訪問。介護保険の説明を再度行い、必要書類の説明と署名をもらい、手続きの許可を得る
	13：30	各種申請
		・行政窓口で地域包括支援センターの保健師と待ち合わせし、各種新規申請。応援要請を行い、了承を得る。地域包括支援センターへ報告するが担当者不在、返信なし
	15：00	主治医訪問－報告
		・F医院の院長へ連絡し訪問、報告を行う
H26.10.13		<病院訪問>
	14：00	・H単科病院へ。病院入り口で長男妻と会う
		・「待っていたんです」と妻。理由を尋ねると返答はない
		・主治医・病棟Ｎｓ、MSW、長男妻、行政保健師、ケアマネジャーが集まりカンファレンス開始。本人は後から少しだけ顔を出した程度
		・退院日は15日に決定し、介護タクシー（手配はMSW）にて帰宅予定
		・ケアマネジャーから居宅サービス計画書原本を提示し説明。認知症対応型通所介護の利用提案を行う。またH単科病院担当医へ今後の主治医、精神科医師との連携を報告
		・長男妻は、計画書とサービス内容については少し考えると書類を持ち帰る
		・その他、歯科、歯科衛生士、薬剤師、栄養士などの専門職の関わりなどの必要性とチームが応援することの意味、長男妻の介護負担をどう軽減するかを具体的に説明する。一同の了承を得て、解散となる
H26.10.14		<アセスメント>
	14：00	・MSWが同席し、病室で本人のアセスメント。PTも後から同席。本人の話も比較的通じており、笑顔で何度も握手を求められる

		・10分くらいで同じ話を繰り返すが思っていたほど攻撃的な様子はなく、他者を受け入れる様子に安堵する
H26.10.15 10：30		<居宅訪問－介護支援契約> ・病院から帰って来ましたと長男妻より電話。訪問要請あり、対応 ・自宅にて初めて本人に会う。「お帰りなさい」の一言に満面の笑み。長男妻の表情も緩んだ ・欄外に署名と印鑑を押した計画書を差し出し、本人に説明をしながら署名をしてもらい、捺印を促すと笑顔で応じる ・サービス提供事業所はケアマネジャーに任せるという。病院からの書類（サマリー類）を預かり、主治医の分はケアマネジャーが届けることにし、担当者会議の開催日時を提案。後日返事をもらうことにしたが、本人宅を辞してすぐ事業所に提案通りの時間で良いと電話あり
11：30		電話連絡・相談 ・行政保健師、地域包括支援センター、H単科病院のMSWなどに連絡を入れ、関わりのある認知症対応型通所介護の責任者に相談を依頼。快く引き受けてくれ、担当者会議日時を伝え、参加の返事をもらう。署名と捺印をしてもらった原案コピーを全員に届け、担当者には、長男妻に対して特に評価と労いを言葉にして伝えることを大切にしたい旨、理由とともに説明し了解を得る
13：30 ～14：30		居宅訪問 ・サービス提供事業所の案内書等を長男妻に手渡し、明日の担当者会議の時間を確認。本人の居室へ案内される ・2階にある居室は膝くらいの高さまで衣類やごみであふれていたが、本人は笑顔だった。面接し、手足の動きや意向などじっくりと時間をかけてモニタリング、アセスメントを行う ・通所介護の話をすると「花を活けに行くのは楽しみ、行って教えてあげてもいい」と病院で聞いた話と同じ発言を繰り返す。今のところ、攻撃的な様子はない
H26.10.17 10：30 ～11：30		<サービス担当者会議> ・担当者会議を本人宅にて開催。居宅サービス計画書を再度説明し、皆の賛同を得て原案をそのまま本ケアプランに移行。利用票を説明し交付（別紙参照） ・予定通り、サービス開始は10月19日からとなる
H26.10.19 10：00 ～11：30		<居宅訪問> ・通所介護の迎車時間に合わせ、行政保健師と自宅へ同行訪問 ・着替えて化粧をした本人が長男妻と玄関で待っている。挨拶をすると緊張した面持ちで「ありがとう」と「行ってきます」と本人。長男妻も心なしか笑顔を浮かべているように見える ・介助で迎車に乗り込み、手を振りながら出かけて行った ・「ちょっと上がっていきませんか」と長男嫁。行政保健師は訪問があるとのことで、ケアマネジャーのみ家に上がり話を聞く。この数日のことから長男（夫）の様子、離婚はまだ頭の中にあるが今は義母のことを支えていこうと思っていることなどを聞く

11：45	・歯科にかかる金額や通所介護での食費のことを聞かれ、明示すると納得をし、義母の何が問題かと聞かれる。孤独と教育、介護負担の大きさや寂しさではないかと話すと「気が合う」と一言 ・長男妻は知的障害者施設で仕事をしていることを明かした。理由は今度ということで退出 **主治医訪問－報告** ・主治医に連絡をし、医院へ報告に向かう 長男妻の優しさや独特な思いやり、本人の長男妻への気持ち、もっとかまってほしいという意思表示等を共有し、異文化や教育、戦後の大変さ、地域の対応等、その当時の話を聞くことができた。ゆっくり話ができる環境と医師の懐の深さを感じた。 【中略】
H26.12.28 10：30	**＜居宅訪問＞** ・モニタリング、評価と再アセスメントを実施（別紙参照）。長男妻同席。ともに評価を行ってもらう 毎回の通所には何かがあり報告がなされるものの、長男妻とともに考え、提案しては実施につなげてきた歯科や薬剤指導などは、効果があったと評価された。何より本人にうれしそうな笑顔が増えて、休まず通所していることに感謝してもらえた。 本人や長男妻から笑顔で「ありがとう」と言ってもらい、行政保健師とともに心和む瞬間を味わうことができた。主治医とJクリニックの精神科医も報告を喜び、年明けに自宅で開催するサービス担当者会議への出席を予定してくれ、チームが一丸となれていることに目標達成とした。 ただ、地域包括支援センターは関わりに消極的で、理由は行政が関わっているため、ケアマネジャー支援は後方で行わせてもらうとのこと。何か改善への方策はないか。次の課題の一つにしたいと考える。

事例2：虐待・DV等多問題を抱える本人と家族への対応

評 価 表

利用者名　　A　殿　　　　　　　　　　　　　　　　　　　　　　　　　　　　　　　作成日　平成26年12月28日

短期目標	（期間）	援助内容			結果 ※2	コメント（効果が認められたもの/見直しを要するもの）
		サービス内容	サービス種別	※1		
生活を楽しむ時間をつくる	H26.10.17〜H26.12.31	・花を活けたり、楽しみに目を向ける時間を作りたい ・おいしく栄養バランスの良い食事を摂る ・服薬管理、口腔ケア、清拭・パンツ型紙おむつの交換、他者との談笑	認知症対応型通所介護	Pデイサービス	◎	・花と歌は次項参照 ・菓子に目が向かなくなり、一汁三菜を摂れるようになった。おいしい、楽しいと笑顔が出るようになり食事に集中し、完食できるようになった ・歯科で義歯の歯石をとり、汚れを落としたことで歯茎の傷が治り、痛みと口臭が改善。元来、おしゃれが好きであった様子が見られ、身なりを気にする、化粧をするなど通所に出かけることが楽しみに変化してきている様子あり ・信頼関係ができてきているため、パンツ型紙おむつの交換、更衣、整容、清拭等も他者が行えるようになり、長男妻の介護負担も軽減された
自分のために使える時間をもつ	H26.10.17〜H26.12.31	・家から外に出る（送迎） ・趣味活動	認知症対応型通所介護	Pデイサービス	◎	・剣山を持参してしまうハプニングはあったが、花を活ける間の穏やかな表情から、毎回花を活けては愛でる時間を楽しめている ・祖国の歌と思しき歌を大きな声で歌うことが増えて、歌うたびにストレスが発散されている様子がうかがえる ・少しだが他者とのコミュニケーションも図れるようになり、家族もゆっくり休める時間を週に2日もてるようになって、睡眠不足の解消、本人のケアに時間を使えるようになったと笑顔が見られるようになっている
日中に体を動かす機会を増やす	H26.10.17〜H26.12.31	・機能訓練、屋外歩行訓練	認知症対応型通所介護	Pデイサービス	△	・1対1の運動には積極的に参加するようになり、他利用者とのトラブルなどで気分転換が必要な時に散歩を促すと職員同行でかなり長距離をゆっくり歩くことができるようになった（連続歩行15分） ・歩行中に膝の痛みの変化や度合いを評価することができて主治医へ報告。湿布薬貼付だけでもかなりの効果が図れている様子がうかがえる ・心身ともに安定傾向にあり
イライラすることが減る	H26.10.17〜H26.12.31	・栄養バランスのとれた食事の提供 ・服薬指導・管理 ・十分な水分補給	認知症対応型通所介護 保健師・薬剤師・主治医・医師・歯科医師・歯科衛生士	Pデイサービス 行政保健師 F医院 Jクリニック L歯科	△	・体重が38kgから41kgに改善。アルブミン値も2.5から3.2と改善された ・2階のベランダから早朝に叫ぶこと、鍋を叩くことが減り近隣トラブルが減った。しかし通所先での他利用者との大小トラブルは絶えず、職員の目が離せない状況は続いている
専門家の助言を受け状態を正しく把握し対応の方法を知る	H26.10.17〜H26.12.31	・Jクリニック精神科への受診同行 ・医療連携 ➡情報共有、本人、家族への教育・指導・助言	保健師・CM・主治医・医師	行政保健師 T居宅介護支援事業所 F医院 Jクリニック L歯科	◎	・認知症の診断について、長男妻の本人の行動に対する理解が進んだこと、処方された薬が定期的に飲めるようになり不安定になることが減った ・定期的な受診を任せてもらえるようになり、今後訪問介護導入を決定 ・長男妻の理解・協力が得られるようになり長男の心身の状態も改善。支援者を受け入れられるようになった

※1 「当該サービスを行う事業所」について記入する。　※2 短期目標の実現度合いを5段階で記入する（◎：短期目標は予想を上回って達せられた、○：短期目標は達せられた（再度アセスメントして新たに短期目標を設定する）、△：短期目標は達成可能だが期間延長を要する、×1：短期目標の達成は困難であり見直しを要する、×2：短期目標だけでなく長期目標の達成も困難であり見直しを要する）

困難化させない支援のヒント

編集委員会

- 医師を動かすことができるケアマネジャーのケアマネジメント力は一朝一夕に身につくものではなく、実践の積み重ねにより培われるものと想定される
- ケアチームによる多職種協働がプラスの効果をもたらし、本人と家族それぞれの抱えていた課題が解決に向けて変化していく過程を共有できる事例である

ケアマネジャー

- どんな職種も、家族も、一人でできることは少ない。利用者のニーズをかなえるためには、現象だけに目を向けるのではなく、その要因と真の困難を見つけ、誰が何のために、誰とどのように、何ができるのか？　を考えていく必要がある
- 個々のストレスや事業所の負担を軽減していくためにも、医師と行政の協力は不可欠である。各人の力がプラスに働くように、ケアマネジャーは常にポジティブに行動し、それぞれの思いを言葉にして伝えながら、支援の輪をつないでいくことが重要となる
- 一人ひとりの役割を明確にし、各分野の専門家の良い知恵や考えを引き出していけるようなチームを作り上げていくことが、ケアマネジャーの役割となるのではないか

ポイント解説：障害者虐待防止法

平成24年10月1日より、「障害者虐待の防止、障害者の養護者に対する支援等に関する法律」が施行された。同法では、「障害者」とは、身体・知的・精神障害その他の心身の機能の障害がある者であって、障害および社会的障壁により継続的に日常生活・社会生活に相当な制限を受ける状態にあるものと定義している。「障害者虐待」とは、①養護者による障害者虐待、②障害者福祉施設従事者等による障害者虐待、③使用者による障害者虐待をいい、①身体的虐待、②放棄・放置、③心理的虐待、④性的虐待、⑤経済的虐待の5つを類型としている。また、障害者に対する虐待の禁止、障害者虐待の予防・早期発見、障害者虐待に対する行政機関等の責務などが定められている。市町村での「障害者虐待防止センター」の設置、都道府県での「障害者権利擁護センター」の設置が法定化された。

事例 3：がん末期患者と家族への対応

がん末期患者と家族への対応

福祉用具貸与から介入し、ターミナルケアまでの本人と家族への支援

キーワード 医療連携／意思決定支援／信頼関係の構築
疼痛緩和／福祉用具／在宅看取り

［事例の概要］

- Aさん、78歳、男性。要介護2、肺がん
- 本人に病名は告知されているが、家族の希望で余命告知はされていない
- 介護保険の申請は長女が代理で行ったが、本人は現状を認識しておらずその必要性を否定。家族はがんの末期であるという現実について、その情報が本人に漏れることを恐れ、話がうまく運ばずに退院の時期が延び、状態が悪化している状況にある、との地域医療連携室ナース（連携ナース）からの相談
- 福祉用具導入と住宅改修をきっかけにケアマネジャーが介入。人生の最終段階にある本人、支え続ける家族にどんな支援が行えるのか。利用者・家族の気持ちに一歩近づいて意思決定支援を行い、本人の意向に沿う最期をともにみつめることができるようケアマネジャーが行う支援とは何か？　を考え、短時間で集中的に関わった
- 関わりを重ねるうちに、いくつかの課題や情報が明らかになり、最終的には自宅で家族全員に見守られる中、逝去された事例
- ただ、最終段階ぎりぎりまで方針が決まらず、告知をしないという状況の中で、デス・エデュケーション（死の準備教育）が行われることなく経過してしまったため、今後残される家族、支援者へのグリーフケアの問題が残り、そこに誰がどのように関わっていくのかが課題になっている。これは医療・介護に共通する制度における課題でもあり、地域課題にもなるのではないかと推察される

［ケアマネジメントの依頼経緯］

- Aさんは肺がんが治ると信じて入退院を繰り返し、抗がん剤の治療を続けてきたが、もう治療の効果はなく、主治医をはじめ医療サイドとしては自宅に戻れるうちに1日でも早く帰してあげたいという思いで、連携ナースを通じケアマネジャーに支援を依頼

[ケアプラン作成までの経過]

日　付	手　段	対　象	キーワード	内　容
平成27年 12月22日	電話	O大学病院連携ナースより	新規依頼	・家族が介護保険を代理申請 ・福祉用具・住宅改修・訪問診療・訪問看護などが必要な状況だが本人・家族の理解が進まない ・一度面接をしてもらえないか
平成27年 12月22日～23日	電話・訪問	地域包括支援センター／O大学病院連携ナース／役所	初回面接に向けて情報を共有（病院・包括）／介護保険申請後の進捗状況確認	・同居以外を含む家族と主治医・医療関係者を全員集めてもらうようケアマネジャーより連携ナースに依頼 ・24日16時から面接予定

ケアマネジャーのふりかえり

- 「もしかすると介護保険利用に至らず面接だけになるかもしれないが、ケアマネジャーとはどんな役割があってどんな関わりをもつ人なのか、医師を含め、本人・家族・病棟を対象に話してもらう機会をつくってほしい。できれば自宅で年末年始を過ごせるよう早急に支援開始につなげてほしい。本人、家族に何が起こっているのかわからず困っている。しっかり対応したいので教えてほしい」と主治医
- 家族との面接時、全員が泣き崩れてしまうらしく話に入れずに困っている状況。一度全員の認識と役割、立ち位置を知るため一堂に会し面接を行う必要があるだろう
- 5年以上前から課題や情報が全く更新されずに医療者からの支援が継続されたため医療不信となり、本人・家族は意思決定ができず受容を難しくさせていた。新たな介入や修正ができない状況となってしまうのか、最終段階に間に合うか、とても難しい状況

ケアプラン作成までのチェックポイント

●ポイント1「ケアマネジャーの役割の明確化」
- インテーク時に「ケアマネジャーは何をする人か」を本人や家族だけでなく医療関係者に説明する重要性を明確にし、言語化して伝えようとしている点は、限られた時間の中で合理的かつ効果的に支援を展開するポイントとして捉えることができる

●ポイント2「情報の検証」
- 情報が5年前から更新されていないことに気づき、医療関係者と家族に齟齬が生じた原因として捉えている。この着眼点は、情報とは経年変化することを提示している

●ポイント3「限られた時間の中で行うべき支援に必要な情報分析」
- 現状を踏まえた上で、限られた時間をどのように使うか、しなければならないことと、できないことについて見積もるための情報分析が必要であることがわかる

アセスメント

ニーズ❶
本人：「病状の変化、痛みの悪化は怖いが年末年始は自宅で家族と一緒に過ごしたい」
家族：「少しでも自宅で家族と過ごせる時間をもちたい」

ニーズ❷
本人：「家族に負担をかけたくない」
家族：「本人の不安な気持ちを直接聞けないので、家族に代わって聞いてくれる信頼のおける人がほしい」

ニーズ❸
本人：「痛みが強くなったり、具合が悪くなったりした時に主治医がそばにいないと心細い」
家族：「急なことに家族は対応ができないし、他の病院であれば告知の問題もあり困るので何かあれば大学病院に戻れるように確約がほしい」

ニーズ❹
本人：「最近はとても疲れやすく、体力も筋力も落ちてしまってふらふらしてしまう」
家族：「家の中には段差が多く、狭い日本家屋なので、本人が負担なく安全に過ごせるように少しでも何かできることがあれば、あまりお金をかけずに整えたい」

ニーズ❺
本人：「トイレに間に合わないことが多くなり、夜中に転んでしまうなど不安」
家族：「薬を飲んでふらつき、夜中に転んで骨折をすることがないようにしたい」

ケアマネジャーのふりかえり

- 家族希望にて病名のみで余命告知がなされていない
- 自宅に帰ると家族以外の本人への支援者がいない
- 年末年始にあたり、主治医、連携室も休日体制になってしまう
- 自宅は古い日本家屋で2階が寝室。正方形で深い浴槽、土・タイルの壁、弱い天井。不規則な段差が屋内には多く転倒・転落リスクが高い生活環境

アセスメントのチェックポイント

●ポイント「苦痛と不安軽減への支援」

- がん特有の身体的・精神的苦痛に対する恐怖に加え、年末年始という特有の時期に退院することへの不安を受容し、その上に積み上げられている課題を明確化している
- 何に配慮して支援を展開するか、ケアマネジャーは制度上でどこから介入できるかにポイントをおいて課題分析を行っている

基　本　情　報

※提出ケアプラン作成時点（平成27年12月22日）

利用者名	Aさん		性別	㊤男・女	生年月日	大正・㊤昭和 12年（78歳）
住　所	R県					

主　訴	〔相談経路〕 　○大学病院　連携ナースより電話にて相談あり。 〔本人・家族の要望〕 本人：自宅だと不安なので、できるだけ主治医の先生のそばで治療を続けて治したい 妻：最期まで希望を捨てずに治療を続けてほしい。治らないなら希望を持ち続けられるよう余命告知はしないでほしい。 長女：あらゆる治療や可能性を試してほしい

生活歴・ 生活状況	〔生活歴〕　東北地方で出生、大学を卒業後、就職のために22歳で上京。妻とは仕事で出会い27歳で結婚。3人の娘に恵まれる。65歳定年まで事務用品の営業職として勤務。部下に慕われ、病気などで休んだことはなかったと妻。山歩きや旅行が趣味で病前はよく妻と二人で出かけていた。性格は真面目で神経質。頑固な一面もあり、家では本人が決めたことに黙って妻子が従うような家族で、「皆を守る強い父親像」が浮かぶ。 〔趣味・特技〕 〔家族状況〕

	続柄	年齢	同別居	健康状態	就労有無
	妻	73	同居	良	無
	長女	46	別居	良	有
	次女	44	別居	良	有
	三女	42	同居	良	有

健康管理 ※かかりつけ医のNoに○をつける	No.	病名	初診年月日	医療機関	診療科	服薬情報
	1	肺がん	平成22年6月1日	○大学病院	呼吸器科	
	2	肺がん再発	平成27年6月3日	○大学病院	呼吸器科	
	3					
	4					
	5					

日常生活 自　立　度	障害高齢者の日常生活自立度	J 2	認知症高齢者の日常生活自立度	自立

認定情報	要介護度　要介護2　（平成27年12月25日 　　　　　　　　　～平成28年11月30日）	認定日	平成27年12月25日

アセスメント 理　　由	㊤新規　・　更新　・　区分変更　・　その他（　　　　　　　　　）

利用者の 他法関係 情　　報	【医療保険の種類　後期高齢者】【年金の種類　厚生年金】【生活保護受給　有・㊤無】 【障害者関係手帳（身体、知的、精神）　　等級等の程度】取得年月日　　【難病認定　　　】

現在利用 している サービス	（フォーマル・インフォーマルを含めて） なし

事例3：がん末期患者と家族への対応

チェックポイントシート

平成27年12月25日現在

課題分析標準項目	状態（現在の状況：できること・できないこと・していること・していないこと）	原因	アセスメントで明らかにするもの 問題（困りごと）（本人・家族の思い・意向）		生活全般の解決すべき課題（ニーズ）	
健康状態	・病院内では自立歩行でフリー。手すりにつかまらずゆっくり歩いているが家では出来ない ・足になかなか力が入らず入院期間が長くなる傾向がある	・肺がん再発化学療法中 ・感染リスク高	本当は田舎に妻を連れて旅行に行きたい 妻・気分転換に家の周りの散歩ができたら… Dr・今のうちに夫婦で思い出作りを 感染に熱が出て転んだら大変なことになる	利用者（続柄） 家族（続柄） 意見（※1） 利用者（続柄） 家族（続柄） 意見（※1）	少し気持ちが軽くなると楽になるのかも… 妻・精神的な負担を軽減する必要あり 連Ns・今の中でゆっくり行う 神経質になり過ぎないようにほぼ近しい	利用者（続柄） 家族（続柄） 意見（※1）
ADL	・足の付け根が痛くて横を向いて眠れず腰痛悪化がみられる ・病棟内は歩けるが病棟外に出られない状況あり ・主治医外出を勧めるが、本人が全く受け入れられていない	・骨転移による疼痛 ・がん再発による精神的ダメージ	妻・もう少し気持ちが外に向いたら良い 妻・心ない言葉にも傷つくことが多い	家族（続柄） 家族（続柄） 意見（※1）	全員・言葉には気をつけてほほ近しい 全員 Ns・痛みを正しく報告することができていない	家族（続柄） 意見（※1）
IADL	・身の回りを気にしなくなり、できることもやらなくなりベッドから出ることが億劫になってしまっている	・がん再発による精神的ダメージ	大切な家族に負の感情をぶつけたくない 妻・家族なんだから何でも話をしてほしい CM・互いに本音や苦しみを話せず苦しくなっている	利用者（続柄） 家族（続柄） 意見（※1）	家族に本音を話せない 妻・長女・余命告知ができていない CM・互いの気持ちを推し量り会話ができなくなっている	利用者（続柄） 家族（続柄） 意見（※1）
認知	なし			利用者（続柄） 家族（続柄） 意見（※1）		利用者（続柄） 家族（続柄） 意見（※1）
コミュニケーション能力	・穏やかな人柄だがNsに対して声を荒げたり怒る機会が増えている。感情の高ぶりコントロールできないことが多くなりその行うか自己嫌悪に陥ってしまう	・ジレンマ ・医療への不信 ・体力低下	良くなるどころか悪化していくら立ち 全員・会話が減り何もできなくなってきている 病Ns・他者に感情を当たり自己嫌悪の様子	利用者（続柄） 家族（続柄） 意見（※1）	気持ちを吐き出せる場が必要 全員・気持ちを吐き出せる場が必要 CM・医療サイドも含め皆の対応のバランス	利用者（続柄） 家族（続柄） 意見（※1）
社会との関わり	・自宅と病院のみで生活。MSWやNsとも会話が減り病院でも閉じこもるようになってしまった	・筋力低下、体力低下	いら立ちが隠せず相手に当たりついた言葉ついてしまう 以前のようにNsと笑って話をすることもなくなってしまった	利用者（続柄） 家族（続柄） 意見（※1）	いら立ちを受け止める場所が必要 全員・今後に不安を感じつつしまう Ns・心配をかけまいと言葉をつけてしまっている	利用者（続柄） 家族（続柄） 意見（※1）
排尿・排便	・夜は転倒が怖いためナースコールを押すがNsに付き添ってもらい病院でトイレに行っている	・体力・筋力低下 ・体力ふらつき・服薬	トイレに付き合ってもらうことが負担 妻・家では誰か睡眠不足になっている 病Ns・夜間不眠の状況を主治医に報告も相談	利用者（続柄） 家族（続柄） 意見（※1）	ひとりでトイレに行けない状況 Dr・本人・家族と今後の方針の再確認が必要 妻・長女・夜間眠れず4〜5回トイレに行く	利用者（続柄） 家族（続柄） 意見（※1）
じょく瘡・皮膚の問題	・全身にかゆみがあり、いつも眠る姿勢が限られており骨の突出した部分が赤くなり、痛みがある	・長時間の正臥	痩せてしまいきないためにけてしまう 妻Ns・いよいよ体力がなくなり気持ちが楽になるとうれしい 褥・マットレスなど除圧を検討	利用者（続柄） 家族（続柄） 意見（※1）	おいしくもおいしく感れる食事が必要 妻・長女・少しでもおいしく感れる食事が必要 病Ns・発赤は浮腫が広がっている	利用者（続柄） 家族（続柄） 意見（※1）
口腔衛生	・あまり食べられなくなって痩せてしまい義歯が合わない ・歯の痛みがあるが歯科にはかかりたくないが行うかないようだ	・がん・化学療法による食欲低下、低栄養	体力が回復するなら歯がなくても食べたい この大学病院では歯科医にかかりたい CM・歯科技工士のいる訪問歯科診療を検討	利用者（続柄） 家族（続柄） 意見（※1）	食べられる物が限られている 長女・家に帰っている間に歯科にかかりたい CM・歯と歯茎が痛くて食欲が出ないようだ	利用者（続柄） 家族（続柄） 意見（※1）
食事摂取	・抗がん剤の影響で食欲低下。食べられる量も減ってここ1カ月で体重が3kg落ちてしまった。 ・食事に対する食欲がない、味覚に変化が起きている	・がん・化学療法による食欲低下、低栄養	少しでも回復するなら体がよくても食べてほしい ぷらついたときにつかまるものがないので不安	利用者（続柄） 家族（続柄） 意見（※1）	食べたいものを食べられない状態にある CM・家族全員不安で安心して話し合える場が必要 連Ns・家の生活が不安で安すが落ち	利用者（続柄） 家族（続柄） 意見（※1）
問題行動	なし			利用者（続柄） 家族（続柄） 意見（※1）		利用者（続柄） 家族（続柄） 意見（※1）
介護力	・妻と同居の娘（三女）が自宅にいるときには世話をしている ・病院でなるが生まじい治療どこか助かるが主治医との面談や治療方針決定時には家族全員が参加	・療養上の悩みや不安	家族に負担をかけている状況がつらい 三女・父の苦しみを伝えられず切ない CM・三女に対するケアが早急な対応が必要	利用者（続柄） 家族（続柄） 意見（※1）	家族に気持ちを正直に話し合える場がない 三女・やる気持ちがこちらずつらい CM・家族全員不安で安心して話し合える場が必要	利用者（続柄） 家族（続柄） 意見（※1）
住環境	・戸建て2階部分が夫婦室、階段の昇り降りで段差があるときは1階に部屋が1つ。浴室はタイルで冷えが深い ・浴室の三女が天井から吊るされ仕事に出ている	・家屋の老朽	家族に付き添ってもらえないのかで不安 CM・いつも付き添っていられないので不安 CM・カウンセラーの機会を家族とも一緒にそれぞれ問題を抱えており負担を増やさせない	利用者（続柄） 家族（続柄） 意見（※1）	家での生活が不安な状態 CM・気持ちを開放できる人がいない CM・気持ちを開放できる場が必要	利用者（続柄） 家族（続柄） 意見（※1）
特別な状況	・同居の三女が家族の悩みを受け、かなり精神的に疲労が蓄積しており仕事に行けなくなっている。希望念慮あり	・家族の悩みや不安を相談する方がない ・余命告知なし	それぞれ問題を抱えており負担を増やさない 長女・支えなくではいけないから人が多すぎる	利用者（続柄） 家族（続柄） 意見（※1）	家族の負担を考え入院し続けてしまう 長女・自分の時間が持てない CM・家族に迷惑をかけたくなくて病院にとどまることにためらい	利用者（続柄） 家族（続柄） 意見（※1）

※1：ケアマネジャー（CM）、主治医（Dr）、病院Ns（病Ns）、連携Ns（連Ns）、福祉用具専門相談員（福）他

課題整理総括表

利用者名　A　殿　　作成日　平成27年12月25日

自立した日常生活の阻害要因 (心身の状態、環境等)	①筋がん再発	②化学療法副作用	③骨転移
	④体力低下	⑤全身筋力低下	⑥意欲低下

利用者及び家族の生活に対する意向	家で家族と一緒に暮らしたい

状況の事実※1	現在※2	要因※3	改善/維持の可能性※4	備考（状況・支援内容等）	見通し※5	生活全般の解決すべき課題（ニーズ）[案] ※6
移動 室内移動	自立 見守り 一部介助 全介助	④⑤	改善 維持 悪化	●病棟では手すりにつかまらず歩行可	●今後の方針について確認し、家族と本人が本音で話し合える環境を整えることが互いの苦しみの緩和につながる可能性を要再検討	●今まで何でも話し合い本音でぶつかり合ってきた家族だったのに、今は会話をもたなくなってしまったのでとても苦しい
移動 屋外移動	自立 見守り 一部介助 全介助	④⑤⑥	改善 維持 悪化	●易感染性に対して過敏になっている		
食事 食事内容	自立 見守り 支障なし 支障あり	①②⑥	改善 維持 悪化	●痩せて義歯が合わず痛みあり		―
食事 食事摂取	自立 見守り 一部介助 全介助	①	改善 維持 悪化	●飲み不振であり		
食事 調理	自立 見守り 一部介助 全介助	④⑥	改善 維持 悪化	●味覚の変化もあり、調理に工夫が必要		
排泄 排尿・排便	自立 見守り 支障なし 支障あり	①②④	改善 維持 悪化	●便秘・下痢を繰り返すが薬を使用せず	●除圧機能の高いマットレス、特殊寝台・P トイレ、横向いて寝ると足の付け根が補うので仰向ばかりで腰が余計に痛むようになる具導入。住宅改修をすので在宅の環境を整える必要性あり	①ベッドに横になっていて身体がつらく、横向いて寝ると足の付け根が補うので仰向ばかりで腰が余計に痛むようになる
排泄 排泄動作	自立 見守り 一部介助 全介助	①③④	改善 維持 悪化	●ふらつきがあり、ナース対応		
口腔 口腔衛生	自立 見守り 支障なし 支障あり	②⑥	改善 維持 悪化	●吐き気もあり、口を開けたくない		
口腔 口腔ケア	自立 見守り 一部介助 全介助	①③④	改善 維持 悪化	●口の中がいつも汚れている	●歯科医師・薬剤師・栄養士と連携、口腔内調整を見直しや早急に行う	③歯と歯茎が痛くて食べられなくなり、痩せて義歯が合わなくなったら食べられる物が限られ食欲がなくなった
服薬	自立 見守り 一部介助 全介助	②	改善 維持 悪化	●輸液実施、服薬への不良あり		
入浴	自立 見守り 一部介助 全介助	①③④	改善 維持 悪化	●大腿部に痛みあり、ナース介助		
更衣	自立 見守り 一部介助 全介助	④⑤⑥	改善 維持 悪化	●倦怠感により動くこと自体が億劫		
掃除	自立 見守り 一部介助 全介助	④⑤⑥	改善 維持 悪化		●家族がつらい気持ちを話せる場をつくれ、それぞれの思いを伝えあえるように、思いをつなげる機会をつくる	②家族が疲弊しており本来もっている力が発揮できない状況に陥ってしまっている
洗濯	自立 見守り 一部介助 全介助	④⑤⑥	改善 維持 悪化			
整理・物品の管理	自立 見守り 一部介助 全介助	①⑥	改善 維持 悪化	●注意散漫な様子あり、整理が必要		
金銭管理	自立 見守り 支障なし 支障あり	①	改善 維持 悪化	●入院中であり、妻が行う		
買物	自立 見守り 支障なし 支障あり	①②③	改善 維持 悪化	●欲しい物を伝えることは可能		
コミュニケーション能力	支障なし 支障あり	①⑥	改善 維持 悪化	●箸を飲み込みながら無口になった		
認知	支障なし 支障あり	①	改善 維持 悪化	●感情のコントロールが難しい		
社会との関わり	支障なし 支障あり	①②③	改善 維持 悪化	●るい痩あり、骨突出部発赤あり	●経済面での負担を減らす役割の介護を図り専門職も家族も精一杯頑張っる参加できる環境調整を行う	●誰がどこまでを担当しどんなことができるのか、どんなことをしても良いのかがわからずジレンマを感じている
褥瘡・皮膚の問題	支障なし 支障あり	①②③	改善 維持 悪化	●医療不足あり、精神的に不安定		
行動・心理症状（BPSD）	支障なし 支障あり	①⑥	改善 維持 悪化	●受容進まず疲弊している		
介護力（家族含む）	支障なし 支障あり	①⑥	改善 維持 悪化	●細かな段差も手すり設置困難		
居住環境	支障なし 支障あり	③④⑤	改善 維持 悪化			―

※1 本書式はアセスメントツールではないため、必ず別に詳細な情報収集・分析を行うこと。なお「状況の事実」の各項目は課題分析標準項目に準拠しているが、「状況の事実」欄から必要に応じて追加して差し支えない。
※2 介護支援専門員が収集した客観的事実を記載する。選択肢に○印を記入する。
※3 現在の状況が「自立」あるいは「支障なし」以外である場合に、そのような状況をもたらしている要因を、様式上部の「要因」欄から選択し、該当する番号（丸数字）を記入する（複数の番号を記入可）。
※4 今回の認定有効期間における状況の改善/維持/悪化の可能性について、介護支援専門員の判断として○印を記入する。
※5 「要因」および「改善/維持の可能性」を踏まえ、要因を解決するための援助の方向性を記載する。
※6 本計画期間において、上記の状況を踏まえ解決が必要だが本計画期間に取り上げることが困難な課題については、数字ではなく印を記入する。ただし、解決が必要な課題だが本計画期間に取り上げることが困難な課題には「―」印を記入。

> **ケアプラン**

ニーズ❶への対応
　連携ナース、主治医、病棟ナース、医療ソーシャルワーカー（ＭＳＷ）と「本人・家族の具体的な不安」を共有する機会をもち、年末年始の急変対応を確約し、主治医から本人・家族に伝えて安心してもらえるように「職種間の段取り」への調整を図る。

ニーズ❷への対応
　「家族に負担となること」とは何かを具体的にケアマネジャーが聞き取り、「下の世話」「ふらつくため夜中にひとりでトイレに行けるか不安」とのことに対し、3モーターのベッド・タッチアップ・ベストポジションバー、夜間のみベッドサイドにポータブルトイレの設置とパンツ型紙おむつの使用を提案し、本人・家族の了承のもと実施。説明時、カタログとデモンストレーションで本人・家族に実物を見て実際に試してもらい、具体的なイメージがもてるように支援を実施。

ニーズ❸への対応
　「下の世話」や「夜間のトイレ」の不安を家族、主治医、連携ナース、ＭＳＷ、病棟ナースに伝え「不安」を共有した。その上で、今回は救急対応の確約を主治医から説明してもらう。次の段階のために主治医紹介のクリニックによる訪問診療や訪問看護の実際の様子をイメージできるよう、回診時や病棟で細かな時間をつくりその日の様子に合わせて少しずつ本人に説明を行ってもらう。ケアマネジャーや連携ナース、離れて暮らす家族、福祉用具の担当者には定期的に場を共有してもらい、皆で説明を聞き不安を分かち合い、不安を解消していく方法をとれるように依頼。根回しと調整を行った。

ニーズ❹への対応
　住宅改修の説明を行い、福祉用具の担当者と設計士立ち合いのもと、改修時ビフォー・アフターの写真や動画を本人・家族、主治医・連携ナース・ＭＳＷ・病棟ナースと一緒に見ることで、本人・家族の質問や意見を聞きながら具体的なイメージをもてる機会を得られるよう、福祉用具・住宅改修事業者に依頼。調整を図り実施につなげた。

ニーズ❺への対応
　主治医と連携ナースの協力を得て、病棟まわりの薬剤師に依頼し薬の作用と副作用を具体的に説明してもらい、効き方や副作用、症状は個人差が大きいことを伝え、どんなところを観察し、何に気をつけるかなどを本人、帰宅後に介護を担う家族全員がゆっくり聴ける機会を設けた。

□初回アセスメントによる週間予定表
　週間予定に入るものはなく、具体的な生活の状況も入れることはできないが、本人の希望

に基づき「こう過ごしたい週間予定表」を本人・家族とともに作成。

💭 ケアマネジャーのふりかえり

- 本人も家族も、病状の悪化や日々の変化のことで心も身体もいっぱいいっぱいである状況が容易に読み取れた
- 急かすのではなく、最終的に自分たちの力で結論にたどり着けるように具体的な提案（デモンストレーション・写真などを活用）や説明を心がけた
- 各職種間の情報共有に配慮し、理解の差や時間がかかるという問題を解消できるように努めた
- 主治医の力を発揮しやすくすることと、連携ナースが動きやすいよう役割を分担。目的を明らかにしながら一堂に会し、一緒に考え、一緒に決めて、一緒に振り返るという方法で意思決定を応援できるよう「場づくり」を行った
- 退院までの限られた時間の中、上記の実施が互いの信頼関係の構築、医療不信の回復に有効に働いた

📍 ケアプランのチェックポイント

●ポイント1 「不安解消の見える化」
- ケアマネジャーは、本人や家族の退院したい気持ちと退院への不安な気持ちの相反する揺れに添いつつ、限られた時間の中で自己決定の支援（＝自立支援）を心がけ、情報の視覚化で不安解消に努めている。福祉用具導入という制度上の切り口から精神的な痛みの解消への支援まで視野に入れていることがポイント

●ポイント2 「本人と家族の力に対する視座」
- 不安解消を視覚的に行えたのは、インテークで行った"援助関係の形成"の成果であり、ケアマネジャーが本人と家族の理解力・問題解決力の見積りができていたからではないだろうか

事例３：がん末期患者と家族への対応

第１表	居宅サービス計画書（１）

（初回）・ 紹介 ・ 継続　　（認定済）・ 申請中

利用者名　　A　殿　　生年月日　　年　月　日　　住所
居宅サービス計画作成者氏名　　P
居宅介護支援事業者・事業所及び所在地
居宅サービス計画作成（変更）日　　年　月　日　　初回居宅サービス計画作成日　平成27年12月28日
認定日　平成27年12月25日　　認定の有効期間　平成27年12月25日　～　平成28年11月30日

要介護状態区分	要介護1 ・ （要介護2） ・ 要介護3 ・ 要介護4 ・ 要介護5
利用者及び家族の生活に対する意向	本人：本当は家に帰って家族と暮らしながら治療を続けたいがいろいろ不安があります。痛みのこと、熱が出たときのこと、具合が急に悪くなることを考えたら病院（ここ）にいて主治医のそばにいるほうが安心だと思います。でも、いつまでもいられないこともわかっているのでそろそろ家で暮らせる準備を整えても良いのかなと思うようになりました。 妻：いつでも本音でぶつかってきた家族なのです。だからもっと頼りにしてくれて良いのです。困った時はお互い様で、家族なのだから助け合いながら少しでも安心して家で過ごせるように一緒に考え、皆で支えていきたいと思っています。
介護認定審査会の意見及びサービスの種類の指定	なし
総合的な援助の方針	自宅に戻ってから初めての療養計画です。これからも全員で目的・目標に向かいチームで応援をします。これから家に帰ってご家族と暮らしながら治療を続けていくために、必要な療養環境を共に考え、実現していきましょう。まずは夜や一人の時にも困らないように、手すりの設置や段差解消など、福祉用具の導入や住宅改修から、一緒に少しずつ始めていきましょう。
生活援助中心型の算定理由	1．一人暮らし　2．家族が障害、疾病等　3．その他（　　　　　　　）

第２表	居宅サービス計画書（２）

利用者名　　A　殿

生活全般の解決すべき課題（ニーズ）	長期目標	（期間）	短期目標	（期間）	サービス内容	※1	サービス種別	※2	頻度	期間
ベッドに横になっていても身体がつらく、横に向いて寝ると足の付け根が痛むため仰向けばかりで腰が痛むようになりつらい	穏やかに自宅で家族と暮らしながら療養を続けたい	H27.12.26～H28.6.30	身体の負担を減らすため自分に合った福祉用具を選び生活に取り入れたい	H27.12.26～H28.3.31	①③専門家の指導・助言 ②体圧分散のためのマットレス・ベッド、転倒予防のため各所に手すりを設置、 ④段差解消（住宅改修）	○	①医療保険 ②福祉用具貸与 ③訪問リハビリ ④住宅改修		週1回程度 月単位 週2回程度	H27.12.26～H28.3.31
家族の疲れがたまり本来の力が発揮できない	笑顔を取り戻したい	H27.12.26～H28.6.30	それぞれの思いを語れる	H27.12.26～H28.3.31	①③語ることで気持ちを整理し楽にする ②専門家の指導・助言 ③傾聴・具体的な提案 各所への協力要請	○	①訪問看護 ②訪問診療 ③CM		週2回程度 週1回程度 適宜	H27.12.26～H28.3.31
歯と歯茎が痛くて食事が摂れなくなり、痩せて義歯が合わなくなって食欲と体力がなくなってしまった	もう少し病気と闘いたい	H27.12.26～H28.6.30	痛みを取り、食欲と体力を取り戻したい	H27.12.26～H28.3.31	①義歯調整・口腔ケア ②栄養指導。食形態工夫 ③服薬指導・調整、味覚の変化に対する緩和・治療	○	①居宅療養管理指導（歯科医師：医学的管理指導・歯科衛生士：歯科衛生指導） ②居宅療養管理指導（管理栄養士：栄養指導） ③居宅療養管理指導（医師：医学的管理指導・薬剤師：薬剤管理指導）		週1～2回程度 適宜 適宜 適宜	H27.12.26～H28.3.31

※1　「保険給付の対象となるかどうかの区分」について、保険給付対象内サービスについては○印を付す。
※2　「当該サービス提供を行う事業所」について記入する。

第3表									週間サービス計画表
利用者名　　A　殿									

		月	火	水	木	金	土	日	主な日常生活上の活動
深夜	4:00								
早朝	6:00								起床・更衣・整容・トイレ 血圧測定後、妻と散歩 朝食・服薬
午前	8:00								
	10:00								トイレ TVを見ながら妻と昼食 シャワー浴または清拭
	12:00								
午後	14:00								音楽鑑賞・植物の世話 妻と菓子をつまみ談笑
	16:00								
	18:00								妻・娘2人と夕食を囲む 服薬・トイレ TVを見たり今日の報告会 妻・娘2人と談笑
夜間	20:00								
深夜	22:00								トイレ・就寝
	4:00								

週単位以外のサービス	福祉用具レンタル（特殊寝台・付属品・褥瘡予防用具・設置型手すり×3カ所）・福祉用具購入（シャワーチェアー）・住宅改修（玄関の段差解消） 訪問診療・訪問歯科診療・薬剤管理指導・栄養指導、訪問看護・訪問リハビリは年明け2週目をめどに調整次第開始予定

サービス担当者会議

①まず、聴く。本人・家族の交錯する思いを大切に見守り、追い越さず、感情を先取らないよう注意する、②毎日の心身の変化に伴い、要望があれば支援者側がすぐに動けるような体制をつくる、③妻、娘たちの思いを聴く機会を適宜設け、機を逃さず、それらの課題にそれぞれ適切な者が関わりをもつ準備を進める、④倫理的ジレンマによりつらくなる妻への支援、⑤父の病状悪化を目の当たりにし、自身の希死念慮がつのる三女の支援をどうするか、これら5項目が課題にあがった。

ケアマネジャーのふりかえり

・家族それぞれと個別の連絡体制が整えられ、不安や本音が集約されたことから、支援者側でも適切な者による遅滞のない対応が図られ、事故を防ぐことができたと考えられる

サービス担当者会議のチェックポイント

●ポイント1「限られた時間の中で大切にしたこと」

・「見守り、追い越さず、感情を先取らない」ことに注意点をおき、援助関係の形成をさらに促進させ、本人や家族の不安や心配する気持ちを少しでも解放する支援を心がけている

●ポイント2「家族へのグリーフケア」
・援助関係の形成で見えてきた妻や三女の抱える課題に着目し、ケアマネジャーができる範囲での情報を提供しながらグリーフケアも同時に行っている。本人を見送らなければならない家族支援は制度上誰が担うものでもないのが現状であるが、余さず実施されている

ケアプランの確定

福祉用具は日々変化する状態に柔軟に対応が図れるよう2社とし、窓口になる担当者は専属とした。家族が懸念し続けていた余命告知に関する情報漏れに配慮するためにも、訪問時は個人名で、自転車や自動車は他地域のパーキングに停めた。予定は全てケアマネジャーが一元管理し、病院内での情報は連携ナースが集約し、ケアマネジャーと連携ナースが密に連携を図り、大学病院と地域をつなぐ仕組みをつくった。

ケアマネジャーのふりかえり

・初回の面接より地域包括支援センターの主任ケアマネジャーにも同席を依頼、事情を共有できたことで、家族と地域とのつながりが明らかになり、支援へのポイントがつかめたのだと考えられる
・家族が抱える問題の解決や軽減を図り、新たな問題の発生を防ぐためにも地域包括支援センター(保健師)、民生委員等の支援を仰ぐことは、初期対応として重要である

確定ケアプランのチェックポイント

●ポイント「地域の情報は地域包括支援センターから」
・主治医から相談を受けた日から地域包括支援センターに介入を確認している点は、担当ケアマネジャーの意図的な行動と思われるが、どのような課題を捉えて行動したかを言語化しておくと、連携のポイントになる
・迅速に地域の情報収集を行っている点は参考になる

第4表				サービス担当者会議の要点			

作成年月日： 平成27年12月28日

利用者名： A 様　　　居宅サービス計画作成者（担当者）氏名： P

開催日時： 平成27年12月28日16時半〜　　開催場所： 利用者自宅　　　　　　　　開催回数： 1

	所属（職種）	氏名	所属（職種）	氏名	所属（職種）	氏名
会議出席者	本人	A	福祉用具（2社）	H、I	病棟ナース	L
	妻・長女・次女・三女	B、C、D、E	連携ナース	J	薬剤師	M
	主治医、病棟医	F、G	医療ソーシャルワーカー	K	地域包括支援センター　保健師	N

検討した項目	1．各職種の役割、できること、できないこと 2．本人・家族の意向 3．現状の把握 4．年末年始に向けて 5．プランの確認
検討内容	1．各職種より担っている役割と病院でできること、自宅に帰ってからできること、できないことを簡潔に本人・家族に説明を行う。その後、質疑応答を行い不安を軽減できるように配慮。家族全員、支援者全員で聞くことで理解、情報を共有する。 2．居宅サービス計画書(1)利用者及び家族の生活に対する意向に記載。参照のこと。 3．それぞれのもつ不安をいつ、誰が、どこで聴取するかを検討。 4．年末年始の急変時の対応について（救急搬送時の対応）。 5．年内にできること、できないこと、サービス開始にあたり介護保険と医療保険の適用範囲、およそかかる費用、金額について。
結論	1．それぞれの役割を確認。病院内の統括は連携Ns、病院外の統括はCM。両者が密に連絡を取り合うということで本人・家族の理解が得られた。 2．居宅サービス計画書(1)参照。 3．本人・家族の希望で、CMが本人にはデイルームで、家族には自宅か病院カンファレンスルームで、個別に聴取をし必要なことを担当の職種と共有することになった。 4．年末年始は自宅で過ごす。救急搬送は大学病院へ。連絡は病棟から主治医へ。病院が確ană保し本人・家族が了承。 5．①身体の負担を減らすためにベッドなどの必要な福祉用具を年内に導入（特殊寝台・柵（付属品）・マットレス（褥創予防用具）・設置型手すりを廊下と居室の境、トイレ、玄関に設置/購入：背もたれ・ひじ掛け付きシャワーチェアー）②玄関には出入りのための段差解消を年内に住宅改修にて行う。MSWが金額を示し、詳細は妻と長女が後日、退院前に相談室に行き説明を聞くことになった。③他、訪問歯科診療は即日依頼、訪問看護・訪問リハビリは年明け2週目を目途に調整し開始予定、薬剤管理指導と栄養指導は退院前に病棟にて即日開始予定となった。
残された課題 (次回の開催時期)	①近隣トラブル　②家族の精神的不安定　③三女の就業困難な状態、希死念慮

事例3：がん末期患者と家族への対応

医療情報シート　（主治医意見書の該当項目から転記、面談等による意見を記入してください。）

記入日：平成27年12月26日	病院・診療所名　〇大学病院　　担当医師氏名　　F医師
1．現在の病状 （1）診断名	肺がん　骨転移あり
（2）症状としての安定性	安定　　　　　　　　（不安定）　　　　　　　不明
（3）生活機能低下の直接の原因となっている傷病または特定疾病の経過および投薬内容を含む治療内容	6年前に肺がんにて手術。化学療法にて再発なく経過していたが、本年6月の検診時に再発が判明。以降、多剤にて化学療法を行うが前クールより効果が得られない状態となり、緩和ケアへ移行する時期となった。
2．生活機能の現状 （1）障害高齢者の日常生活自立度 　　　認知症高齢者の日常生活自立度	自立　　J1　　(J2)　　A1　　A2　　B1　　B2　　C1　　C2 (自立)　　Ⅰ　　Ⅱa　　Ⅱb　　Ⅲa　　Ⅲb　　Ⅳ　　M
（2）認知症の中核症状 　　　短期記憶 　　　日常の意思決定を行うための認知能力 　　　自分の意志の伝達能力	(無)　　有（　　　　　　　　　　　　　　　　　　　　　　　） (無)　　有（　　　　　　　　　　　　　　　　　　　　　　　） (自立)　　いくらか困難　　見守りが必要　　判断できない (伝えられる)　いくらか困難　具体的要求に限られる　伝えられない
（3）認知症の周辺症状	(無) 有（幻視・幻聴　妄想　昼夜逆転　暴言　暴行　介護への抵抗　徘徊　火の不始末　不潔行為　異食行動　性的問題行動　その他（　　　　　　　　　　　））
（4）その他の精神・神経症状 　　　専門医受診の有無	無　(有)（　再発後、うつ状態が続いている。　　　　　　　　　　　） 無　(有)（　精神科受診あり　　　　　　　　　　　　　　　　　　）
（5）身体の状態	利き腕　(右)・左　　　身長（165cm）　体重（38kg） 麻痺（　なし　　　　　　　　　　　　　　　　　　　　　　　　　） 筋力の低下（　化学療法、廃用にて全身の筋力に低下あり、特に両下肢顕著　） 関節の拘縮（　両股関節　　　　　　　　　　　　　　　　　　　　） 関節の痛み（　両股関節・腰部　　　　　　　　　　　　　　　　　） 失調・不随意運動（　なし　　　　　　　　　　　　　　　　　　　） 褥瘡（　骨突出部に発赤多数　）その他の皮膚疾患（　薬剤による掻痒あり　）
3．今後の見通しと療養上留意すること （1）現在発生しているまたは今後発生の可能性の高い状態とその対処方針	状態（　終末期　　　　　　　　　　　　　　　　　　　　　　　　） 対処方針（　心身の状態の急な変化が出現する可能性高く、日々観察を要する　）
（2）サービス利用による生活機能の維持・改善の見通し	期待できる　　　　　　(期待できない)　　　　　　　不明
（3）医学的管理の必要性	要
（4）サービス提供における医学的観点からの留意事項	急な状態・状況の変化に注意。何かあれば即、主治医へ報告のこと。
4．特記すべき事項	チームにて対応

　　年　　月　　日　開催のサービス担当者会議に出席できないので、主治医から出席者に伝えたいこと。

①ケアプラン原案について

②サービス、サービス提供スタッフ等に対する意見・指導・助言

③その他、福祉用具の活用についてのご意見等

個人情報の管理に厳重注意！

モニタリング

①居宅サービス計画の実施状況

病棟との風通しを良くしたことで病棟ナースや連携ナースと情報共有がしやすくなった。説明時には常に全員が参加するようにしたことで、福祉用具の担当者それぞれと本人・家族と会う機会が増え、互いに相談や連絡がスムーズになっている。そのため、本人の好みも把握しやすくなり、提案も的確に実施でき、機を逃さず状態に合わせた用具の交換や追加が図れ、最終的に心身の苦痛緩和と安心につながった。

②居宅サービス計画の点検

書類、書類とならないように、詳細にではなく、大きく捉えるように心がけた。

③今後の方針・対応

大切な家族を亡くされた時の遺族へのグリーフケアは、主治医との面会を利用し、心療内科の医師の助けも借りながら、ケアマネジャーが遺族訪問を行う。連携ナースはなかなか難しい立場でありながら家族のために役立てていないのではないかという苦しみが深まっているため、ケアマネジャーが報告に行き、顔を合わせて話を聴き、互いの評価をしっかりと行っていく必要性も高い。

ケアマネジャーのふりかえり

- 利用者本人の逝去後、連携ナースのダメージが思いのほか大きいことに気づくのが遅れ、このことへの手当てが難しかった
- ケアマネジャーの弔問の際の話を共有しながら、家族だけではなく支援者側にもグリーフワークが行える体制が必要だと考えた

モニタリングのチェックポイント

●ポイント「徹底された精神的な痛みへの支援と課題」

- 身体的な痛みを不安に思う精神的な痛みへの支援
- 家長である夫・父親の看取りに対する不安を抱える精神的な痛みへの支援
- 支援者側の霊的な痛みと迷いへの支援

グリーフケアを誰が担うかはケースによって違うのが現状。制度的に明確に位置づけられていないが、本事例においてはケアマネジャーのとった行動や、課題に向けた提議は今後の実践活動に必要な視点となろう。

| 第5表 | | 居宅介護支援経過 | |

利用者名　　　A　　殿

居宅サービス計画作成者氏名　　P

年月日	内容
H27.12.22 10:00	<新規依頼> ・○大学病院連携Nsより連絡を受け、相談に対応 ・A氏の状況説明を受ける。午後病院に行くこととし電話を切る
14:00	○大学病院で初回の連携会議 ・連携室でMSWと3人で本人の状態・状況と経過を共有。引き受ける上で必要なことの確認と地域包括支援センターへの情報提供・共有を依頼。連携Nsとともに連絡、協力を要請
15:30	○大学病院にて主治医と面談 ・ケアマネジャーが担えることを伝え、主治医の必要としている情報と経過、困り事を聴く
16:30	地域包括支援センターにて支援会議 ・地域の情報を確認、近隣トラブルの内容があがる。連携Nsと必要な内容のみ共有し家族・本人との面談の日時を調整 ・支援者側はケアマネジャーが、家族は連携Nsが日程調整を進める
18:00	連携Nsより連絡 ・24日16:30に全員で集まることになり、各社へ連絡・調整
H27.12.23	<情報共有のためのシートづくり> ・家族に介護保険制度を説明するための資料づくり
H27.12.24 15:00	<○大学病院カンファレンスルーム―顔合わせと進行の確認> ・主治医を含む医療関係者のみで集合。今日の目的と目標の周知、了承された後の具体的な経過を皆で話し合い、イメージの共有を図る ・時間がないため明日、制度上の手続きを全て済ませる必要があり、住宅改修、福祉用具の搬入、年末年始の急変時の入院の可否についてあらかじめ対応できる範囲を説明できるよう準備 ・むだな混乱や誤解を避けるために各担当者を専任の窓口とし、役割と立ち位置、できること、できないことを確認
16:30	退院前カンファレンス―○大学病院カンファレンスルーム ・本人・家族と初めて会い、ケアマネジャーの役割を伝え各担当者が自己紹介を行う。本人・家族よりいくつか質問を受け、説明を行い、理解された後、正式に依頼あり
17:30	・連携室にて居宅介護支援契約締結。持参した契約書と重要事項を説明し、署名・捺印をもらった後、手続きに必要な介護保険、および関連書類の説明を行い、理解されたことを確認、署名・捺印をもらう。明日からの流れと家族の予定を連携Nsとともに確認、本人・家族それぞれの年末年始への意向を聴く
H27.12.25	<行政窓口にて介護保険制度上の書類申請>

	9：30	・地域包括支援センター保健師と待ち合わせ、申請とともに要介護認定の進捗状況を確認。主治医意見書等の確認を行う。手続き完了後、行政にも協力を要請、受理される。住宅改修申請の事前許可を依頼し受理。福祉用具等の確認も行う
	10：30	居宅訪問 面接：妻と3人の娘 ・妻と二人で話をし、気持ちを聴く。初発時、家族が余命告知をしないという選択をした覚えはなく、治療への不信を涙ながらに訴える
	11：30	・席をはずしていた娘が戻り、長女・次女・三女の順で個別に面接を行う。同じく気持ちや意向、不安などを聴くがやはり告知に対する認識が異なり、そこから医療不信が始まっていることがわかる。妻を含めて今後の相談の場と主治医と話し合う必要性を説明。ケアマネジャーより主治医へ報告・相談をし、病院で退院前に面接を受けたいという希望でまとまった
	13：30	連携Ns、主治医へ報告 ・日程を早速調整してくれ、家族とも連絡をとり本日夕方O大学病院にて話し合う場を設けることになる
	16：30	O大学病院カンファレンスルーム ・家族全員と主治医、連携Ns、MSW、ケアマネジャーが一堂に会し、話し合いをもつ ケアマネジャー司会。状況を皆に説明をした後、家族がそれぞれの思いを打ち明ける。また、その後に今後への意向を伝えることができた。主治医がそれを受け、これまでの経緯と経過、主治医の思いを家族に伝え、すれ違いがあったことと今の思いのすり合わせを行い家族もほっとした表情を見せる。ただし、現状を考えると「もう治療の効果は得られず、治療を断念し緩和ケアに移行します」といきなり突きつけられるのはきっと本人には耐えられない。最期まで希望をもって生きてほしいという家族全員の意向により、今後はこれまでと違う理由から、全員の意見の総意として告知はせず、自宅に帰るという方向で自宅療養を中心に、年明けにもう一度だけごくわずかだが可能性の残された抗がん剤治療のために入院し治療を行うという方針で決定。本人を呼んで、全員と一緒に説明を受けてもらい、本人家族の了承を得て退院の日にちを調整するということになった。
	18：30	事業者とともに自宅を訪問 ・住宅改修事業者と2社の福祉用具担当者2名と同行。用具の選定と採寸、仮設置 ・妻と長女のみ帰宅しており、次女と三女は本人の食事に付き添うためまだ病院にいる、と不安が消え去った顔で妻が話した
H27.12.26 11：00		<O大学病院デイルームーアセスメント・モニタリングを実施> 本人の希望 今の気持ちやこれまでの病気との向き合い方、また治療のつらさなどを時折感情を込めて静かに話す。思いは日毎に変化し、不安や痛みも日毎に変化するためとても怖いという表現をした。昨日、仮設置した自宅の写真を見せながらこれからのことを尋ねると、実は眠れていないこと、夜間のトイレの心配、家族の負担になってはいないか等、家族の自分への気持ち・本音を探るような言葉が重なった。あらかじめ了承を得ていることについては代弁し、気持ちがつながっていること、不安なことは皆で一緒

	に解決をしていこうと家族が一致団結していることを伝え、ともに確認しあえるよう意識して説明した。すると年末年始にやりたいことを話され、1階に居室変更をこの短い時間の中で行えたことへの感謝の言葉と笑顔をたくさんもらった。
12：30	**病室にて** ・昼食の内容を見せてもらおうと病室に戻ると、実は痩せて義歯が合わなくなったこと、歯茎が腫れて痛むこと、味覚の変化や痛みににについてポツリポツリと話す ・歯科につなげる了解を得て病棟・連携Nsに連絡。院内では対処が困難ということで、本人の了承を得て外部で歯科技工士の複数所属する歯科院長に連絡相談 ・本日夕方O大学病院へ出向いてくれるとのこと、急ぎ主治医と栄養科に状況を伝えてもらい、場を整える。本人より同席依頼あり
16：30	**歯科医師に同行し病室へ** ・連携Nsと主治医も訪室。紹介を行う ・歯科医と状態を主治医が確認し合い、食事箋、服薬内容の変更、薬剤の追加を指示。義歯の応急処置を済ませ契約。医療保険対応で自宅でも年末年始対応をしてくれるとのこと、本人・妻に笑顔が見える ・夕食は2カ月ぶりに完食
18：00	**居宅訪問** ・午前中に本人から聴いたことを妻・3人の娘に伝える ・帰り道、三女からメールがあり折り返す。二人で会いたいとのこと、事業所にすぐ行きたいと相談があり了承
20：00	**事業所にて三女と面接** ・三女のつらさと苦しみは限界に達しており、仕事も家族に内緒で休み受診が必要なほど憔悴している事実を確認。希死念慮あり ・三女の了承を得て精神科・心療内科の医師へ連絡し相談。受診の予約をとり、資料をもってクリニックへ、医師と情報共有を図る
H27.12.27 9：30	**＜連携Nsへ連絡＞** 昨日の三女の件を報告。主治医に報告をしてもらい、精神科クリニック医師のカウンセリングを依頼、了承を得る。
11：00	**O大学病院　病室を訪問、本人と面接** 本人笑顔で応対。デイルームに場所を移し、年末年始に向けて不安なことはないか話を聴いていると妻が来院。年末年始の急な発熱や痛みにはO病院と主治医が対応してくれることを再度説明、安堵する。説明は半分ほどしか理解していない様子あり。
11：30	**場所を移し、妻のみと面接** 三女との約束で受診の話や詳しいことは伝えないが、ご自宅での様子を何気なくたずねそれとなく注意を促す。 **＜O病院　カンファレンスルームにて退院前カンファレンス＞**
14：00	主治医をはじめ全員が集まり、経過を前向きに評価しながら退院日を本人に確認。 本人：「不安な気持ちと嬉しい気持ちは50/50」 ・本人の希望により28日14時退院と決まる。主治医が見送り、タクシーで家族同行にて退院。ケアマネジャーが自宅前でキャッチという手順 本人退席後に三女から皆がいる場でケアマネジャーに向けて話がある。

		三女:「いろいろとありがとうございました。昨日ご紹介をいただいた精神科クリニックを受診し先生に思いきり時間を決めて泣かせてもらってすっきりしました。苦しかったことも話すと楽になった気持ちがしています。母にも姉たちにも受診を勧めたくなって」 三女は、苦しみを口にして外に出すことが大切と気がついたという。妻と長女・次女も涙をこぼしながら熱心に聞き、個別に同じ医師にかかりたいと相談を受ける。 ・精神科クリニック医師に連絡し報告。年明けすぐの予約が完了
	20:00	医師より三女受診報告メール ・迅速な対応への感謝と来年受診後の相談をメールにて依頼
H27.12.28 14:00 14:30 16:00		<退院・出迎え> 病院を出たと主治医より報告を受け自宅前に訪問。妻が待っており、3人の娘が迎えに出たという。ともに迎え無事に帰宅。福祉用具担当者2社2名、連携Nsが来訪。 担当者会議を実施 ・26日のO大学病院で説明した内容を書面にし、本人・妻・3人の娘に再度説明 ・12月、1月の利用票を交付し、あらかじめ説明し渡してあった居宅サービス計画書を本人より受け取る。説明、同意を確認し本人・妻連名でサイン・捺印をもらい、各事業所の計画書・提供表を交付 ・ケアマネジャー訪問時に福祉用具の設置場所を確認したり使用感を試してもらい本人・家族に操作の説明を実施 ・連携Nsは薬の確認と用具の使用指示の確認を実施。主治医は電話にて参加。スピーカーで話す 本人:「これで年末年始を家族と一緒に過ごせるよ、ありがとう」 本人の言葉に一同胸が熱くなる。何かあれば遠慮なくすぐに連絡を、と連絡網の確認を全員で行い、本人・家族一人ひとり、また別に主治医、連携Ns、MSW、歯科医、精神科医とはメーリングリスト(ML)を作成。初メッセージを送信。 主治医へMLにて報告―帰宅後の様子 ・主治医より早速返信あり。後輩の開設したクリニックの紹介あり、訪問診療につなぐ準備を始めたとのこと。訪問看護ステーションはケアマネジャーに紹介依頼とのことで連携Nsにも報告、頼りになる所長のいる訪問看護ステーションへ連絡 ・それぞれに了承を得て、主治医にメールで返信
H27.12.29 13:00		<居宅訪問―モニタリング実施> 笑顔で迎えてくれ、本人はベッドに座り応対。 「変わりないですよ」と妻と次女。三女は2階からしばらくして降りて来て参加。 「昨夜はよく眠れたよ、やっぱり自宅は良いね」との本人の言葉に妻が涙をこぼす。皆安堵した表情。次女から「今日から仕事が休みになったので年末年始は毎日通います」との発言に本人は笑顔を見せた。
H27.12.30 13:00		<自宅に電話> 本人が電話に出て「こんなに賑やかな年末年始は久しぶりだよ。楽しい正月になりそうだ」と元気な声。 本人:「あなたも良い正月を、ゆっくり休んでね」
H27.12.31 13:00		年末にあたり、主治医、全ての関係者にメールで感謝を伝える。 【後略】

事例3：がん末期患者と家族への対応

評　価　表

利用者名　　　Ａ　　　殿　　　　　　　　　　　　　　　　　　　　　　　　　作成日　平成27年12月28日

短期目標	（期間）	援助内容			結果 ※2	コメント（効果が認められたもの／見直しを要するもの）
		サービス内容	サービス種別	※1		
身体の負担を減らすため自分に合った福祉用具を選びたい	H27.12.26 ～ H28.3.31	①③専門家の指導・助言	①医療保険②福祉用具貸与／購入③訪問リハビリ④住宅改修		○	・予定どおりに年明け2週目より訪問リハビリが介入・状態・状況に合った福祉用具の選定や正しい操作方法、生活の中で活用できる効率的な動作の仕方などを本人・家族が学ぶことができて身体の痛みや苦痛が軽減され、睡眠がしっかりととれるようになったことで精神的にも安定してきている・主治医との信頼関係も回復
		②体圧分散のためのマットレス・ベッド、転倒予防のため各所に手すりを設置④段差解消を住宅改修にて実施、シャワーチェアー購入（背もたれ・ひじ掛け付き）			○	・身体全体の痛み、腰痛が軽減され、起床・離床される時間が増えた・また、ひとりで動ける範囲が広がり、日中は家族が出かけることも可能となったため、それぞれ別々の行動がとれるようになり、そのため、心身が健やかに保たれるきっかけができた・本人・家族間、医療者への不信が改善され、服薬管理もしっかり行えるようになってきている
それぞれの思いを語れる	H27.12.26 ～ H28.3.31	①③語ることで気持ちを整理し楽にする	①訪問看護②訪問診療③CM		○	・話す中で感情と考えを自然と整理することができて、今必要なことやこれからに前向きで生活することに目が向きはじめた
		②専門家の指導・助言			○	・精神科医師・心療内科医師が情報を共有し、本人のみならず家族の心のケアを行える環境がつくられた
		③傾聴・具体的な提案各所への協力要請			○	・口頭だけでなくメールにて気持ちを伝えあうことができる環境が整い、誰に今何が起こっているかを支援者側が理解し、共有し、対応を図れるようになった
痛みを取り食欲と体力を取り戻したい	H27.12.26 ～ H28.3.31	①義歯調整・口腔ケア	①歯科医師・歯科衛生士②管理栄養士③医師・薬剤師		○	・簡単な方法で義歯調整が図られ、歯茎の傷が治り痛みが取れた・食欲が回復し、体力、意欲も回復。食べられるようになったことで妻や家族が調理、買い物などできることが増えて生活に楽しみや笑顔、会話が戻った・口腔内が清潔に保てるようになったことで気持ち良く過ごせるようになり、口臭などを気にすることも減り他者との会話も増えて、自分の気持ちを語る場面も増えている
		②栄養指導、食形態の工夫③服薬指導・調整、味覚の変化に対する緩和・治療			○	・「砂をかむような無味無臭」という本人の言葉を頼りに少しでも「食べる」を解決しようと各方面より現状の見直しを図る・栄養士が家族それぞれに嗜好を確認。また一方で服薬状況を確認すると医療不信と意欲低下から本人が選んでその日の気分により服薬調整していたことがわかる・本人の好物を娘が買い本人のもとへと運び、共に味わう時間をもった。食品による食形態・嚥下への工夫、食器や目で見て美味しく意欲がわくメニュー検討から始め、味覚回復と吐き気に対する薬剤の調整、評価等が医師・薬剤師により行われた。看護師・家族それぞれが「食」に興味をもち、理解を深めることで自宅でもその状況が継続できた

※1　「当該サービスを行う事業所」について記入する。　※2　短期目標の実現度合いを5段階で記入する（◎：短期目標は予想を上回って達せられた、○：短期目標は達せられた（再度アセスメントして新たに短期目標を設定する）、△：短期目標は達成可能だが期間延長を要する、×1：短期目標の達成は困難であり見直しを要する、×2：短期目標だけでなく長期目標の達成も困難であり見直しを要する）

困難化させない支援のヒント

編集委員会

- 本人と家族を置き去りにしないチーム形成は常に求められるところである。本事例においては、ケアマネジャーと連携ナースが同じ目的をもち、役割分担を明確にし、それを確実に実行したことで困難化を避けることができたといえる
- ひとつ気がかりなことは、「基本情報」の本人像にある「皆を守る強い父親」を全うするために告知の是非を考える点。ただし、これは本事例の経過の必要性ではなく、"もし告知をするならばいつの時点だったのだろうか"を支援者間で振り返っておくことも、それぞれの今後の実践活動において必要なのではないか

ケアマネジャー

- 本事例では、「何が今を困難にしているのか」という問いを常にもち、医師をはじめとする各職種の動きやすい環境づくりを心がけた
- 専門職は本人・家族と同じように焦ってはならない。現在の流れの中に困難を招いた原因を見つけ、解決へ導くのはケアマネジャーの役割であると考え、自分の立ち位置を流れの外に据えた
- 初動ではケアマネジャーの役割を全員に示し、支援者個々がその役割とできること、できないこと等を自覚して自己紹介をすることが効果的であると考え、全支援者が会議に出席できるよう努めた。専門職としての役割を自覚して、効率よく業務を遂行できれば報告や相談のしやすい環境となる。本人・家族も混乱が減り、信頼関係が構築しやすくなる

ポイント解説：チームで行うターミナルケアとグリーフケア

＜チーム構成員の役割＞

*医師：身体的苦痛の緩和・治療方針の決定
- 本人に向けて　➡身体的な痛みの評価・痛みの緩和・予後予測
- 家族への説明や直接的な治療に関わること・入院指示

*精神科医師：精神的苦痛の緩和
- 本人・家族に向けて　➡精神的な痛みの評価・必要時処方等を行いながら苦痛の緩和
- 本人・家族・支援者全員の「こころの痛み」の度合いを測りながら一人で抱え込まないようにサポート
- 個々人への診察・治療

*看護師・PT：身体的苦痛の緩和

- ・痛みのパターンや包括的な評価、副作用への処置（便秘等）
＊薬剤師
- ・本人：家族に向けて　➡服薬管理・薬の量と効き方への評価・観察・聞き取り
＊ケアマネジャー（在宅）・地域医療連携室ナース（病院）・病棟ナース：霊的な痛みの緩和
- ・本人・家族に向けて　➡援助的コミュニケーションを通じて、語りの引き出し、支えの発見、評価、強化・穏やかさの理由、穏やかになれないときの様子とその理由を見つけ、必要時家族や支援者へ情報を発信
＊医療ソーシャルワーカー（MSW）・ケアマネジャー：社会的な痛みの緩和
- ・社会的な痛みに対する制度等の活用
- ・経済的な負担軽減
＊歯科医師・歯科衛生士・栄養士
- ・家族へ　➡食べることを強要せず、食べることに大きな期待を抱かないようにわかりやすく説明
- ・本人へ　➡口内炎の有無や口腔内の痛み、味覚の変化などの聞き取りと食べやすい食事や食形態への工夫を考え提案、実施

<本人が逝去された後に：レジリエンス（悲嘆からの回復）＞

ケアマネジャー訪問
- ・時間がたてば回復するというものではないので、故人とのつながりを感じ続けてもらうことを大切にする
- ・共に語り合うことで大切な故人とのつながりを自身の人生の一部として、目に見えない絆を感じてもらえるように援助的コミュニケーションを続ける
- ・悲しみや会いたい気持ちを認め、忘れることではなく思い出を支えにして生きていけるよう静かに応援する

事例4 独居の認知症高齢者への対応

成年後見制度を利用し、住み慣れた地域で暮らし続けるための支援

キーワード 独居高齢者／アルツハイマー型認知症／訪問・通信販売／消費者被害
金銭管理／権利擁護／成年後見制度

[事例の概要]

- Aさん、78歳、女性。独居、要支援1、アルツハイマー型認知症
- 地域包括支援センターより居宅介護支援事業所に依頼あり。認知症の症状が見られ、訪問販売等で購入した商品が続々と送られてくるが本人は覚えていない様子。そのためトラブルが発生している
- 親族は、全くいない。要介護認定は要支援1であるが、区分変更申請中。介護サービスの部分をケアマネジャーが調整しながら、生活面全般で本人の生活を守るためにも成年後見制度の利用を検討することになった
- 本事例は、認知症のある独居高齢者で親族もいないことから、誰をキーパーソンとするのか、在宅での生活が可能かどうか、当初不安ではあった。しかし、本人の明るい性格も幸いし、地域包括支援センターとの連携で本人との面接を重ね、医師、市役所ケースワーカー等地域の社会資源を活用しながら成年後見制度を利用した本人の権利擁護、また、介護保険の利用により本人が希望する在宅での生活を支え、独居の認知症高齢者であっても住み慣れた地域で暮らし続けることを可能にした事例である

[ケアマネジメントの依頼経緯]

- E地域包括支援センターのF看護師より、新規依頼の相談
- 本日、Hクリニックで受診したところ、アルツハイマー型認知症と診断された
- 地域包括支援センターへの相談は、本人の知人Kさんから
- 3月から要支援1で地域包括支援センターが関わっていたが、状況から見て要介護ではないかと考え、区分変更申請をしており、居宅介護支援を頼みたいとのこと。上司と相談して当事業所での対応が可能と回答

[ケアプラン作成までの経過]

日　付	手　段	対　象	キーワード	内　容
平成27年 5月28日	来所	F看護師	新規依頼	E地域包括支援センターのF看護師より新規依頼の相談
平成27年 5月29日	居宅訪問	F看護師 G社会福祉士 ケアマネジャー	相談	E地域包括支援センターのF看護師とG社会福祉士の同席で居宅訪問、本人と面談
平成27年 5月30日	居宅訪問	F看護師 G社会福祉士 ケアマネジャー	相談	金銭管理について銀行員の面談
平成27年 6月1日	居宅訪問	本人 各サービス関係者 （別紙参照）	サービス担当者会議	サービス担当者会議の開催

ケアマネジャーのふりかえり

- 訪問販売等でさまざまな物品を購入しているが、いくつかは、だまされているものもあるかもしれない。また、財産管理ができていないことから、日常生活において問題が大きくなる可能性がある。問題内容とは対照的に本人は楽天的
- 飼い猫を可愛がっているため入所型のサービスは利用したくないということから、在宅でどのような支援をしていくかの調整が課題となっている
- 親族もいない状況で在宅生活をしているが、認知症の症状があり、消費者被害にあっている様子が見られるので、権利擁護の視点からのさまざまな支援が必要であると思われる
- 知人のKさんはシルバー人材の仕事をしており、その仕事を通して数年前からAさんと仲良くなったとのこと。地域包括支援センターへKさんから相談するほど、心配している様子は見られるが、Aさんは「Kさんがお金を持っていく」「Kさんは悪い人で、私の家からいろんな物を持っていく」という話をしていた。Kさんも「最近Aさんが変なことを言うようになって、私も大変になってきている」と話していた。このことから、Kさんがキーパーソンとなることは難しく、Kさんに頼らない支援を考える必要がある

> **ケアプラン作成までのチェックポイント**
>
> - もともとの性格が社交的、話し好きで他人の話を信じ込みやすい利用者のなかには、認知症になって財布や通帳などの金銭管理ができなくなっても、楽観的で被害者意識に陥ることがない人もいる。表面的に社会性が保たれていると、判断力があるように見なされて重大被害の発見が遅れたり、認知症の進行に伴う生活困難への対応が後追いになることもあるので、注意が必要である
> - 要支援から要介護に認定のランクが変わると介護予防ケアマネジメントから居宅介護支援に移行する。居宅介護支援事業所や担当のケアマネジャーが変わることにより、従来は取り上げられていなかった生活課題が浮き彫りになり、後任のケアマネジャーは早急な対応を求められる場合がある。とりわけ利用者の権利侵害や経済被害の拡大防止対策については、日頃から警察や司法関係者、消費生活センター、近隣住民とのネットワークを構築しておくことが重要になる

アセスメント

ニーズ❶

薬を飲んだかどうか、わからなくなってしまうことがある。薬をきちんと飲みたい。

ニーズ❷

片づけが苦手なので、冷蔵庫の中や部屋等に荷物があふれてしまう。片づけを手伝ってほしい。

ニーズ❸

見覚えのない商品が届いたり、契約をしてしまったりすることがある。相談できる相手がほしい。

ニーズ❹

膝や腰の痛みにより、歩行が大変な時がある。足腰が弱くなるのを防ぎたい。

ニーズ❺

通帳が見当たらなくなったり、財布がどこにあるかわからなくなったりすることがある。金銭の管理も含めて相談できる相手がほしい。

ケアマネジャーのふりかえり

- 当初は認知症による訪問販売や財産管理のことを考えていたが、服薬管理も大変な状態であることがわかった
- 本人が楽天的であるため深刻そうには見えない部分もあるが、成年後見制度の利用や介護保険のサービスでどのように本人をサポートするのか、より細かな調整が必要であると思われる

アセスメントのチェックポイント

- ケアマネジメントは常に生活全体を把握しながら対応する必要性がある
- 認知症の独居者が成年後見の司法上の手続きを進めるに際しては、他に協力者が得られず、担当のケアマネジャーがその都度同行するなど深く関わらざるを得ない場合がある
- 本事例においては、紙面の都合で支援経過記録を一部略しているが、ケアマネジャーは訪問介護、通所リハビリ、主治医等との連携を密に日々の生活に欠かせない服薬、食事、清潔保持等の実態把握がおろそかにならないように留意する必要がある
- 近隣住民との付き合いや、地域との関わりについても情報を集めておくと、見守り機能を図る上での検討材料となる

基本情報

※提出ケアプラン作成時点（平成27年5月29日）

利用者名	Aさん	性別	男・(女)	生年月日	大正・(昭和) 11年（78歳）
住所	B県C市				

主訴	〔相談経路〕 　E地域包括支援センターのF看護師からの相談。独居の身寄りのない人で認知症の症状が出ている。要支援1であったが、現在区分変更中。要介護に判定されることも踏まえて、居宅介護支援をお願いしたい。 〔本人・家族の要望〕 　自宅で生活をしたい。猫を飼っているので、自宅以外にはどこも行く気にはなれない。

生活歴・生活状況	〔生活歴〕 ・学校を卒業し、20歳の時に結婚。結婚後は、夫が薬剤関係の仕事をしていたので、少し手伝っていた ・関西に移った際に離婚 ・40代で実家に戻る。その後は姉が本人の生活の面倒をみていた ・姉が平成12年に他界。それから単身で生活している 〔趣味・特技〕 〔家族状況〕

続柄	年齢	同別居	健康状態	就労有無

健康管理 ※かかりつけ医のNoに○をつける	No.	病名	初診年月日	医療機関	診療科	服薬情報
	①	アルツハイマー型認知症	平成27年5月28日	Hクリニック	脳神経外科	メマンチン塩酸塩 エペリゾン塩酸塩 レボチロキシンナトリウム水和物 ロスバスタチンカルシウム ランソプラゾール ロキソプロフェンナトリウム水和物
	2	右大腿骨骨頭部臼蓋骨折	平成26年6月24日	J病院	整形外科	
	3	脂質異常症	平成7年	J病院	内科	
	4	高血圧症	平成7年	J病院	内科	
	5	甲状腺機能低下症	平成7年	J病院	内科	

日常生活自立度	障害高齢者の日常生活自立度	J2	認知症高齢者の日常生活自立度	Ⅰ

認定情報	要介護度　要支援1　（平成27年4月1日～平成28年3月31日） ※区分変更中	認定日	平成27年4月27日

アセスメント理由	(新規)・　更新　・　区分変更　・　その他（　　　　　　　　　）

利用者の他法関係情報	【医療保険の種類　後期高齢者】【年金の種類　国民年金】【生活保護受給　有・(無)】 【障害者関係手帳（身体、知的、精神）　等級等の程度】取得年月日　　　　【難病認定　　　　】

現在利用しているサービス	（フォーマル・インフォーマルを含めて） ・訪問介護　1回/週 ・通所介護　1回/週

事例4：独居の認知症高齢者への対応

チェックポイントシート

平成27年5月29日現在

課題分析標準項目	状態（現在の状況：できること・できないこと・していること・していないこと）	原因	アセスメントで明らかにするもの		生活全般の解決すべき課題（ニーズ）	
			問題（困りごと）（本人・家族の思い・意向）			
健康状態	・平成26年6月に右大腿骨頚部骨折。甲状腺機能低下症や脂質異常症、高血圧がある。・膝や腰の痛み、頭痛を訴えることがある	・各種痛みについては原因がわからず	あちこち痛くなることがある	利用者	痛みがない生活を送りたい	利用者
			頭痛などにより日常リハビリを休む時がある	家族	CM：体調に配慮しながら様子を見る	家族
			膝が痛いことがある	意見（続柄）	Q生活相談員：痛みに注意しながら自分で歩きたい	意見（続柄）
ADL	・ふらつきによる転倒が見られ、歩行に関しては杖を使えば安定しているが、杖を使うことを忘れてしまう・その他のADLについては、ほぼ自立している	・膝の痛み等により歩行が不安定であると考えられる	膝が痛いほうが多い、片づけは苦手	利用者	痛みに配慮して下肢筋力をつける	利用者
				家族	CM：痛みに配慮して下肢筋力をつける	家族
			Q生活相談員：膝の痛みにより歩きづらい様子が見られる	意見（続柄）		意見（続柄）
IADL	・調理は自分ではほぼ行わず電子レンジで温めを行うが、きちんと使えていない様子。自分で買物しているが、同じ物を買うことが多くて、片づけ等もできていない様子	・認知症により、身のまわりのことが困難になっている	調理はしない、買ってきたほうが早い、片づけは苦手	利用者	片づけ等は手伝ってもらう	利用者
				家族	CM：本人と確認しながら片づけを行う	家族
			Oサ買：冷蔵庫の中は賞味期限切れの物が多い	意見（続柄）		意見（続柄）
認知	・アルツハイマー型認知症と診断される。直前のことを忘れたり現金や通帳をどこにしまったかわからずに同じ物を買ってしまう傾向も見られる。服薬管理や日常生活の理解等が難しい	・見当識や短期記憶が難しくなっている	薬の飲み忘れというほどではない	利用者	しっかり薬が飲めるようにする	利用者
				家族	CM：服薬管理の方法を考えていく	家族
			Oサ買：服薬の管理が難しく、飲み忘れや飲み過ぎが心配	意見（続柄）		意見（続柄）
コミュニケーション能力	・話し好きな面がある。同じ話を繰り返すことがある。相手の話に合わせてしまう傾向も見られる	・短期記憶が難しいため、同じ話を繰り返す	話をするのは好き	利用者	見覚えのない商品が来たら対応を考えていく	利用者
				家族	Uサ社会福祉士：権利擁護の視点での対応してほしい	家族
			Uサ社会福祉士：相手に調子を合わせて行ってしまう心配	意見（続柄）		意見（続柄）
社会との関わり	・知人のKさんとの交流が大半。近所のガス店の販売員とも仲良くしている様子。また、金銭の引き出しは銀行ではなく自宅に来てもらっている	・特になし	Kさんは私の財布を持って行ってうらんんだ	利用者	他の人とも交流をきちんと図りたい	利用者
				家族	Uサ社会福祉士：権利擁護の視点での対応を検討	家族
			F看護師：Kさんの被害妄想があるように思われる	意見（続柄）		意見（続柄）
排泄・排便	・介助なく、自分でトイレに行っている、失禁もない	・特になし	自分でトイレに行っているよ	利用者	いつまでも自分で排泄ができるようにしたい	利用者
				家族	CM：現時点でできているので様子を見ていく	家族
			F看護師：排泄は介助なくできている	意見（続柄）		意見（続柄）
じょく瘡・皮膚の問題	・褥瘡や他の皮膚の疾患等は見られず	・特になし	特に何かができているということはないよ	利用者	皮膚の清潔を保ちたい	利用者
				家族	CM：現時点でできているので様子を見ていく	家族
			F看護師：皮膚状態については問題がない	意見（続柄）		意見（続柄）
口腔衛生	・介助なく、自分で歯みがきを行っている	・特になし	自分で歯みがきをしているよ	利用者	口の中の衛生を保ちたい	利用者
				家族	CM：現時点でできているので様子を見ていく	家族
			F看護師：口腔衛生については問題なし	意見（続柄）		意見（続柄）
食事摂取	・惣菜等を買ってきて食べている。冷蔵庫内に賞味期限が切れた物もまだある可能性がある、食事の時間も必要である、おかずが少ない傾向も見られる	・認知により、買ってきた物を忘れてしまう	きちんと食べているよ	利用者	きちんとした食事を摂りたい	利用者
				家族	CM：冷蔵庫の中のチェック等をする	家族
			K訪買：食べ物の管理も必要である	意見（続柄）		意見（続柄）
問題行動	・訪問介護や通所リハビリテーションの時間を忘れて、どこかに出かけて行ってしまう	・見当識や短期記憶が難しくなっている	忘れることはないと思うけど、そうだけ	利用者	予定を忘れないようにしたい	利用者
				家族	CM：効果はわからないが、わかりやすく予定表を作る	家族
			Oサ買：不在のときは近所にいることが多い	意見（続柄）		意見（続柄）
介護力	・独居にて生活、親族もいない、施設等の入所の話も出たが自宅で犬を飼っているため、在宅での生活を維持したいとのこと	・親族がいない	猫がいるので、自宅で生活をしたい	利用者	まわりの手助けを受けながら生活したい	利用者
				家族	CM：片づけ等も含めた支援を行う	家族
			F看護師：入所型のサービスは本人が強く拒否	意見（続柄）		意見（続柄）
住環境	・一軒家にて生活、段差があるほか、家の中にさまざまな物があふれており、助線以上に障害がある。また、自宅は比較的交通量の多い場所に建っている	・自宅内に物があふれている	いつの間にか物が増えちゃって	利用者	片づけ等は手伝ってもらう	利用者
				家族	CM：片づけを行う	家族
			CM：自宅内に通販等の商品の置かれている	意見（続柄）		意見（続柄）
特別な状況	・通販等の商品についてはほぼ、未払の物もある、段差もある。また、新聞等は、同じ物の販売の契約が近い日付けで2つあるなど、過払いもあるように思われる	・認知症により、支払いや契約を忘れてしまう	物は勝手に送られてくるので、払わなくても良い	利用者	見覚えのない商品が来たら対応してほしい	利用者
				家族	CM：本人と確認しながら対応を行う	家族
			F看護師：注文したことを忘れている様子	意見（続柄）	Uサ社会福祉士：権利擁護の視点での対応を検討	意見（続柄）

※1：ケアマネジャー（CM）、サービス提供責任者（サ買）

課題整理総括表

利用者名　A　殿　　　　　　　　作成日　平成27年5月31日

自立した日常生活の阻害要因 (心身の状態、環境等)	① アルツハイマー型認知症	② 膝や腰の痛み	③ 短期記憶が曖昧
	④ 通販等で物品をいろいろと購入する	⑤ よくわからずに契約	⑥ 片づけができない

利用者及び家族の生活に対する意向	猫がいるので自宅で生活をしたい。身のまわりの片づけ等を手伝ってもらいたい

	状況の事実※2	現在※2	要因※3	改善/維持の可能性※4	備考（状況・支援内容等）	見通し※5	生活全般の解決すべき課題（ニーズ）[案] ※6
移動	室内移動	自立 (見守り) 一部介助 全介助		改善 (維持) 悪化	ふらつきによる転倒が見られる。枕等を動かしたものの、使ったことを忘れてしまう	1. 服薬の確認をすることで、飲み忘れや飲み過ぎを防ぐことができる	薬を飲んだかどうか、わからなくなってしまうことがある。薬をきちんと飲みたい。 1
	屋外移動	自立 (見守り) 一部介助 全介助	①②	改善 (維持) 悪化	賞味期限切れを食べる可能性がある		
食事	食事内容	自立 見守り (支障なし) 支障あり	①③⑥	(改善) 維持 悪化	自力にて摂取可能	2. 冷蔵庫の中や部屋の中の有物を片付けることにより、安全に生活を送ることができる	片づけが苦手なので、冷蔵庫の中や部屋等に荷物があふれてしまう。片づけを手伝ってほしい。 2
	食事摂取	自立 見守り (支障なし) 支障あり	①③⑥	(改善) 維持 悪化	調理は行わず惣菜等を購入している		
排泄	排尿・排便	自立 (見守り) 支障あり		改善 (維持) 悪化			
	排泄動作	自立 (見守り) 一部介助 全介助		改善 (維持) 悪化			
口腔	口腔衛生	自立 (見守り) 支障あり	①③	(改善) 維持 悪化			
	口腔ケア	自立 (支障なし) 支障あり		改善 (維持) 悪化			
服薬		自立 見守り 一部介助 (全介助)	①③	(改善) 維持 悪化	薬が見つからない。正しく飲めていない		
入浴		自立 見守り (一部介助) 全介助	①	改善 (維持) 悪化	ときどき、服を裏返しに着ていることがある	3. 不要な通販や不当な契約等について、成年後見制度を使うことにより本人の権利を守ることができる	身に覚えのない商品が届いたり、契約をしてしまったりすることがある。相談できる相手がほしい。 3
更衣		自立 見守り (一部介助) 全介助	①	改善 (維持) 悪化			
掃除		自立 見守り 一部介助 (全介助)	②⑥	改善 (維持) 悪化	自宅内に物があふれ、散らかっている		
洗濯		自立 見守り (一部介助) 全介助		改善 (維持) 悪化			
整理・物品の管理		自立 見守り 一部介助 (全介助)	③④⑥	改善 (維持) 悪化	財布や通帳等も含めた物のありかがわからなくなる		
金銭管理		自立 見守り 一部介助 (全介助)	①③	改善 (維持) 悪化			
買物		自立 見守り (一部介助) 全介助	①③④⑤	改善 (維持) 悪化	同じ物を買う、買った物を忘れる	4. 膝や腰の痛みにより、歩行が大変な時をリハビリテーションを通して、歩行の安定を保っていく	膝や腰の痛みにより、歩行が大変な時がある。足腰が弱くなるのを防ぎたい。 4
コミュニケーション能力		自立 (支障なし) 支障あり		改善 (維持) 悪化			
認知		自立 見守り (支障あり)	①③	改善 (維持) 悪化	本人の記憶がはっきりしない。友人を悪く言うことがある		
社会との関わり		自立 (支障なし) 支障あり		改善 (維持) 悪化	自宅にて過ごすことが多い。交流はない		
褥瘡・皮膚の問題		自立 (支障なし) 支障あり	①③	改善 (維持) 悪化	旅装妄想が少し出てきている	5. 通帳がどこにあるかわからず、財布のありかがわからないときもある。成年後見制度を使うことにより、適切に財産の管理ができる	通帳が見当たらなくなったり、財布がどこにあるかがあったりするときがある。金銭の管理も含めて相談できる相手がほしい。 5
行動・心理症状（BPSD）		自立 (支障なし) 支障あり	①③	改善 (維持) 悪化			
介護力（家族関係含む）		自立 (支障なし) 支障あり		改善 (維持) 悪化	親族がいない。そのため介護者不在		
居住環境		自立 (支障なし) 支障あり	④⑥	改善 (維持) 悪化	物があふれており、動線の確保が難しい。また、大きな猫を室内で飼っている		

※1 本書式は総括表であリアセスメントツールではないため、必ずしも網羅的な事実を記載するものではない。
※2 介護支援専門員が収集した客観的事実を記載する。選択肢に□印を記入。
※3 現在の状況が「自立」あるいは「支障なし」以外の状況をもたらしている要因を、様式上部の「状況の事実」欄から選択し、該当する番号（数字）を記入する。
※4 今回の認定有効期間における「改善/維持の可能性」について、介護支援専門員の判断から、該当するものに□印を付ける。
※5 「要因」および「改善/維持の可能性」を踏まえ、要因を解決するための援助内容と、それが提供されることによって見込まれる事後の状況（目標）を記載する。
※6 本計画期間に取り組む本計画期間内で対応が必要と判断される課題を抽出する（複数の番号を合わせて記入してもよい）。※ただし、介護予防の判断基準に一曲する場合には「―」印を記入する。

ケアプラン

ニーズ❶への対応

薬に関しては、本人がいろいろと混ぜてしまう可能性があるため、薬の保管場所を決めて管理する。服薬カレンダー等を利用し、訪問介護が入った際に薬の服用を確認する。

ニーズ❷への対応

片づけは、ホームヘルパーが本人と確認しながら行う。冷蔵庫内は賞味期限等を確認し、安全な食事を提供できるようにし、身のまわりの物は、要・不要を分けて片づける。

ニーズ❸への対応

本人にとって身に覚えのない物が届いていたり、新たな契約等で本人がわからないものが見つかったりした場合は、ただちにケアマネジャーや地域包括支援センターに連絡、クーリングオフ等で対応していく。また、成年後見制度の利用についても進めていく。

ニーズ❹への対応

膝や腰の痛みが強い時は様子を見る必要があるが、それ以外の時は転倒しないように下肢筋力の維持を目的に、通所リハビリテーションで機能訓練を行う。

ニーズ❺への対応

通帳管理も含めた財産管理は成年後見制度の利用を検討し、その間、身に覚えのない請求等で財産が不当に減る可能性のあるものは、地域包括支援センターで対応していく。

☐ **初回アセスメントによる週間予定表**　訪問介護を中心にサービスを導入。

ケアマネジャーのふりかえり

- 生活面をサポートしながら、本人のライフスタイルを意識したプランを立案。日用品や惣菜等の買物は最初から支援するのではなく、できる間は本人が行えるように考えている
- 一方で、財産管理については、成年後見制度の利用の準備をしていくことで、法的に生活をサポートしていけるようにしたいと考えている

ケアプランのチェックポイント

● **ニーズの優先順位**

- 生活全般のニーズは生活機能の維持・改善可能性、悪化防止の視点に基づき利用者の意向も踏まえ、優先順位の高い順にケアプランの第2表に記載するよう定められている
- 愛猫とともに住み慣れた自宅での生活継続を強く希望し、各サービスへの拒否もなく、成年後見人による金銭管理等のサポートを受け入れる同意も得られ、初回のケアプランとしては、認知症の利用者に対する自立をめざした適切なケアプランと考えられる

第2編 ●事例編

第1表　居宅サービス計画書（1）

(初回)・紹介・継続　　(認定済)・申請中

利用者名　　A　殿　　生年月日　昭和11年○月○日　　住所　B県C市○○町○○-○○
居宅介護支援事業者氏名　　Y
居宅介護支援事業者・事業所及び所在地　　X居宅介護支援事業所
居宅サービス計画作成（変更）日　平成　年　月　日　　初回居宅サービス計画作成日　平成27年6月1日
認定日　平成27年4月27日　　認定の有効期限　平成27年4月1日 ～ 平成28年3月31日

要介護状態区分	(要介護1)・要介護2・要介護3・要介護4・要介護5
利用者及び家族の生活に対する意向	一人暮らしであり、できる限り自宅で生活したい。薬の管理や片づけが大変になってきている。また、通販等で身に覚えのない物が届くことがある。生活していく上でいろいろと大変な部分もあるので、その部分を手助けしてもらいたい。
介護認定審査会の意見及びサービスの種類の指定	
総合的な援助の方針	一人暮らしに不安がないように、介護保険制度や地域の社会資源等を利用しながら、安心した生活が送れるように支援します。
生活援助中心型の算定理由	1.（一人暮らし）　2.家族が障害、疾病等　3.その他（　　　　）

第2表　居宅サービス計画書（2）

利用者名　　A　殿

生活全般の解決すべき課題（ニーズ）	目標				援助内容					
	長期目標	（期間）	短期目標	（期間）	サービス内容	※1	サービス種別	※2	頻度	期間
薬を飲んだかどうか、わからなくなってしまうことがある。薬をきちんと飲みたい。	服薬管理ができる。	H27.6.1 ～ H27.11.30	しっかりと薬が飲める。	H27.6.1 ～ H27.8.31	・服薬状況の確認（残薬の確認、訪問時の服薬確認等）	○	訪問介護	M訪問介護	14回/週	H27.6.1 ～ H27.8.31
					・薬の一包化の相談や内服薬の相談		診察、内服薬相談	Hクリニック	2回/月	H27.6.1 ～ H27.8.31
片づけが苦手なので、冷蔵庫の中や部屋等に荷物があふれてしまう。片づけを手伝ってほしい。	安全な生活空間を確保する。	H27.6.1 ～ H27.11.30	いらない物を整理し、環境を整える。	H27.6.1 ～ H27.8.31	・本人に確認しながら片づける ・冷蔵庫内の清掃と賞味期限等の確認をする	○	訪問介護	M訪問介護	14回/週	H27.6.1 ～ H27.8.31
			安全な食事を摂る。	H27.6.1 ～ H27.8.31	・安全な食事を提供する	○	訪問介護	M訪問介護	14回/週	H27.6.1 ～ H27.8.31
身に覚えのない商品が届いたり、契約をしてしまったりすることがある。お金の管理も含めて相談できる相手がほしい。	消費者被害等に合わないようにする。	H27.6.1 ～ H27.11.30	商品や契約内容について確認していく。	H27.6.1 ～ H27.8.31	・不要な商品や契約書等を見つけたら関係機関に連絡する	○	訪問介護	M訪問介護	14回/週	H27.6.1 ～ H27.8.31
					・不要な商品や契約書等についてクーリングオフ等の対応をする		相談	E地域包括支援センター	随時	H27.6.1 ～ H27.8.31
			成年後見制度を利用する。		・成年後見制度の申し立ての準備		相談・調整	E地域包括支援センター C市役所高齢福祉課	随時	H27.6.1 ～ H27.8.31
膝や腰の痛みにより、歩行が大変な時がある。足腰が弱くなるのを防ぎたい。	安定した歩行ができるようになる。	H27.6.1 ～ H27.11.30	転倒しないように下肢筋力をつける。	H27.6.1 ～ H27.8.31	・痛み等について留意しながら、機能訓練をする	○	通所リハビリテーション	P通所リハビリテーション	1回/週	H27.6.1 ～ H27.8.31

※1 「保険給付の対象となるかどうかの区分」について、保険給付対象内サービスについては○印を付す。
※2 「当該サービス提供を行う事業所」について記入する。

事例4：独居の認知症高齢者への対応

第3表								週間サービス計画表	

利用者名　　A　　殿

		月	火	水	木	金	土	日	主な日常生活上の活動
深夜	4:00								
早朝	6:00								起床
	8:00				訪問介護				入浴
午前	10:00	訪問介護	訪問介護	訪問介護	通所リハビリテーション	訪問介護	訪問介護	訪問介護	朝食
	12:00								昼食
午後	14:00								
	16:00								
	18:00	訪問介護	訪問介護	訪問介護	訪問介護	訪問介護	訪問介護	訪問介護	夕食
夜間	20:00								
	22:00								就寝
深夜	4:00								

週単位以外のサービス	診察、内服相談

サービス担当者会議

　認知症によるもの忘れの部分の対応について、各関係機関の情報共有により、一応の対応方法については組み立てられている。しかし、根本となる部分の成年後見制度については、誰が申し立てをするのかといった課題もある。

ケアマネジャーのふりかえり

・成年後見制度が必要であるということは、各関係機関も認識できており、具体的にどのように取り組んでいくか、まだまだハードルがいくつかあるように思われる

サービス担当者会議のチェックポイント

・独居の認知症高齢者が成年後見制度を活用する場合、申立人を誰にするかが課題となる。市町村長による申し立ての適用条件は各自治体の条例で定められており、本事例では判断能力があると見なされ「本人申立」となったが、活用できるまでには半年はかかり、ケアプランに組み込んだ直後から利用できるわけではない。短期目標の達成期間、サービスの提供期間の設定では、手続きの所要期間の考慮が必要である
・手続き期間中の金銭管理や消費者被害の再発防止等は、地域包括支援センターの協力やサービス提供者による目配り・気配り等対応方法を考え、チームで共有する必要がある

ケアプランの確定

当初は暫定でケアプランを作成していたが、翌月に要介護認定の結果として要介護1が出る。これにより、ケアプランをそのまま確定とする。

ケアマネジャーのふりかえり

- 要介護認定の結果が要介護1と出たことは、予想通りの結果であった。暫定プランを作成する場合は、この要介護度の見立てが大きくずれることのないように気をつけなければならない
- 自分一人の判断で心配な時は、多くの関係者と協議をしながら判断することもあるが、今回は関係者一同、要介護1以上は出るのではないかという予測があったため、結果通りの要介護度にほっとした面がある

確定ケアプランのチェックポイント

- 本事例は、地域包括支援センターが介護予防ケアマネジメントで1年間担当し、認知症状の進行に伴い要介護になることを想定して、認定区分変更申請を出した後の相談事例である。区分変更の結果が出るまでは、アセスメントを行いケアプラン作成の準備を進めることはできるが、見込み状態でサービスの提供を開始してしまうと自費扱いとなる可能性もあるので要注意
- この件は訪問介護、通所リハビリテーション事業者にも留意事項として伝えておき、決定通知が届き次第、速やかに連絡

事例4：独居の認知症高齢者への対応

| 第4表 | | サービス担当者会議の要点 | | | | |

作成年月日： 平成27年6月1日

利用者名： A 殿　　　居宅サービス計画作成者（担当者）氏名： Y

開催日時： 平成27年6月1日　10：00～11：00　　開催場所： 自宅　　　　開催回数： 1回

	所属（職種）	氏名	所属（職種）	氏名	所属（職種）	氏名
会議出席者	本人	A	E 地域包括支援センター（看護師）	F	E 地域包括支援センター（社会福祉士）	G
	M 訪問介護事業所（サービス提供責任者）	O	P 通所リハビリテーション（生活相談員）	Q	X 居宅介護支援事業所（ケアマネジャー）	Y

検討した項目	1．現在、要介護区分変更申請中。要介護度の変更を視野に入れ、ケアプランを作成する。それに伴い、以下の点について検討ならびに情報共有をする。 　(1) 訪問介護の状況 　(2) 通所リハビリテーションの状況 　(3) 買物等の状況 　(4) 服薬管理 2．成年後見制度利用に向けての取組み
検討内容	1．検討ならびに情報共有 　(1) 訪問介護の状況 　　3月からサービスを提供している（介護予防給付）。冷蔵庫内に賞味期限の切れた食料品が入っていることがある。また、物があふれており、動線が確保できない時もある。安全に移動するためにも、この部分の対処が必要である。 　(2) 通所リハビリテーションの状況 　　頭痛等を訴えて、リハビリテーションを休むことがある。本当に痛いのかどうかは定かではないが、気分が乗らない時に頭痛を理由に休んでいることが多いような気がする。また、利用日に迎えに行っても、どこかに出かけてしまっていることがある。 　　利用日を理解してもらう工夫が必要である。 　(3) 買物等の状況 　　近くのデパートに買物に行っている。ただし、同じ物を買ってくることが多いように思われる。また、通販に関しては自分が頼んだ物でなければ、相手が勝手に送りつけているので、支払わなくても良いと考えている様子。これに関しては、内容の確認が必要である。 　(4) 服薬管理 　　薬の飲み忘れが目立つ。飲み忘れを防ぐ方法を検討したい。 2．成年後見制度の利用に向けての取組み 　成年後見制度を利用する際に、誰が申立人となるのか。また、どのように進めていくのか。
結論	1．検討ならびに情報共有 　(1) 訪問介護 　　訪問時に冷蔵庫をチェックする。賞味期限切れの物については、本人に確認の上、処分をしていく。また、片づけについても、本人と相談しながら行っていく。 　(2) 通所リハビリテーション 　　本人の体調を見ながら、リハビリテーションを実施する。なお、利用日については、朝のサービスに入る訪問介護員に、「今日は通所リハビリの日ですよ」と伝えてもらうようにする。 　(3) 買物等の状況 　　通販等については、本人が頼んだ覚えのない物については確認をし、地域包括支援センターや居宅介護支援事業所に連絡する。内容によっては先方に確認したり、クーリングオフを使っていく。 　(4) 服薬管理 　　訪問介護が入った際に、残薬や内服状況を確認するようにする。また、飲み忘れを防ぐために分包してもらうよう、医師と相談する。 2．成年後見制度の利用に向けての取組み 　成年後見制度の申し立てについては、市役所の担当者とも相談をするが、C市の市長申し立ての要件には当てはまらないように思われる。本人の意思がある程度維持されているので、本人申し立ても検討。申し立て支援については、司法書士にお願いすることも考えられる。
残された課題 （次回の開催時期）	①消費者被害にあうリスクがあるため、成年後見制度の利用が望まれるが、スムーズに申し立てできるかどうか。 ②財産管理においても、どのように管理するのかが現時点では対応できていない。

医療情報シート （主治医意見書の該当項目から転記、面談等による意見を記入してください。）

記入日：平成27年6月1日	病院・診療所名　Hクリニック　担当医師氏名　I医師
1．現在の病状 (1)　診断名	・アルツハイマー型認知症 ・右大腿骨骨頭部臼蓋骨折
(2)　症状としての安定性	安定　　　　　　　　　　（不安定）　　　　　　　　　　不明
(3)　生活機能低下の直接の原因となっている傷病または特定疾病の経過および投薬内容を含む治療内容	認知症がいつ始まったか不明ではあるが、進行が急激であると思われる。 ガランタミン臭化水素酸塩（4 mg・2 錠）朝・夕食後服用
2．生活機能の現状 (1)　障害高齢者の日常生活自立度 　　　認知症高齢者の日常生活自立度	自立　　J 1　　(J 2)　　A 1　　A 2　　B 1　　B 2　　C 1　　C 2 自立　　Ⅰ　　　Ⅱa　　(Ⅱb)　　Ⅲa　　Ⅲb　　Ⅳ　　M
(2)　認知症の中核症状 　　　短期記憶 　　　日常の意思決定を行うための認知能力 　　　自分の意志の伝達能力	無　　(有)（記憶、理解・判断力、実行機能障害　　　　　　　） 無　　(有)（直前のことも忘れる　　　　　　　　　　　　　） 自立　　　　いくらか困難　　　(見守りが必要)　　　判断できない 伝えられる　　いくらか困難　　(具体的要求に限られる)　　伝えられない
(3)　認知症の周辺症状	(無) (有)（幻視・幻聴　(妄想)　昼夜逆転　暴言　暴行　(介護への抵抗)　徘徊　火の不始末 　　　不潔行為　異食行動　性的問題行動　その他（　　　　　　　　　　　　　））
(4)　その他の精神・神経症状 　　　専門医受診の有無	(無)　有（　　　　　　　　　　　　　　　　　　　　　　　　　　　　　　　　　　） (無)　有（　　　　　　　　　　　　　　　　　　　　　　　　　　　　　　　　　　）
(5)　身体の状態	利き腕(右)・左　　身長（155.0 cm）　体重（不明 kg） 麻痺　　（なし　　　　　　　　　　　　　　　　　　　　　　　　　　　　　　　） 筋力の低下（なし　　　　　　　　　　　　　　　　　　　　　　　　　　　　　　） 関節の拘縮（なし　　　　　　　　　　　　　　　　　　　　　　　　　　　　　　） 関節の痛み（両下肢、膝　　　　　　　　　　　　　　　　　　　　　　　　　　　） 失調・不随意運動（なし　　　　　　　　　　　　　　　　　　　　　　　　　　　） 褥瘡　　（なし　　　　　　　）その他の皮膚疾患（なし　　　　　　　　　　　　）
3．今後の見通しと療養上留意すること (1)　現在発生しているまたは今後発生の可能性の高い状態とその対処方針	状態（閉じこもり　　　　　　　　　　　　　　　　　　　　　　　　　　　　　　） 対処方針（見守り　　　　　　　　　　　　　　　　　　　　　　　　　　　　　　）
(2)　サービス利用による生活機能の維持・改善の見通し	(期待できる)　　　　　　　　期待できない　　　　　　　　不明
(3)　医学的管理の必要性	
(4)　サービス提供における医学的観点からの留意事項	特になし
4．特記すべき事項	財産の管理はもちろん、日常的な買物等も困難になりつつあるので、成年後見制度の利用が必須である。

年　月　日　開催のサービス担当者会議に出席できないので、主治医から出席者に伝えたいこと。

①ケアプラン原案について ②サービス、サービス提供スタッフ等に対する意見・指導・助言 ③その他、福祉用具の活用についてのご意見等

個人情報の管理に厳重注意！

モニタリング

①居宅サービス計画の実施状況

ケアプラン通りにサービスを実施していく。訪問時に本人不在ということも何回かあったが、慣れてきたらその回数も減り、予定した時間にサービス提供ができている。成年後見制度については、C市役所高齢福祉課とも相談しながら進めたが、本人申し立ての方向で動くことになる。HクリニックのI医師に申し立てに必要な診断書を作成してもらい、W司法書士を通して申し立てを行う。結果、「後見」の類型で審判が下り、T独立型社会福祉士事務所のU社会福祉士が成年後見人に就任する。

②居宅サービス計画の点検

認知症が徐々に進行しつつも、在宅で安定した生活を送っている。本人はもともと楽天的な性格のため、楽しみながら生活を送っている。通販等もその都度、成年後見人が確認し、不必要なものについては契約の取り消しや返品をしている。買物は、自分で行くのが大変な時もあるので、訪問介護による買物も検討する必要がある。

③今後の方針・対応

服薬管理については、居宅療養管理指導も視野に入れたらどうかと考えている。認知症の進行によっては施設入所も考えたほうが良いとの意見が出たが、本人がそれを望んでいないことと、成年後見人が在宅で最期まで対応できるよう支援する方針を立てているので、できる限り在宅生活を続けられるようにする。生活面や介護面でも成年後見人をキーパーソンとして、各関係機関がチームとなって対応していくこととする。

ケアマネジャーのふりかえり

- 成年後見人が、本人の希望に沿って在宅生活を方針として出したことで、各関係機関もその方向で取り組めたと思われる
- 後見人の就任によって、以前から近所の商店の人が本人に良くしてくれていたが、実は高額な商品を売りつけていたこと等もわかり、不当な商品販売等に引っかかることもなくなったので、本人の権利を守る上でも有益であったと思われる

モニタリングのチェックポイント

- 地域の商店、知人等のインフォーマルサービスやサポートは契約によるものではないが、地域における善意や好意の声かけ・見守りは認知症対策として重要視されている。モニタリングの機会やサービス担当者会議の場を活用し、関係者が認知症の基本知識をもっているかを確認することもポイントとなるだろう
- 当該利用者の場合、民生委員にも、インフォーマルサポーターがケアチームの一員となるように関心を向けてもらうことが可能か相談してみてはどうだろうか

| 第5表 | 居宅介護支援経過 |

利用者名　　　A　　殿

居宅サービス計画作成者氏名　　　Y

年月日	内容
H27.5.28	**＜新規依頼の相談＞** ・E地域包括支援センターのF看護師より新規依頼の相談あり ・78歳、女性、独居の人で、本日Hクリニックに受診したところアルツハイマー型の認知症があるとのこと。親戚等もなく、知人のKさんからE地域包括支援センターに相談があり、3月頃より介護予防支援を行っているとのこと ・現在の身体状況等から要支援ではないと判断し、要介護区分変更申請をしているので、居宅介護支援を依頼したいとのこと。上司と相談し、当事業所で担当できると回答する
H27.5.29	**＜居宅訪問－介護支援契約の説明＞** ・E地域包括支援センターのF看護師とG社会福祉士と一緒に本人宅を訪問 ・本人は明るく、気さくな様子。自宅内には荷物が積んであり、通販等で買ったと思われる物が多くあり、本人の話では水を11万円で買ったり、圧力鍋を買ったりしているとのこと ・F看護師の話では、よくわからずに業者との契約等を結んでしまうらしい。いろいろと心配な点が多い。担当のケアマネジャーになると話すと、「よろしくお願いします」とのこと。居宅介護支援事業所との契約等について説明を行う ・室内には大きな猫がいて、とても可愛がっている様子。話の中で茶の話が出て、「このお茶は京都から取り寄せている」という話を何度もしていた ・悪質な訪問販売等に引っかかっている可能性がある ・居宅介護支援事業所との契約はかろうじてできたが、サービス事業所との契約や今後のサービス調整は本人だけで大丈夫か。知人のKさんはキーパーソンになるのか
H27.5.30	**＜居宅訪問－銀行員との面談＞** ・本人宅にL銀行の渉外部の人が訪問するということで、E地域包括支援センターのF看護師とG社会福祉士とともに訪問 ・L銀行からは担当者とその上司の人が来た。通帳に関して、本人はL銀行に管理してもらっているということであったが、そのようなことはないとのこと。この場で通帳を確認しようとしても、本人はどこにしまっているかわからない様子 ・銀行の人が、「いつもだったらあの白い箱から出すんですけれど」と言うので、箱を開けてみると通帳が見つかる。普段は本人から引き落としたい旨をL銀行に伝えると、渉外担当の人が来て通帳を預かり、金銭を引き落として本人に渡しているとのこと ・最近は引き落としの頻度が多くなったりしていたので、心配な部分もあったという。下ろした金銭管理について本人に聞いても、しまった場所がわからずにいろいろと探している様子。探しているうちに、普段使っている財布とは別の財布が出てきて、その中にも現金が入っている。本人は「あらっ、もうかっちゃった」と言

		て喜んでいるが、このようなしまい忘れが多いと予想される
・L銀行の人も本人のこの様子を見て、このままでは心配とのこと。今後の対応も難しくなるというので、G社会福祉士とも相談し、成年後見制度の利用を検討していくこととなる。銀行の人も「ぜひともそうしてもらいたい」と言う
・また、本人の口から知人Kさんの話が出て、いろいろと悪口を話す。銀行の人は、訪問の際に本人からKさんの悪口をよく聞いていたとのこと
・Kさんの悪口を言っているところから、Kさんはキーパーソンにはならないと思われる
H27.6.1	<サービス担当者会議>
・サービスは本日の夕方から開始
【中略】	
H27.6.9	<訪問介護事業所より連絡>
・M訪問介護事業所のOサービス提供責任者より電話あり。通販で届いたと思われる商品について、業者から電話があった様子。本人は頼んだ覚えがないと話しているが、ヘルパーが代わりに電話に出ると、過去に注文のあった商品について、3カ月の未払いが発生しているとのこと
地域包括支援センターに連絡
・E地域包括支援センターのG社会福祉士に連絡	
H27.6.11	<Hクリニック受診同行>
・本人のHクリニック受診に、E地域包括支援センターのF看護師・G社会福祉士と同行する。I医師に成年後見制度について話す
・I医師は申し立てに必要な診断書を書くとのこと	
H27.6.13	<G社会福祉士より電話連絡>
・C市役所高齢福祉課のケースワーカーとE地域包括支援センターのG社会福祉士が本人宅に訪問し、成年後見制度の市長申立てに該当するか確認してもらう。結果として、市長申立ては難しいとのこと。本人申し立てを検討する
【中略】	
H27.7.13	<居宅訪問－制度利用の意思確認>
・E地域包括支援センターのF看護師とG社会福祉士とともに訪問
・成年後見制度利用の意思確認を行う。HクリニックのI医師作成の診断書をもらう
・成年後見制度の類型としては「後見」とのこと。本人に説明したところ、最初は理解が難しかった様子であるが、最後には利用してみたいとのこと
・申し立て支援については司法書士に依頼したいとのこと。本人の希望により女性の司法書士に依頼することとする	
H27.8.3	<居宅訪問－後見人候補の紹介>
・E地域包括支援センターのG社会福祉士、T独立型社会福祉士事務所のU社会福祉士、V司法書士事務所からW司法書士と訪問。成年後見制度について説明する
・なかなか理解が難しい様子で話が進まず、結局、複数の候補者を想定し、本人と気の合いそうな人を選んでもらうことにする	

日付	内容
H27.8.22	**＜居宅訪問－申し立て確認と後見人選定＞** ・E地域包括支援センターのG社会福祉士と訪問。本人から成年後見制度の申し立ての意向を確認。W司法書士に連絡 ・成年後見人の候補者についてはU社会福祉士が気に入った様子で、本人が「この前のお兄ちゃんが良い」というので、U社会福祉士に連絡 【中略】
H27.10.22	**＜司法書士からの連絡＞** ・W司法書士より、成年後見の申立書類一式を本日家庭裁判所に提出したとの連絡を受ける ・家庭裁判所から本人と候補者との面談の日程について、いつが良いかという話があったとのこと。本人の予定と合わせて調整し、連絡すると伝える
H27.10.31	**＜家庭裁判所での面接＞** ・家庭裁判所での面接に立ち会う ・後見人候補者のU社会福祉士とE地域包括支援センターのG社会福祉士が同席 ・調査官から雑談を交えた会話（調査）が行われる。飼い猫の話で盛り上がっており、調査官からは「（成年後見の類型だけど）ご本人はしっかりされていますね」とのことであったが、先ほどからの会話の中で、猫の名前が全然違うことを指摘すると、本人は「そうそう、そんな名前」との回答。調査官も「そういうことですね」と笑いながら対応していた ・審判に向けて対応するとのこと
H27.11.1	**＜ヘルパーからの連絡＞** ・ヘルパーより、家庭裁判所から書類が届いているとの連絡あり ・本人が開封したところ、審判の書類とのこと。U社会福祉士に連絡する ・成年後見人として動けるのは即時抗告の期間が過ぎた後の2週間後。ただし、その間にも家庭裁判所に提出する書類があるのでU社会福祉士も本人宅を訪問するとのこと
H27.12.3	**＜居宅訪問－成年後見人の書類預かりに同席＞** ・U社会福祉士とともに訪問。U社会福祉士が管理するため本人から通帳や保険関係の書類等を預かる。U社会福祉士が定期的に本人宅を訪問するため、予定を確認 ・金銭は定期的に口座から引き落とし、本人に届けるというので、カレンダーに記入。今後、各サービス提供事業所の職員が通販等の購入なのかよくわからない物品等が出てきたら成年後見人に連絡してほしいとのこと ・今後の方針についても、本人の希望通り、可能な限り在宅での生活を続けていくようにしたいとのこと。このことも含めてサービス担当者会議に出席したいという
H27.12.5	**＜サービス担当者会議＞** ・サービス担当者会議の開催 【後略】

事例4：独居の認知症高齢者への対応

評 価 表

利用者名　　A　　殿　　　　　　　　　　　　　　　　　　　　　　　　作成日　平成27年11月25日

短期目標	（期間）	援助内容 サービス内容	援助内容 サービス種別	※1	結果 ※2	コメント（効果が認められたもの/見直しを要するもの）
しっかりと薬が飲める。	H27.6.1～H27.8.31	・服薬状況の確認をする（残薬の確認、訪問時の内服確認等）	訪問介護	M訪問介護	△	・訪問介護員が確認することで、以前よりは服薬ができている ・分包したものを1箇所に置いているが、本人がどこかにしまってしまうことがある
		・薬の一包化の相談や服薬の相談	診察・内服薬相談	Hクリニック	△	・Hクリニックにより薬を分包化してもらう。多くの薬があると本人がどこかにしまい込む可能性があるため、今後は居宅療養管理指導を入れることを検討する
いらない物を整理し、環境を整える。	H27.6.1～H27.8.31	・本人に確認しながらの片づけ ・冷蔵庫内の清掃と賞味期限等の確認	訪問介護	M訪問介護	△	・冷蔵庫の中の物については、かなり整理がされている ・今後も賞味期限切れの物を食べることがないように、確認する
安全な食事を摂る。	H27.6.1～H27.8.31	・安全な食事の提供	訪問介護	M訪問介護	△	・本人が買ってきた惣菜等の賞味期限を確認 ・これらの取組みから、安全に食事を摂ることができている
商品や契約内容について確認していく。	H27.6.1～H27.8.31	・不要な商品や契約書等を見つけたら関係機関に連絡	訪問介護	M訪問介護	△	・本人にとって身に覚えのない商品が届くときがある。その都度、担当CMや地域包括支援センターに連絡している
		・不要な商品や契約書等についてクーリングオフ等の対応をする。	相談	E地域包括支援センター	△	・送られてきた商品等については、地域包括支援センターから送ってきた事業所に対して事実確認をし、場合によってはクーリングオフをしている
成年後見制度を利用する。	H27.6.1～H27.8.31	・成年後見制度の申し立ての準備	相談・調整	E地域包括支援センター C市役所高齢福祉課	△	・市長申し立ては困難とのこと。本人申し立てを視野に準備。W司法書士と調整して準備中
転倒しないように下肢筋力をつける。	H27.6.1～H27.8.31	・痛み等について留意しながら、機能訓練をする	通所リハビリテーション	P通所リハビリテーション	△	・頭痛等でリハビリテーションを休むことがある。痛みもある様子なので、体調を見ながら対応をしていく

※1　「当該サービスを行う事業所」について記入する。　※2　短期目標の実現度合いを5段階で記入する（◎：短期目標は予想を上回って達せられた、○：短期目標は達せられた（再度アセスメントして新たに短期目標を設定する）、△：短期目標は達成可能だが期間延長を要する、×1：短期目標の達成は困難であり見直しを要する、×2：短期目標だけでなく長期目標の達成も困難であり見直しを要する）

困難化させない支援のヒント

編集委員会

- 成年後見人がついたことにより契約取消やクーリングオフの手続きをして、事後的に被害を防止することはできるが、警察や消費者センターが関わることで売り手側に販売方法に対する違法性を指摘、指導する役割が期待できる
- 利用者の在宅生活を「安心して生活できる地域」で過ごせるようにするためには、支援のネットワークを地域で確立していくことも必要である

ケアマネジャー

- 成年後見制度の利用というと、制度的に複雑でよくわからず、ケアマネジャーとしてもどこかハードルが高く少し面倒なイメージがあるかもしれない。しかし、本人の権利を守ると同時に本人の意思決定を支援するこの制度は、たとえ本人が認知症になっても在宅で生活を継続する上でも、頼もしい制度である
- 今回のケースにおいては、成年後見人が支援するチームと積極的に連携を図ってくれたことで、ケアマネジャーの負担が大きく軽減されたと思われる。環境を大きく変化させることなく、住み慣れた地域で住み続けることを支援するという意味でも、成年後見制度が地域における社会資源の一つであると感じることができた

ポイント解説：成年後見制度

　成年後見制度とは、認知症や知的障害、精神障害等により判断能力が十分ではない場合に、その対象となる人を法的に保護し、支えるための制度のこと。大きく分けて「法定後見」と「任意後見」がある。

　法定後見には判断能力の程度により「後見」「保佐」「補助」の3類型がある。成年後見制度の利用に関しては、家庭裁判所に申し立てをし、審判を経て決定される。申し立てができる者は本人、4親等内の親族、任意後見人等が主であるが、身寄りがいない等の理由で申立人がいない場合は、市町村長が申立人となることができる。審判により、本人の財産等を管理するものとして、「成年後見人」「保佐人」「補助人」（法定後見）と「任意後見人」（任意後見）が選任され、必要に応じて家庭裁判所が監督人を選任（任意後見では必ず選任）する。

　また、成年後見人等の主な役割としては、金銭の出し入れや各種支払い等の「財産管理」と、福祉サービスや医療サービス等の利用の手続き（契約）を支援する「身上監護」がある。以前においては、成年後見人等は親族が就くことが多かったが、近年では弁護士や司法書士、社会福祉士といった専門職が就くことが増えている。

事例 5：西洋医学を拒む独居高齢者への対応

事例 5 西洋医学を拒む独居高齢者への対応

本人のこだわりに寄り添いながら独居生活の維持・継続を図る支援

キーワード 独居／生活へのこだわり／ベジタリアン／民間療法／医療拒否／価値観の尊重

［事例の概要］

- Aさん、79歳、女性、独居。右大腿骨頸部骨折、出血性胃潰瘍。要介護認定については申請中
- 自宅で倒れているところを近所の人に発見され、救急搬送により入院
- 右大腿骨頸部骨折や出血性胃潰瘍という診断が出るものの、本人は民間療法や食事法に強いこだわりがあり、治療や服薬を拒否している
- 病院においても治療する手段がなく、本人も早く退院させてほしいということから、退院に向けてのサービス調整が必要となり、B病院、D医療相談員からの電話依頼があり、ケアマネジャーが関わることとなる
- 病院訪問で医療関係者および本人からの情報収集、要望等の聴き取りを重ね、本人理解に努めながら退院に向けた支援を行い、退院後の生活については本人の要望に沿ったケアプランを作成
- 心身状況の変化に対し、臨機応変に対応できる支援チームを形成。退院後の生活動作の実際を踏まえ、本人を含めたチームでケアプランの修正を行い、独居生活を維持・継続させている事例

［ケアマネジメントの依頼経緯］

- B病院入院中の、独居で婚姻歴なしの70代女性についてD医療相談員より支援依頼の電話
- 平成26年11月末日に救急搬送されて入院。病名は右大腿骨頸部骨折、出血性胃潰瘍
- こだわりが強く、治療や薬剤を拒否するため病院でも困っており、退院後の在宅生活ができるように支援してほしい
- 生活保護も検討しているので、F市の生活保護のケースワーカーも同席して相談したいとのことで、本日中にB病院に来てもらいたいとのこと。可能であると回答する

[ケアプラン作成までの経過]

日　付	手　段	対　象	キーワード	内　容
平成27年 1月17日	電話 B病院訪問 病室訪問	B病院D医療相談員より D医療相談員 Gケースワーカー 本人 D医療相談員 Gケースワーカー	新規依頼	・現在、B病院に入院しているAさんのケアプラン作成依頼の相談 ・病院にてAさんの情報収集 ・病院病室にてAさんに面接
平成27年 1月18日	B病院訪問	本人	相談	・Aさんに福祉用具について説明
平成27年 1月19日	B病院訪問	D医療相談員	連絡調整	・情報交換 ・来週早々に退院予定
平成27年 1月22日	B病院電話	D医療相談員	連絡調整	・D医療相談員よりAさんが明日退院予定との連絡あり ・移送サービスの手配
平成27年 1月23日	居宅訪問	本人 I福祉用具専門相談員（H福祉用具事業所） Kサービス提供責任者（J訪問介護事業所）	相談 サービス担当者会議	・Aさんが退院 ・自宅に戻る時間に合わせ、関係者が自宅待機

 ケアマネジャーのふりかえり

- 本人の考えている自分の身体状態像と、実際の身体状態について大きな差があるように思われるが、本人のこだわりが強く、周囲が説明しても聞き入れる状況にはない
- 本人の要望を聞き入れながら、実際に自宅に帰ってからの状況を本人が理解した上で次のステップに進めるよう、事前に関係者間でその場での変更を想定しながら、準備を進めた
- 入院していながら治療・服薬を拒否している点に本人の意思の強さを感じるとともに、病院側では早く退院させたいという思いが感じられる。身体状態がどこまで回復しているか、細かな確認が必要

📍 ケアプラン作成までのチェックポイント

●ポイント１ 「ソフトランディング」
- まずは本人の意向通りのプランニングに着手したことを関係者に伝え、退院後、本人が現実に直面した時のプランの変更を見立てて関係者と共有するプロセスは、慌てず、混乱せず対処することで、本人が無理なく着地できる場所を関係者全員で整備していくことをも示唆している

●ポイント２ 「医療連携の視点」
- 「身体状態がどこまで回復しているか」の確認は、早期に退院させたいと病院が考えているのか本人の要望なのか、その狭間にある事実を確認することでもあり、今後の支援展開に欠かせないポイントとなるだろう

●ポイント３ 「こだわりに関するヒストリー」
- 他の親族等からの情報収集が望めない独居高齢者の支援では、本人の"こだわり"がいつ頃からどのように形成されて現在に至ったかを知ることは「その人らしさ」に辿りつくための重要な道筋

アセスメント

ニーズ❶
右大腿骨頸部骨折にて入院。歩行が不安定である。室内や室外を安全に移動して、身のまわりのことを自分で行いたい。

ニーズ❷
歩行が不安定であり、自宅のトイレは和式である。安全に移動を行い、自力で排泄ができるようになりたい。

ニーズ❸
入院により体力が落ちていると感じる。退院後、自分で行うのが難しいところは手伝ってもらい、安心した生活を送りたい。

ニーズ❹
入院中は望む食事ができなかった。きちんとした食品を摂り、体調面も整えていきたい。

💭 ケアマネジャーのふりかえり

- 入院中ということもあり、自宅の確認ができないが、借家であるため段差が多いことが予想される
- トイレは和式であるため、トイレまでの移動ならびに排泄動作が困難であると考えられる。本人は自宅では自由に動けると思いながらも、退院後の生活について少し心配している様子も見られるので、その部分をサポートできれば、周囲の意見を聞き入れる多少の余地ができるものと期待している

📍 アセスメントのチェックポイント

●ポイント「自信と心配に着目」
- 本人の「自由に動ける自信」と「少しの心配」の両面を受けとめ、「心配」は周囲の意見を聞き入れる余地があることを期待するポイントとなっている
- 本人が「少し心配」な様子をケアマネジャーに見せたことは、本人との援助関係の形成に資する手応えと捉えることができ、その手応えが両者の関係性を良好に築くポイントになっている

事例5：西洋医学を拒む独居高齢者への対応

基 本 情 報

※提出ケアプラン作成時点（平成27年1月19日）

利用者名	Aさん	性別	男・⊛女	生年月日	大正・⊛昭和 10年（79歳）
住　　所	E県F市				

主　訴	〔相談経路〕 ・B病院のD医療相談員から相談。平成26年11月30日に自宅で倒れているところを近所の人に発見され、救急搬送にて入院 ・退院後の在宅におけるサービス調整をお願いしたい 〔本人・家族の要望〕 ・病院での治療については、これ以上のことは望んでいない。1日でも早く自宅に戻りたい ・自宅に戻ることができれば、身のまわりのことは何とか自分でできると思うが、最初が不安なので、杖やポータブルトイレを使いたい

生活歴・生活状況	〔生活歴〕 ・学校卒業後、銀行や信用組合等の金融機関にて50歳頃まで働いていた ・50歳頃より、現在の自宅にて生活。自然のものを取り入れた生活を送る ・婚姻歴なし 〔趣味・特技〕詩や短歌をつくること。ラジオを聴くこと

〔家族状況〕

続柄	年齢	同別居	健康状態	就労有無
妹	70	別居	良	無
妹	68	別居	良	有

健康管理 ※かかりつけ医のNoに○をつける	No.	病名	初診年月日	医療機関	診療科	服薬情報
	①	右大腿骨頸部骨折	平成26年11月30日	B病院	整形外科	
	2	出血性胃潰瘍	平成26年11月30日	B病院	内科	
	3					
	4					
	5					

日常生活自立度	障害高齢者の日常生活自立度	B1	認知症高齢者の日常生活自立度	Ⅰ

認定情報	要介護度　申請中　（平成　年　月　日～平成　年　月　日）	認定日　平成　年　月　日

アセスメント理由	⊛新規・更新・区分変更・その他（　　　）

利用者の他法関係情報	【医療保険の種類　国民健康保険　】【年金の種類　国民年金　】【生活保護受給　申請中　】 【障害者関係手帳（身体、知的、精神）　等級等の程度】取得年月日　【難病認定　　】

現在利用しているサービス	（フォーマル・インフォーマルを含めて） 特に利用しているサービスなし

チェックポイントシート

平成27年1月23日現在

課題分析標準項目	状態（現在の状況：できること・できないこと・していること・していないこと）	原因		アセスメントで明らかにするもの 問題（困りごと）（本人・家族の思いや意向）	生活全般の解決すべき課題（ニーズ）
健康状態	・平成26年11月30日に救急搬送にて右大腿骨頸部骨折の診断 ・本人の治療拒否のため、治療ができていない	・右大腿骨頸部骨折のため動けなくなり、救急搬送	利用者 家族（続柄） 意見（※1）	・西洋の治療を望まず。民間療法で治したい ・Dr：治療を望まないのであれば、やることがない	CM：民間療法で病気を見出したい CM：可能な限り医療を取り入れる
ADL	・病院では移乗、移動動作については全介助にて対応 ・リハビリテーションを少しずつ行っているが、車いすを利用している	・右大腿骨頸部骨折によるもので、未治療のため	利用者 家族（続柄） 意見（※1）	・病院だから歩けない、自宅では歩ける	CM：安定した歩行ができるようになりたい
IADL	・病院であるため、調理や清掃等は自分ではやっていない。自宅にいたときは、買い物は、野菜等を定期的に届ける業者を利用していた	・入院中であるため、実施していない	利用者 家族（続柄） 意見（※1）	・自宅に帰れば自分でできる、日用品の買い物は困る	CM：環境整備により歩行の安定を図る CM：日用品の買物等を何とかしたい
認知	・言動からかなりのこだわりがうかがえるが、認知症の症状は特に見られない	・特になし	利用者 家族（続柄） 意見（※1）	・一人暮らしなので、しっかりしないと思っている	CM：買物の支援を行う CM：身のまわりのことは自分で何でもしたい
コミュニケーション能力	・一方的に話すことがあるが、通常のコミュニケーションは問題なくできる	・特になし	利用者 家族（続柄） 意見（※1）	・Dr：認知症はないと思われる。こだわりは性格ではないか思ったことは話すようにしている	CM：こだわりの部分を理解している CM：自分で思ったことは話したい
社会との関わり	・借家の家主や野菜の宅配業者とかし話をする程度で、他の人との交流が見られない	・本人の性格によるもの、人との交流を望んでいない	利用者 家族（続柄） 意見（※1）	・MSW：医療関係者の話は聞かない ・人との交流がずらわしい、一人で静かに過ごしたい	CM：自由に話をするようにしていく CM：あまり他の人との交流を気にならない
排尿・排便	・病院内ではおむつを使用。Nsによる全介助で対応している。尿意や便意はある	・入院中であること、移乗動作が困難であるため	利用者 家族（続柄） 意見（※1）	・自宅にてのトイレは難しい、ポータブルトイレがあれば可能 ・Ns：移動や移乗動作が自力できれば問題ない	CM：多くの人との交流が活発になるかもしれない CM：自宅にて安全に排泄をしたい
じょく瘡・皮膚の問題	・現時点では褥瘡はないが、皮膚の状態から今後発生する可能性がある。寝ている状態が長いことと、栄養状態が良くない	・寝ている状態が長いことと、栄養状態が良くない	利用者 家族（続柄） 意見（※1）	・自宅に帰って野菜と魚を食べていれば問題ない ・Ns：身体状態と栄養状態から褥瘡のリスクが高い	CM：福祉用具相談員・ポータブルトイレの使用を検討 CM：きちんとした食品を食べたい
口腔衛生	・病院内では歯ブラシでうがいをしている。自宅においてはうがいしか自力でできない問題がある	・身体能力が低下していること	利用者 家族（続柄） 意見（※1）	・身体に良い物しか食べないからうがいをうがいをきちんとしたい	CM：自宅に帰った後はうがいで様子を見る
食事摂取	・野菜を中心とした食事。肉や魚は一切食べない。また、塩分もほとんどとらないため、病院の食事も「しょっぱい」という事で残すことが多い	・食事についてはこだわりが強い	利用者 家族（続柄） 意見（※1）	・塩分身体に悪い。肉や魚を食べるの良くない ・Ns：病院内では塩分ブラシを使ってもらっています	CM：自宅に帰ってもらかいを食べる様子を見る CM：きちんとした食品を食べたい
問題行動	・治療や食事については、拒否することが多く、Dr やNs等の話に対して強く自分の考えを主張する	・望まない入院であることが原因と考えられる	利用者 家族（続柄） 意見（※1）	・Ns：病院食も「しょっぱい」として残すここにいると気分が悪くなる、早く退院したい ・MSW：DrやNsも対応に困っている	CM：栄養状態も含めて食事の対応が必要 CM：早く退院させてあげたい
介護力	・独居にて生活、親族は遠方にいるため、介護の協力は得られない	・独居であること	利用者 家族（続柄） 意見（※1）	・退院後は少し大変な部分もあるので、手伝ってほしい ・MSW：退院後の生活面の支援が必要	CM：自宅での様子を見ながら手伝いたい CM：身のまわりのことを自分で手伝ってほしい
住環境	・借家に住んでいる。退院前で自宅の状況の確認ができていないが、段差がある様子。借家なので自宅の改修も難しい、借家トイレという問題	・どのくらいの段差があるのか不明、借家という問題	利用者 家族（続柄） 意見（※1）	・慣れた家だから大丈夫、トイレだけが心配 ・PT：和式トイレなのでポータブルトイレを検討したほうが良い	CM：介護が必要かどうかを考える必要がある CM：自宅にて安全に排泄をしたい
特別な状況	・治療や食事を含めて、隣所にこだわりがある	・良し悪しは別として、強い信念をもっている	利用者 家族（続柄） 意見（※1）	・自分の好きなように生活をしている ・MSW：支援する側は大変なことが多いと思われる	CM：福祉用具相談員・ポータブルトイレの使用を検討 CM：自分の望む生活をしたい CM：支援する側の連携が必要となる

※1：ケアマネジャー（CM）、主治医（Dr）、医療ソーシャルワーカー（MSW）、理学療法士（PT）、看護師（Ns）

事例5：西洋医学を拒む独居高齢者への対応

課題整理総括表

利用者名　A　殿　　　　　作成日　平成27年1月23日

自立した日常生活の阻害要因（心身の状態、環境等）	① 民間療法へのこだわり	② 右大腿骨頸部骨折の未治療	③ 肉や魚を食べない食の偏り
	④ 塩分をほとんど摂らない	⑤ 自分の思うADLと実際のADLの差	⑥ 住環境（トイレ、段差）

利用者及び家族の生活に対する意向	自宅で生活したい。自分でできる程度のことはできると思うが、退院後は少しの手助けをお願いしたい。

状況の事実※1		現在※2	要因※3	改善/維持の可能性※4	備考（状況・支援内容等）	見通し※5	生活全般の解決すべき課題（ニーズ）[案] ※6
移動	室内移動	自立 見守り 一部介助 (全介助)	②⑤⑥	改善 (維持) 悪化	自宅での歩行状態を見ているが、現状では歩行に不安定さがある	●室内や屋外の移動動作について、環境を整備することで、少しでも安全に移動ができるようになる。	右大腿骨頸部骨折にて入院。歩行が不安定であるが、室内や室外を安全に移動して、身のまわりのことを自分で行いたい。
	屋外移動	自立 見守り 一部介助 (全介助)	②⑤⑥	改善 (維持) 悪化			1
食事	食事内容	(自立) 見守り 一部介助 全介助 支障あり	③④	改善 (維持) 悪化	栄養のバランスが悪い、塩分が足りない		
	食事摂取	(自立) 見守り 一部介助 全介助 支障なし		改善 (維持) 悪化	姿勢の保持が難しいと調理も困難		
排泄	排尿・排便	自立 (見守り) 一部介助 全介助 支障あり	②⑥	(改善) 維持 悪化	病院内ではおむつ使用。排泄動作に介助が必要。歩行改善次第では自力で排泄可能	●排泄動作について、安定した排泄動作ができれば自力で排泄ができるようになる。	歩行が不安定であり、自宅の和式トイレでは安全に移動を行い、自力で排泄ができるようになりたい。 2
	排泄動作	自立 見守り 一部介助 (全介助) 支障あり	②⑤⑥	(改善) 維持 悪化	普段はろうかを伝っている		
口腔	口腔衛生	(自立) 見守り 一部介助 全介助 支障なし		(改善) 維持 悪化			
	口腔ケア	(自立) 見守り 一部介助 全介助 支障なし		(改善) 維持 悪化			
服薬		自立 見守り 一部介助 (全介助)	①	改善 (維持) 悪化	服薬を拒否している		
入浴		自立 (見守り) 一部介助 全介助	②⑤⑥	改善 (維持) 悪化	入院以前は身体を拭いていたとのこと	●身のまわりの生活動作について、少しの手助けがあれば、自分でもできる範囲が増えるようになる。	入院により体力が落ちていると感じる。退院後、自分で行うのが難しいところは手伝ってもらい、安心した生活を送りたい。 3
更衣		自立 (見守り) 一部介助 全介助	②	改善 (維持) 悪化	時間をかければ自分でできる可能		
掃除		自立 見守り 一部介助 (全介助)	②⑤⑥	(改善) 維持 悪化	歩行や姿勢保持が不安定であるため困難	●療養生活について、民間療法ときちんと付き合いながら、本人の希望する生活を維持していく。	
洗濯		自立 見守り 一部介助 (全介助)	②⑤⑥	(改善) 維持 悪化	歩行や姿勢保持が不安定であるため困難		
整理・物品の管理		自立 (見守り) 一部介助 全介助	②	改善 (維持) 悪化	身のまわりの整理等であれば可		
金銭管理		自立 (見守り) 一部介助 全介助	②⑤⑥	改善 (維持) 悪化	金銭の出し入れについて支援を検討	●栄養状態の改善により、褥瘡の発生リスクが抑えられる。	入院中は望む食事ができなかった。きちんとした食品を摂り、体調面も整えていきたい。 4
買物		自立 見守り 一部介助 (全介助) 支障あり	②⑤⑥	改善 (維持) 悪化	食料品は宅配の業者を利用している		
コミュニケーション能力		支障なし (支障あり)		(改善) 維持 悪化			
認知		支障なし (支障あり)		(改善) 維持 悪化	他の人とあまり交流なし		
社会との関わり		支障なし (支障あり)		改善 (維持) 悪化			
褥瘡・皮膚の問題		(支障なし) 支障あり	①②③⑤	(改善) 維持 悪化	栄養状態と身体状態から褥瘡のリスクあり		
行動・心理症状（BPSD）		支障なし (支障あり)	①	(改善) 維持 悪化	捉え方として介護抵抗の可能性あり		
介護力（家族関係含む）		支障なし (支障あり)		改善 (維持) 悪化	独居で親戚と疎遠になっている。支援困難		
居住環境		支障なし (支障あり)	②⑤⑥	(改善) 維持 悪化	トイレが和式、室内の段差について現時点ではかからず		

※1 本書式超括表であり、アセスメントツールではないことか、必ず別に詳細な情報収集、分析を行うこと。なお「状況の事実」の各項目は課題分析標準項目に準拠しているが、要因を踏まえ、要因を解決するための助言内容を、それが提供されることで見込まれる事後の状況（目標）を記載する。
※2 介護支援専門員が収集した情報をもとに、選択肢に○印を記入。
※3 現在の状況が「自立」あるいは「支障なし」以外の状況をもたらしている要因を、欄から選択し、該当する番号（丸数字）を記入する。（複数の番号を記入可）。
※4 今回の認定有効期間における状況の改善・維持・悪化の可能性について、介護支援専門員の判断として、選択肢に○印を記入。

※5「要因」および「改善/維持の可能性」を踏まえ、要因を解決するための援助内容と、それが提供されることで見込まれる事後の状況（目標）を記載する。
※6 本計画期間に取り上げる課題の優先度を数字で記入。ただし、解決が必要だが本計画期間に取り上げることが困難な課題には「―」印を記入。

ケアプラン

ニーズ❶への対応
室内、室外の移動の安全のために、福祉用具貸与にて多点杖や歩行器を使用する。歩行の状態を考え、数種類の多点杖や歩行器をその場でフィッティングして調整する。

ニーズ❷への対応
借家であり、住宅改修が困難。自力で排泄できるようポータブルトイレを使用する。

ニーズ❸への対応
退院後、自宅での生活において自力では困難な部分が出てくると考えられる。掃除、洗濯、買物といった生活援助と、ポータブルトイレの片づけに関連する身体介護について、訪問介護により支援する。頻度としては、1日1回1時間程度、毎日入る予定で調整。

ニーズ❹への対応
野菜を中心とした食事を希望。塩分も極力摂りたくないとのこと。本人の要望を聞きながら、訪問介護による調理を行っていく。1日1回1時間程度、毎日入る予定で調整。

□初回アセスメントによる週間予定表
訪問介護と福祉用具貸与、特定福祉用具購入を中心に週間予定表を作成する。ただし、入院している状態での本人の要望を中心に作成しているため、自宅に戻った直後の様子で変更することも視野に入れている。

💭 ケアマネジャーのふりかえり

- 本人の希望をもとにプランを作成。当初はなかなか打ちとけるのが難しく感じられたが、自宅に帰った後の具体的な内容が出はじめると、徐々に話しやすくなってきたと思われる
- この時点では自宅に戻った際に、本当に動けるかどうかもわからない状況であり、関係者間では次のサービス担当者会議で調整できるように、ケアプランに盛り込んだ内容以外のことも想定して準備を進めた

📍 ケアプランのチェックポイント

●ポイント「理想と現実を埋める準備」
- 担当者会議の事前準備として、ケアマネジャーが関係者に対し、「本人が描いていた生活と実際の生活のギャップに直面したときは、その場で支援の調整をする」という見立てを伝えることは、弾力的な対応を関係者全員で共有し準備体制を整えることにつながっていく

事例5：西洋医学を拒む独居高齢者への対応

第1表　居宅サービス計画書（1）（原案）

（初回）・紹介・継続　　認定済・（申請中）

利用者名	A 殿　生年月日　昭和10年〇月〇日　住所　E県F市〇〇町〇〇-〇
居宅サービス計画作成者氏名	N
居宅介護支援事業者・事業所及び所在地	M居宅介護支援事業所
居宅サービス計画作成（変更）日　平成　年　月　日	初回居宅サービス計画作成日　平成27年1月23日
認定日　年　月　日　認定の有効期間　年　月　日～　年　月　日	

要介護状態区分	（要介護1）・要介護2・要介護3・要介護4・要介護5
利用者及び家族の生活に対する意向	平成26年11月30日に入院。退院後は自宅にて生活したい。できる限りのことは全て自分で行いたいが、退院直後は何かと不便なところもあるかと思うので、手助けをしてもらいながら、自分の望む生活を送りたい。
介護認定審査会の意見及びサービスの種類の指定	
総合的な援助の方針	自宅にて安心した生活が送れるように、関係機関との調整を行っていきます。
生活援助中心型の算定理由	（1．一人暮らし）　2．家族が障害、疾病等　3．その他（　　　　　）

第2表　居宅サービス計画書（2）（原案）

利用者名　A 殿

生活全般の解決すべき課題（ニーズ）	目標				援助内容					
	長期目標	（期間）	短期目標	（期間）	サービス内容	※1	サービス種別	※2	頻度	期間
右大腿骨頸部骨折にて入歩行が不安定である。室内や室外を安全に移動して、身のまわりのことを自分で行いたい。	安全な歩行ができるようになる。	H27.1.23～H27.6.30	福祉用具を利用し、安全に移動ができるようにする。	H27.1.23～H27.3.31	多点杖の利用	○	福祉用具貸与	H福祉用具事業所	1回/利用	H27.1.23～H27.3.31
					歩行器の利用	○	福祉用具貸与	H福祉用具事業所	1回/利用	H27.1.23～H27.3.31
歩行が不安定であり、自宅のトイレも和式である。安全に移動を行い、自力で排泄ができるようになりたい。	自力で安全に排泄ができるようになる。	H27.1.23～H27.6.30	ポータブルトイレを使用し、安全に排泄をする。	H27.1.23～H27.3.31	ポータブルトイレの購入	○	特定福祉用具購入	H福祉用具事業所	購入	H27.1.23～H27.3.31
入院により体力が落ちていると感じる。退院後、自分でするのが難しいところは手伝ってもらい、安心した生活を送りたい。	自宅での生活で大変な部分を手伝ってもらいながら、安心した生活を送る。	H27.1.23～H27.6.30	訪問介護を利用し、大変な部分を手伝ってもらう。	H27.1.23～H27.3.31	清掃、洗濯の手伝い	○	訪問介護	J訪問介護事業所	3回/週	H27.1.23～H27.3.31
					ポータブルトイレの片づけ	○	訪問介護	J訪問介護事業所	7回/週	H27.1.23～H27.3.31
入院中は望む食事ができなかった。きちんとした食品を摂り、体調面も整えていきたい。	野菜を中心に健康的な食事を摂り、体調を整える。	H27.1.23～H27.6.30	訪問介護を利用し、食事づくりを手伝ってもらう。	H27.1.23～H27.3.31	調理の手伝い	○	訪問介護	J訪問介護事業所	7回/週	H27.1.23～H27.3.31

※1 「保険給付の対象となるかどうかの区分」について、保険給付対象内サービスについては○印を付す。
※2 「当該サービス提供を行う事業所」について記入する。

| 第3表 | | | | | | | | 週間サービス計画表（原案） |

利用者名　　A　　殿

		月	火	水	木	金	土	日	主な日常生活上の活動
深夜	4:00								
早朝	6:00								起床 朝食
	8:00								
午前	10:00	訪問介護	訪問介護	訪問介護	訪問介護	訪問介護	訪問介護	訪問介護	
	12:00								昼食
午後	14:00		訪問介護		訪問介護		訪問介護		
	16:00								
	18:00								夕飯
夜間	20:00								
	22:00								就寝
深夜	4:00								

週単位以外のサービス	福祉用具貸与、特定福祉用具購入

サービス担当者会議

・本人が自宅に戻った時点でサービス担当者会議を実施
・本人は自宅に帰れば歩けると考えていたが、実際のところは全く歩けず、「あれ、おかしい。動けない」と自分でも驚いている様子
・各関係者間では本人が動けないことも事前に想定していたので、その場で対応を考える。問題点として、新たに移動と排泄の手段を検討することとなった
・現状から移動は困難であること、排泄はおむつによる全介助になることがあげられ、ケアプランの修正となる

ケアマネジャーのふりかえり

・入院中は本人にいくら説明しても自分の考えている身体状態のイメージが強かったので、聞き入れてもらえない部分が多かった。実際に自宅に帰ったことで、本人自身もより具体的に理解することができたと思われる
・各関係者も事前にさまざまな状況を予想・共有していたので、ケアプランと現状が違うことに対しても慌てることなく、スムーズに対応できた
・周囲の関係者が本人の状況に合わせて臨機応変に対応したことにより、本人自身も少し安心した様子が見られた

サービス担当者会議のチェックポイント

● **ポイント1「準備の成果」**
- これまでの事前準備は、ケアマネジャーの孤軍奮闘を回避し、また本人にとっては関係者が一心となり臨機応変に対応してくれることを実感したときの「安心」につながった。今後の支援の展開に有効な準備であったことを示している

● **ポイント2「リハビリは西洋医学か」**
- 「入院により体力が落ちている」と感じている本人は、リハビリを西洋医学として捉えているのかどうか、それを確認しておくことも今後の支援展開のポイントとなるだろう

ケアプランの確定

- サービス担当者会議を経てケアプランの内容見直し
- 食事等はなるべく本人の意向に近い形でできるようにした。修正後のケアプランは119～120頁のとおり

ケアマネジャーのふりかえり

- 当初のケアプランからはかなり変わったが、各関係者の協力によりその場で修正できた
- 本人も現状を見て納得したようであったが、あくまでもこのケアプランは現状に対処するものであり、今後は回復していくことも視野に入れて限度額を考慮しながらケアプランを修正・変更していくことを伝えたところ、少し表情が明るくなったように感じた
- 本人の不安が軽減されていく様子を見て、各関係者は情報を共有しながらチームでAさんを支援しようと再確認することができた

確定ケアプランのチェックポイント

● **ポイント1「望むプランは援助形成の第一歩」**
- 生命に危険を及ぼすことがないことを確認した上で、まずは本人の望むプランを提案、「自分を受け入れてくれた」と個別化されていることを本人が実感したところで援助を開始できた点は、援助を困難化させないポイント

● **ポイント2「修正後のプランは一時的なステップボード」**
- 修正後のプランは一時的なものであり、回復するための踏み台であることを本人にきちんと伝えたことは、支援を受けることに意味づけをするとともに、チームメンバーの一員として本人を置き去りにしないための、大切な説明であり同意を得るためのプロセスポイントである

第2編 ● 事例編

第4表			サービス担当者会議の要点			

作成年月日： 平成27年1月23日

利用者名： A 殿　　居宅サービス計画作成者（担当者）氏名： N

開催日時：平成27年1月23日　15:00〜16:00　　開催場所： 自宅　　　　開催回数： 1回

	所属（職種）	氏名	所属（職種）	氏名	所属（職種）	氏名
会議出席者	本人	A	H福祉用具事業所（福祉用具専門相談員）	I	J訪問介護事業所（サービス提供責任者）	K
	F市役所福祉課（ケースワーカー）	G	M居宅介護支援事業所（ケアマネジャー）	N		

検討した項目	1．自宅に戻ってきた際の状況について 　(1) 本人の状況 　(2) 住環境の状況 　(3) 生活上の課題 2．ケアプランの内容について（修正や変更を含める） 　(1) 各サービスの修正 　(2) 今後の確認事項
検討内容	1．自宅に戻ってきた際の状況について 　(1) 本人の状況 ・移送サービスにより自宅に戻る。南の縁側から自宅内に入ろうとしたが、車いすから立ち上がることが難しい様子 ・這って移動することも難しいので、関係者で車いすごと持ち上げて室内に入る。本人も自分の想像していた身体状態との違いがあったので、戸惑いが見られる 　(2) 住環境の状況 ・一軒家（平屋）の借家。玄関は段差が高いのと、防犯上いつも閉めているので出入りは南側の縁側から入ってほしいとのこと（本人も含めて、出入りは縁側から） ・室内は、ベッドのある居室からトイレ方向に段差があるが、台所方向にはあまり段差がない。浴室は台所の横にあるが、かなりの段差がある ・室内の移動をどのように行うか。その他、冷暖房やテレビ、洗濯機がない。ラジオは好きということで、年代物のラジオがタンスの上にある 　(3) 生活上の課題 ・移動全般が困難。入浴の方法や排泄方法といった身体的なものから、生活に必要な金銭の出し入れや買物についても検討が必要。本人の話では、入浴はもともと水浴びや濡れタオルで身体を拭く等の方法で行っていたため、浴槽に入らないから何とかなるとのことである ・金銭の出し入れは、知り合いに頼むとのこと。社会福祉協議会で行っている「日常生活自立支援事業」について説明するものの、拒否される ・買物は、食料品はいつも決まったところにお願いして宅配してもらっているとのこと。日用品の購入についてはどのようにするか 2．ケアプランの内容について（修正や変更を含める） 　(1) 各サービスの修正 ・福祉用具は、歩行器を使ったとしても歩行ができないのではないか。ポータブルトイレも、移乗動作が困難であるように思われる ・ポータブルトイレが使えないということは、排泄はどのようにするか。介助にて対応するのかどうか ・清掃や洗濯等については、かなりの介助が必要になる ・調理は本人の要望通りに対応できると思う。本来であれば塩分を摂ってもらいたいが、どうなのか 　(2) 今後の確認事項 ・要介護認定の結果は近々出る予定とのこと。当初は要介護1を想定していたが、この状況では要介護度が上がる可能性もある ・冷暖房も含めて家電はほとんどない。電化製品が嫌いということであるが、冷暖房については今後どうするのか ・病院への受診は今後、必要ではないのか 1．自宅に戻ってきた際の状況について 　(1) 本人の状況 ・自分の想像していた身体状態と現状との差が大きかったようではあるが、少しずつ受け入れようという気持ちも見られる。回復することも見込んで、対応していく 　(2) 住環境の状況 ・今後、動けるようになったら台所までの移動手段を考えたい。現状としては、室内の移動も困難なので様子を見ていく

結論	(3) 生活上の課題 ・入浴は本人の拒否が強く、「今までも身体を拭いてきた」「食べ物のこともあり、私はそんなに身体が汚れない」と話している。本人が上半身は支障なく動かせるので、身体を拭く内容で様子を見る ・食料品は宅配業者にお願いし、日用品の購入は必要に応じて、訪問介護が対応する 2．ケアプランの内容について（修正や変更を含める） (1) 各サービスの修正 ・福祉用具は、しばらく本人の状態を見てから判断するものとし、歩行器やポータブルトイレの使用を見送る ・排泄は、しばらくはおむつにて対応する。おむつ交換は訪問介護に依頼する。そのため、入る回数も多くしたい ・清掃や洗濯等も訪問介護に依頼したい。洗濯機がないので、手洗いもしくはコインランドリーを検討してもらいたい ・調理は本人の要望通りに対応可能 (2) 今後の確認事項 ・要介護認定の結果が出たら各サービス事業所に連絡する ・冷暖房は、電化製品は身体に悪いということで扇風機も含めて本人が強く拒否 ・病院への受診は本人が拒否。病院からも通院の必要性はないとのことである
残された課題 (次回の開催時期)	①金銭の出し入れは、知人に頼むということであったが、きちんと対応する人かどうかが心配である。 ②病院への通院は必要ないということであるが、今後、要介護認定の更新も含めて、医療機関の受診が必要である。

医療情報シート (主治医意見書の該当項目から転記、面談等による意見を記入してください。)

記入日：平成27年1月22日	病院・診療所名　B病院　　　担当医師氏名　C医師
1．現在の病状 (1) 診断名	・右大腿骨頸部骨折 ・出血性胃潰瘍
(2) 症状としての安定性	安定　　　　　　　　不安定　　　　　　　　(不明)
(3) 生活機能低下の直接の原因となっている傷病または特定疾病の経過および投薬内容を含む治療内容	病院での治療や服薬を拒否。病院での療養により回復。右大腿骨頸部骨折もそのままであるため、歩行に支障がある。
2．生活機能の現状 (1) 障害高齢者の日常生活自立度 　　認知症高齢者の日常生活自立度	自立　　J1　　J2　　A1　　A2　　(B1)　　B2　　C1　　C2 自立　　(I)　　Ⅱa　　Ⅱb　　Ⅲa　　Ⅲb　　Ⅳ　　M
(2) 認知症の中核症状 　　短期記憶 　　日常の意思決定を行うための認知能力 　　自分の意志の伝達能力	(無)　有（　　　　　　　　　　　　　　　　　　　） (無)　有（　　　　　　　　　　　　　　　　　　　） (自立)　　いくらか困難　　見守りが必要　　判断できない (伝えられる)　いくらか困難　具体的要求に限られる　伝えられない
(3) 認知症の周辺症状	無 (有)　(幻視・幻聴　妄想　昼夜逆転　暴言　暴行　(介護への抵抗)　徘徊　火の不始末 　　　　不潔行為　異食行動　性的問題行動　その他（　　　　　　　　　　）
(4) その他の精神・神経症状 　　専門医受診の有無	(無)　有（　　　　　　　　　　　　　　　　　　　　　　　　　　　） 　無　有（　　　　　　　　　　　　　　　　　　　　　　　　　　　）
(5) 身体の状態	利き腕　(右)・左　　身長（160 cm）　体重（45 kg） 麻痺（なし　　　　　　　　　　　　　　　　　　　　　　　　） 筋力の低下（両下肢　　　　　　　　　　　　　　　　　　　　） 関節の拘縮（なし　　　　　　　　　　　　　　　　　　　　　） 関節の痛み（右股関節　　　　　　　　　　　　　　　　　　　） 失調・不随意運動（なし　　　　　　　　　　　　　　　　　　） 褥瘡（なし　　　　　　）その他の皮膚疾患（なし　　　　　　）
3．今後の見通しと療養上留意すること (1) 現在発生しているまたは今後発生の可能性の高い状態とその対処方針	状態（栄養状態の低下　　　　　　　　　　　　　　　　　　　　） 対処方針（バランスの良い食事を摂ること　　　　　　　　　　）
(2) サービス利用による生活機能の維持・改善の見通し	(期待できる)　　　　　　期待できない　　　　　　不明
(3) 医学的管理の必要性	・医学的管理の必要性があるものの、本人が拒否
(4) サービス提供における医学的観点からの留意事項	・病院での医療を拒否していたので、福祉サービス等を本人が納得して利用できれば、それが良いのではないかと思われる ・医学的観点からの留意事項は特になし
4．特記すべき事項	・民間療法として、葉緑素の粉を塗っている

　　年　　月　　日　開催のサービス担当者会議に出席できないので、主治医から出席者に伝えたいこと。

①ケアプラン原案について

②サービス、サービス提供スタッフ等に対する意見・指導・助言

③その他、福祉用具の活用についてのご意見等

個人情報の管理に厳重注意！

事例5：西洋医学を拒む独居高齢者への対応

第1表　居宅サービス計画書（1）（修正後）

初回 ・ 紹介 ・ 継続　　認定済 ・ 申請中

利用者名　　A　殿　　生年月日　昭和10年〇月〇日　　住所　E県F市〇〇町〇〇-〇
居宅サービス計画作成者氏名　　N
居宅介護支援事業者・事業所及び所在地　　M居宅介護支援事業所
居宅サービス計画作成（変更）日　平成　年　月　日　　初回居宅サービス計画作成日　平成27年1月24日
認定日　平成27年2月15日　　認定の有効期間　平成27年1月15日 ～ 平成27年7月31日

要介護状態区分	要介護1 ・ 要介護2 ・ 要介護3 ・ 要介護4 ・ 要介護5
利用者及び家族の生活に対する意向	平成26年11月30日に入院。退院後は自宅にて生活したい。できる限りのことはすべて自分で行いたいが、退院直後は何かと不便なところもあるかと思うので、手助けをしてもらいながら、自分の望む生活を送りたい。
介護認定審査会の意見及びサービスの種類の指定	
総合的な援助の方針	自宅にて安心した生活が送れるように、関係機関との調整を行っていきます。
生活援助中心型の算定理由	1．一人暮らし　2．家族が障害、疾病等　3．その他（　　　　　）

第2表　居宅サービス計画書（2）（修正後）

利用者名　　A　殿

生活全般の解決すべき課題（ニーズ）	目標				援助内容					
	長期目標	（期間）	短期目標	（期間）	サービス内容	※1	サービス種別	※2	頻度	期間
歩行が困難であり、自宅のトイレでの排泄は難しい。排泄を何とかしたい。	介助により安全排泄を行う。	H27.1.24 ～ H27.6.30	訪問介護を利用して排泄の介助をしてもらう。	H27.1.24 ～ H27.3.31	排泄の介助	〇	訪問介護	J訪問介護事業所	3回/日	H27.1.24 ～ H27.3.31
入院により体力が落ちていると感じる。退院後、自分でするのが難しいところは手伝ってもらい、安心した生活を送りたい。	自宅での生活で大変な部分を手伝ってもらいながら、安心した生活を送る。	H27.1.24 ～ H27.6.30	訪問介護を利用し、大変な部分を手伝ってもらう。	H27.1.24 ～ H27.3.31	清掃、洗濯の手伝い	〇	訪問介護	J訪問介護事業所	3回/週	H27.1.24 ～ H27.3.31
入院中は望む食事ができなかった。きちんとした食品を摂り、体調面も整えていきたい。	野菜を中心に健康的な食事を摂り、体調を整える。	H27.1.24 ～ H27.6.30	訪問介護を利用し、食事づくりを手伝ってもらう。	H27.1.24 ～ H27.3.31	調理の手伝い	〇	訪問介護	J訪問介護事業所	1回/日	H27.1.24 ～ H27.3.31

※1　「保険給付の対象となるかどうかの区分」について、保険給付対象内サービスについては〇印を付す。
※2　「当該サービス提供を行う事業所」について記入する

第3表								週間サービス計画表（修正後）	
利用者名　A　殿									
		月	火	水	木	金	土	日	主な日常生活上の活動
深夜	4:00								
早朝	6:00								起床 朝食
午前	8:00	訪問介護	訪問介護	訪問介護	訪問介護	訪問介護	訪問介護	訪問介護	
	10:00								
	12:00	訪問介護	訪問介護	訪問介護	訪問介護	訪問介護	訪問介護	訪問介護	昼食
午後	14:00								
	16:00	訪問介護	訪問介護	訪問介護	訪問介護	訪問介護	訪問介護	訪問介護	
	18:00								夕飯
夜間	20:00								
	22:00								就寝
深夜	4:00								
週単位以外のサービス									

モニタリング

①居宅サービス計画の実施状況

・ケアプランどおりにサービスを実施。その後、要介護認定の結果も出て要介護3となる
・室温が低く、ベッド上で横になっていることが多いため、訪問介護から褥瘡が発生しているとの情報が上がり、訪問看護と福祉用具貸与にてエアーマットの利用が検討される

②居宅サービス計画の点検

・初回ということもあり、対処的な部分でのサービス導入であった。そのため、新しい課題が出てきた
・活動の低下が環境面でのものかどうかも考える必要があるが、徐々に本人と関係者とのコミュニケーションもとれてきており、良い関係性が築かれつつある
・本人は自分の現状を理解しつつモチベーションが高く、自分で頑張ろうとする意欲もある

③今後の方針・対応

・訪問看護とエアーマットの導入で褥瘡の様子を見ていく。活動量が増えれば、この部分については改善が期待できる
・自宅においては本人の考えるライフスタイルを貫いている。各関係者との良好な関係が築かれているので、双方にとっても良い環境にあり、本人の望む生活が続けられるように支援をしていく
　なお、後日談となるが、実際に訪問看護等を導入して約1カ月後に褥瘡が完治。その後、

排泄はポータブルトイレを使った排泄が可能になるまでに回復した。

ケアマネジャーのふりかえり

- 自宅に戻ってからの生活の中で、当初のケアプランには盛り込んでいない状況が発生した
- 室温が低いことによる活動の低下と偏った食生活による低栄養によって、褥瘡発生のリスクが高まることに気づくのが遅れてしまった。訪問介護がサービスに入っていたため、情報が寄せられたのが幸いであった
- 各関係機関が状況の変化に素早く対応するためのチームワークができていたので、すぐに次の対応が可能になったと考えられる

モニタリングのチェックポイント

●ポイント「本人を含めたチーム形成」
- 「あれ、おかしい。動けない」と、本人が素直に感情を表出できる環境を整えていたことで、本人・関係者は臨機応変なプラン変更に臨めた。本事例の場合、初動期のケアマネジメントの要はチーム形成力がポイントであったことがうかがえる

第5表　　　　　　　　　　**居宅介護支援経過**

利用者名　　　A　　殿

居宅サービス計画作成者氏名　　N

年月日	内　容
H27.1.17	**＜新規相談＞** ・B病院のD医療相談員から新規相談の依頼あり ・本人が治療を拒否しているため退院予定とのこと。在宅での生活を希望。生活保護の申請も兼ねているため、F市役所のGケースワーカーにも相談しているとのこと。病院に訪問する旨を伝える ・かなり急いでいる様子から退院が近いのではないか ・生活保護のケースワーカーと同じタイミングで呼ばれているので、何かしら課題がある人と思われる **病院訪問** ・D医療相談員、Gケースワーカー同席で情報をもらう ・Aさん、女性、79歳、独居、婚姻歴なし。6人兄弟で、交流があるのは妹2人のみ。妹はともに遠方にいるため病院側が困っているとのこと ・昨年11月末日に救急搬送され、右大腿骨頸部骨折、出血性胃潰瘍と診断。治療を開始しようとしたところ拒否、本人が信じている民間療法を実践している

- 治療拒否の理由は、西洋の薬等を使った治療は受けたくない、民間療法で治るとのこと。民間療法は病院内でも実践
- 食生活についてはベジタリアンで肉や魚を食べず、塩分についてはほとんど摂らない様子。病院の食事が「しょっぱい」と言う
- 収入は年金があるものの、少額であるため少し不足する
- Gケースワーカーより、生活保護の対象になりそうであるとのこと。退院後のサービス調整をD医療相談員より再度依頼される
- かなり本人の個性が強いように感じる

本人と面接
- 病室にて面接。本人は早く退院して自宅に戻りたいとのことで、医療関係者の話を聞かない様子
- D医療相談員の話では早く退院になりそうな雰囲気であるため、退院後の調整等をする旨を本人に伝えるとのこと

Aさん：「あなたが退院させてくれるわけね。早く退院させてちょうだい。こんなところ1日も早く退院したい」

CM：「退院に関しては、お医者さんが決めることなので、私が退院させるというのではないんですけれど。もう治療等は終わっているのですか」

Aさん：「治療も何も、私には必要ないんだから。こんな西洋の薬なんか飲んだら、身体に悪い。食事もしょっぱいし。塩は身体に悪いのに、結構使っているから。自宅に帰れば、自分が昔からやっている方法で治せる。早く、自宅に戻してちょうだい」

CM：「身体についてお聞きしたいのですが、今は立ったり歩いたりはできますか」

Aさん：「今はできないわよ。こんなところだから。でも家に帰れば私は歩けるから大丈夫。ここにいるから歩けないだけ。早く退院させて」

D医療相談員：「病院で治療することはもうないので、在宅でのサービス調整が済めば、いつでも退院できますよ」

Aさん「そういうことだから、早く退院させて」

- その後の会話から、本人の希望として、杖や歩行器の貸与、ポータブルトイレの購入、訪問介護の利用ということでまとまる
- かなり頑固な印象。自分の考えに自信をもっている様子であるため、他人の意見をどこまで聞き入れるか心配
- 病院は早く退院させたがっているようだ
- 実際のADLと本人の考えているADLに差がある。そのため、在宅での生活に支障があるのではないか。本人が要望するサービスが利用できない可能性がある

H27.1.18

＜病院訪問＞
- 本人と面談。契約等の各種手続きを行い、再度サービスについての意向を確認。サービス提供事業所について説明し、希望の事業所を選んでもらう
- 福祉用具の事業所、訪問介護事業所についても要望を聞き、H福祉用具事業所とJ訪問介護事業所が良いとのこと、各事業所に依頼

連絡調整
- H福祉用具事業所、J訪問介護事業所に連絡。事情を説明し、退院日当日にもさまざまな調整が必要な旨を伝える。福祉用具事業所には、用意したポータブルトイレや歩行器等が使えなくなる可能性があることも伝える

H27.1.19	**＜B病院訪問＞**	
	・D医療相談員と情報交換。D医療相談員の話では、来週には退院の予定	
	・自宅の様子もわからないことから、各サービス事業所には本人が自宅に着く時間に合わせて自宅においてサービス担当者会議を行う旨を伝える	
	・本人の要望と実際のADLに差がある場合があるので、当日に柔軟に対応できるよう各事業所に依頼	
	連絡調整	
	・H福祉用具事業所、J訪問介護事業所に連絡。退院日に合わせてサービス担当者会議を実施することを伝える	
H27.1.22	**＜連絡調整＞**	
	B病院のD医療相談員より明日退院との連絡あり。移送サービス事業所に車の手配をする。H福祉用具事業所、J訪問介護事業所、F市役所Gケースワーカーに連絡	
H27.1.23	**＜居宅訪問＞**	
	・退院の時間に合わせてB病院に訪問。移送サービスに依頼して、自宅に向かう	
	・各関係者は自宅前にて待機。本人が自宅に着き、縁側から自宅に入ろうとしたところ、全く動けず「あれ、おかしい。動けない」と困惑している様子。関係者が車いすごと持ち上げて、室内に入る	
	サービス担当者会議	
	・サービス担当者会議を開催（別紙参照）。サービスは本日の夕方から開始	
H27.1.24	**＜居宅訪問＞**	
	・修正ケアプランの確認をしてもらう	
	・あまり動けていない様子。「こんなはずじゃなかった」と少し落ち込んでいるように感じる	
H27.1.27	**＜居宅訪問＞**	
	・自分で動こうとしたが動けなかった様子で畳の上に横たわっているのを発見。抱え起こしてベッドまで運ぶ。特に外傷もない様子	
	・「まだ、無理だね。でも良いタイミングでNさんが来たので良かった」と話した。こちらからは、あまり無理をしないように話す	
H27.1.29	**＜連絡調整＞**	
	・J訪問介護事業所のKサービス提供責任者より連絡あり。褥瘡ができはじめているとのこと	
H27.1.30	**＜居宅訪問＞**	
	・Kサービス提供責任者とともに自宅に訪問。確認したところ、仙骨部に褥瘡ができはじめている	
	・訪問看護とエアーマットを検討。本人はエアーマットについて、「そんな電気で動くものはいや」とのこと	
	・褥瘡が治ればすぐに引き上げるということを説明。しぶしぶ了解をしてもらう。短期目標の評価実施、ケアプランを修正した	
	【中略】	

H27.3.1	<連絡調整> ・L訪問看護事業所より連絡あり。本人から褥瘡が良くなったので訪問看護を中止したいとの話があったという ・状況から見て、かなり良くなったので中止しても大丈夫とのこと。サービスを中止する
H27.3.7	<居宅訪問> ・身体状態が回復して、少しは歩けるようになってきている ・本人からポータブルトイレが欲しいとの要望あり。状況から判断して、使用が可能であると考えられる **連絡調整** ・市役所Gケースワーカー、H福祉用具事業所に連絡する 【後略】

評 価 表

利用者名　　A　殿　　　　　　　　　　　　　　　　　　　作成日　平成27年3月30日

短期目標	（期間）	援助内容			結果 ※2	コメント（効果が認められたもの／見直しを要するもの）
		サービス内容	サービス種別	※1		
訪問介護を利用して排泄の介助をしてもらう。	H27.1.24〜H27.3.31	排泄の介助	訪問介護	J訪問介護事業所	△	おむつ交換にて対応している。清潔は保持されているものの、褥瘡ができはじめている。
訪問介護を利用し、大変な部分を手伝ってもらう。	H27.1.24〜H27.3.31	清掃、洗濯の手伝い	訪問介護	J訪問介護事業所	△	清掃、洗濯は訪問介護員が行っている。手の届くところの片づけといった部分の本人の協力については、まだ難しい状態。
訪問介護を利用し、食事づくりを手伝ってもらう。	H27.1.24〜H27.3.31	調理の手伝い	訪問介護	J訪問介護事業所	△	食事については、かなり偏りがあるため、栄養が十分とは言い切れない。本人の趣向に合わせて調理をしている。

※1　「当該サービスを行う事業所」について記入する。　※2　短期目標の実現度合いを5段階で記入する（◎：短期目標は予想を上回って達せられた、○：短期目標は達せられた（再度アセスメントして新たに短期目標を設定する）、△：短期目標は達成可能だが期間延長を要する、×1：短期目標の達成は困難であり見直しを要する、×2：短期目標だけでなく長期目標の達成も困難であり見直しを要する）

💡困難化させない支援のヒント

編集委員会

・支援者側の価値観ではなく、本人が自覚していない潜在的なニーズを優先し、本人がイメージしている退院後の生活をプランに示し、本人の価値観を尊重し尊厳を保持した援助関係を構築できたことが、事例を困難化させないポイントとなった
・チーム形成力のプロセスをていねいに踏んだことで、本人とケアマネジャーの二者間の関係性だけでなく本人・ケアスタッフ・ケアマネジャーの三者で一心になることができ、

「問題事例」とならなかったのではないだろうか

ケアマネジャー

- ケアプランは本人の望む生活を実現するためのものと考えるが、本人のイメージと現実の状況とに大きな差が生じていることもある。現状のみに焦点を当て、専門職として適切な支援を考えて提供する方法もあるが、それでは本人の意向が置き去りになってしまうし、本人は納得できない
- このケースでは、本人のイメージする生活をプランに示しながら、支援する側が随時柔軟にプラン修正などの対応をしていったことにより双方に一体感が生まれ、支援することができたと思われる
- 当初はこだわりの強い利用者という印象が強かったが、そのこだわりを支援するチーム側も理解し、その後も良い関係を継続することができた

ポイント解説：寄り添う介護―利用者のこだわり

社会福祉の対人援助（相談援助）の技法として利用者の問題解決やエンパワメントのプロセスでは、クライエント（利用者）の状況や意向を把握するために対話と協働が必要である。

そのために温かさや敬意を示し、共感を示すことなどによる援助関係を形成するための7つの原則をバイスティック（F. P. Biestek）は導き出した。その一番最初に「個別化の原則」がある。援助者は利用者を問題や状態像により安易にタイプ分けするのではなく、個人として利用者の独自性を理解しようとすること、尊厳のある個人として接することの重要性を説明している。

この事例では、食事や健康に対するこだわりが強い利用者に対して、退院後のケアマネジャーをはじめケアチームメンバーから個人として尊重されているという実感がもてたことにより、その後の関係性がスムーズに進んでいる。

〈バイスティックの7原則〉
　①個別化の原則（個人として対応してほしい）
　②意図的な感情表出の原則（感情を表現したい）
　③統制された情緒的関与の原則（ケースワーカーが援助する際、利用者の感情に対して感受性をもって理解してほしい）
　④受容の原則（価値ある人間として受け止めてほしい）
　⑤非審判的態度の原則（一方的に非難されたくない）
　⑥自己決定の原則（自分の人生は自分で決めたい）
　⑦秘密保持の原則（他人に秘密を知られたくない）

事例6 進行性難病で余命告知を受けた利用者への対応

医療との連携で、本人と介護する妻の負担軽減を図りながら在宅生活継続を支援

キーワード	ALSの進行／BIPAP／PEG／医療ショートステイ 疾病理解と現状のギャップ／妻の介護負担増大

[事例の概要]

- Aさん、58歳（当時）、男性、妻と二人暮らし。筋萎縮性側索硬化症（ALS）、嚥下障害、Ⅱ型呼吸不全、胃ろう（PEG）
- 平成25年介護保険新規時に要介護3。平成28年に要介護4
- 平成25年運動ニューロン疾患の疑いから精査入院し、ALSと診断・告知。告知時、主治医から約3年が目途であると言われた
- 退院に向けて睡眠時の喀痰等の誤嚥を防ぐためメラチューブ（低圧持続吸引器）を使用。食事は本人の希望で経口摂取を残しつつ胃ろうからの摂取をメインとした。呼吸管理はBIPAP（バイパップ：非侵襲的陽圧人工呼吸器）を日中の1〜2時間使用、就寝時はBIPAPの常時装着と医療環境を整え、平成25年3月退院
- 退院直前に病棟看護師長より、地域包括支援センターを通し、当事業所にケアマネジメントの依頼
- 退院当初から、医療保険対応で訪問診療月2回と訪問リハビリテーション週1回、訪問看護週1回利用。介護保険では外出用の自走型車いすレンタルと入浴補助具の購入で経過観察。この間、家族でスカイツリーに行ったり、テーマパークに1泊旅行に出かけたりと妻の発案で本人を外出に連れ出していた
- 平成26年3月頃から疲労感と頸部の固定が難しくリクライニングチェアに変更。6月には妻の介護負担軽減のため、訪問介護の入浴介助を週2回から開始。少しずつ介護サービスを導入したが妻の精神的な負担感は変わらなかった
- 7月、妻の介護負担軽減のため医療ショートステイの利用を開始。この間にも病気は進行。11月、誤嚥の危険から経口摂取は禁止となり、同時に気管切開の話もあったが本人は拒否。本人は経口摂取禁止で最大の楽しみがなくなり、気落ちした感じであった
- 平成27年8月、主治医から新薬のエダラボン（脳梗塞急性期脳保護薬）治療の話あり。本人は気が進まないようだったが、妻はこの治療に進行予防を期待。検査入院で新薬適応が可能と判断され10月から在宅で点滴開始。しかし、毎日人の出入りがあることで妻のスト

レスが倍増。本人も疲れ気味ではあったが治療効果の期待も大きく継続治療を行った。11月、血中内CO_2の数値が高く主治医より気管切開の必要性が家族と本人に再度説明されたが、本人は拒否。家族は気管切開になることへの気持ちの整理がつかないと気管切開に至らなかった
- 12月、家族でテーマパークに行き、本人はホテルにいる時間も多かったが家族みんなで楽しんできた
- 翌年の年始、かぜが長引き、体調不良が続いた。その間もトイレは自立、入浴介助は継続していた。かぜは改善したが、その後も本人は顔色不良で気持ちに余裕がなくなり、妻に対して強い言葉で命令口調になった。徐々に体力が低下、4月、病状急変し他界

[ケアマネジメントの依頼経緯]

- ALS患者の退院に際し、病棟看護師長から地域包括支援センターに依頼、センターを通して当事業所に依頼あり
- 退院後は医療系サービスを確保しており、生活全般を支援するため基礎資格が看護師であるケアマネジャーが求められた

[ケアプラン作成までの経過]

日 付	手 段	対 象	キーワード	内 容
平成25年3月14日	電話	地域包括支援センター（eさん）	新規依頼	・ALS患者の退院に際し、病棟看護師長から地域包括支援センターに依頼、センターを通して当事業所に依頼あり
平成25年3月25日	病院にて退院前カンファレンス	本人、妻	初回訪問	・現在の病状説明 ・今後予想される病状変化と在宅医療の導入依頼と介護保険サービスの説明

ケアマネジャーのふりかえり

- 入院先の看護師長から、地域包括支援センターへの情報提供と、病気に理解のある基礎資格が看護師であるケアマネジャーの要望があった。医療面のフォローとしての医療系サービスは確保できているので、障害者制度等の活用に詳しい社会福祉士の資格をもつケアマネジャーが適任ではないかと感じた
- 病気対応を含め、難病のため特定疾患等障害者支援関連制度の熟知が必要だった

ケアプラン作成までのチェックポイント

- 専門病院からの退院に際して、ケアマネジャーの基礎資格を看護師と指定してきた理由を考えたい
- ケアマネジャーが看護師であるメリットとして、進行性神経難病に対する知識や医療技術を保有するために主治医や看護師からの医療用語を用いた説明が理解でき、利用者の病状変化もキャッチしてリスク管理が期待できること等が想定できる。一方で、本人や妻は、主治医から直接、納得が得られるまで説明を聞き、質問にも答えてもらいたいという思いもあるのではないだろうか
- 進行性の難病であるために医療の専門知識が必要と考えてのことか、生活上のリスクを予防するためか、いずれにしてもケアマネジャーの役割は、利用者の生活全体を捉えて支援するケアチームの束ね役であることを忘れてはならない
- ケアマネジャーのふりかえりに記載されているとおり、また専門病院からの退院に際しては後述の医療情報シートにあるように、訪問診療、訪問看護、訪問薬剤管理指導、訪問リハビリ、短期入所療養介護、通所リハビリの必要を認め、退院と同時に手配されているので、居宅サービスチームともネットワークを組まなければならない
- 気管切開に対して本人は拒否しており、家族は気持ちの整理がついていない点について、誰が介入することになるかを検討しておくことは、本人と家族の受容のプロセスを明らかにするためにも必要ではないだろうか

アセスメント

ニーズ❶

気管切開は今のところ希望していない。誤嚥を防ぎ今のままの生活を希望している（口からの味覚を楽しみたい）。

ニーズ❷

部屋の中は自分で歩いて移動したい。特に排泄は自分で行いたい。

ニーズ❸

妻の介護疲れも心配だが、自宅での生活を続けたい。

ニーズ❹

正確な病状把握をしたい。

ケアマネジャーのふりかえり

- 介護者の妻も50代であり、判断力も理解力もあるので制度の手続きは自分で行えた
- 自宅は夫婦二人で老後を考えたマンションを購入しており、バリアフリーで生活環境に問題はない
- 本人は高学歴で判断力に問題なく、自分の身体のことは自分で判断しているが、無口な人なので真意を聞き出すまでに時間がかかる。妻の話が先行してしまうことが多々あった

アセスメントのチェックポイント

- 物的環境も医療面の人的環境も整っている中で、毎日が余命に対するカウントダウンの重苦しい時間が過ぎている。病気や医療処置に対する理解はしていても、夫婦や父子のコミュニケーションを1回でも大切にしたいという思いが最大の課題ではないか
- 家族間で伝えたいこと、聞いておきたいこと、相互に確認したいことが果たせられているかどうかを評価することも、ケアマネジャーの役割ではないだろうか

基 本 情 報

※提出ケアプラン作成時点（平成27年2月1日）

利用者名	Aさん	性別	ⓜ・女	生年月日	大正・㊊ 30年（60歳）
住　所	C県D市○○町○番地○号　○○マンション					

主　訴	〔相談経路〕 ・入院中のH病院病棟看護師長より地域包括支援センターに筋萎縮性側索硬化症の患者が退院するにあたり、基礎資格が看護師であるケアマネジャーを探してほしいとの依頼 ・地域の生活圏域内でもあり、地域包括よりケアマネジメントの依頼あり
	〔本人・家族の要望〕 ・退院にあたり医療福祉の準備をしっかり行い、自宅での生活に困らないよう退院したい ・本人は自分のペースでゆっくりと生活したいと思っている。主介護者の妻は、今後の病状がどのように変化するかわからないので不安は大きいが、医療・介護サービスを利用しながら本人の思いを受け止めて自宅で一緒に生活したい

生活歴・生活状況	〔生活歴〕B県で3人兄弟の次男に生まれる。大学卒業後、都内大手企業に就職。28歳で結婚し1男1女の子どもあり。実家で両親の世話をし、父親は45歳の時に死亡、母親は認知症でグループホーム入所中。両親の世話を誰がするかで兄弟間でもめた経緯があり、兄弟仲は良くない。

〔趣味・特技〕読書、パソコン

〔家族状況〕

続柄	年齢	同別居	健康状態	就労有無
妻	57	同居	良好	無
長男	30	別居	良好	有
長女	25	別居	良好	有

健康管理 ※かかりつけ医のNoに○をつける	No.	病名	初診年月日	医療機関	診療科	服薬情報
	1	運動ニューロン疑い	平成24年7月	J病院	神経内科	エペリゾン塩酸塩 レバミピド エチゾラム
	2	ALS	平成25年1月	O病院	神経内科	
	③	ALS	平成25年4月	Fクリニック	総合内科	
	4					
	5					

日常生活自立度	障害高齢者の日常生活自立度	B2	認知症高齢者の日常生活自立度	自立

認定情報	要介護度　3	（平成27年2月1日～平成27年8月31日）	認定日	平成27年1月23日

アセスメント理由	新規・㊪・区分変更・その他（　　　）

利用者の他法関係情報	【医療保険の種類　健康保険】【年金の種類　障害者年金】【生活保護受給　有・㊎】 【障害者関係手帳（㊧、知的、精神）1種3等級等の程度】取得年月日　H25年3月29日 【難病認定　あり】

現在利用しているサービス	（フォーマル・インフォーマルを含めて） 介護保険：福祉用具貸与・訪問介護・医療短期入所　医療：訪問診療、訪問看護、訪問リハビリ 自費ヘルパー：移動介助、生活サポート事業

事例6：進行性難病で余命告知を受けた利用者への対応

チェックポイントシート

平成27年2月1日現在

課題分析標準項目	状態（現在の状況：できること・できないこと・していること・していないこと）	原因	アセスメントで明らかにするもの 問題（困りごと）（本人・家族の思い、意向）		生活全般の解決すべき課題（ニーズ）
健康状態	・頸部が自力で支えられない、経口摂取が難しくなっている ・歩行時ふらつきあり。痰が溜まりやすく、喀出しにくい ・握力の低下。上肢の挙上も難しい。疲れやすい	筋萎縮性側索硬化症	利用者（続柄）：頸部前屈のため疲れ、むせこみやすい 家族（続柄）(※1)：握力も弱くなり、病気の進行が不安である 意見(※1)：Dr：SpO₂濃度は低くCO₂濃度が高いので呼吸苦になる		利用者（続柄）：苦痛のない姿勢を保ちたい 家族（続柄）(※1)：定期的に病状判断できる検査をしてほしい 意見(※1)：Dr：気管切開をすれば呼吸を楽にできる
ADL	・室内移動はロフストランドクラッチで歩いている。外出時は車いす使用 ・入浴はヘルパー介助週2回、週1回は妻が介助している	筋萎縮性側索硬化症	利用者（続柄）：外出時は平坦な道でも歩けなくなった 家族（続柄）(※1)：外出を促す本人が出かけたがらない 意見(※1)：Ns：現状の車いすより楽なリクライニングが必要		利用者（続柄）：平坦な道を自走できる車いすがほしい 家族（続柄）(※1)：妻：自宅用車いす、姿勢保持できる車いすの選定 意見(※1)：CM：扱いやすく、姿勢保持できる車いすの選定
IADL	・買い物は妻が食材宅配を利用し、必要な医療用物品はネット購入。金銭管理は妻が行う。胃ろうの準備は自分 ・胃ろうの準備は自分で行っているが、体調不良時は妻の援助あり	筋萎縮性側索硬化症のため、一人では外出ができない	利用者（続柄）：握力低下で経腸栄養剤の缶が開けられない 家族（続柄）(※1)：妻：体調の悪い日に、急には頼めない 意見(※1)：CM：急なヘルパー利用ができない		利用者（続柄）：妻の不在時に胃ろうの準備をしてほしい 家族（続柄）(※1)：妻：ヘルパー援助で胃ろう準備をしてほしい 意見(※1)：CM：ALSが利用できるショートステイ施設を探す
認知	問題ない		利用者（続柄）： 家族（続柄）(※1)： 意見(※1)：		利用者（続柄）： 家族（続柄）(※1)： 意見(※1)：
コミュニケーション能力	・構音障害で言葉が聞き取りにくいが、本人が頑張って話してくれるので会話は成立する	筋萎縮性側索硬化症	利用者（続柄）：長くしゃべりにくい。呼吸が苦しくなる 家族（続柄）(※1)：妻：話しかけても返事をしない 意見(※1)：Ns：呼吸筋の低下が認められる		利用者（続柄）：自分の意思を伝えるときは、声に出す 家族（続柄）(※1)：妻：簡単な返答で済ませられる質問にする 意見(※1)：CM：呼吸器リハビリを勧める
社会との関わり	・会社の仲間や友人とはメールやりとりしている ・地域との関わりはない	会社は休職中。マンションは老後のための購入で、地域との交流なし	利用者（続柄）： 家族（続柄）(※1)： 意見(※1)：		利用者（続柄）： 家族（続柄）(※1)： 意見(※1)：
排尿・排便	自立		利用者（続柄）： 家族（続柄）(※1)： 意見(※1)：		利用者（続柄）： 家族（続柄）(※1)： 意見(※1)：
じょく瘡・皮膚の問題	問題なし		利用者（続柄）： 家族（続柄）(※1)： 意見(※1)：		利用者（続柄）： 家族（続柄）(※1)： 意見(※1)：
口腔衛生	・1日3回歯みがきの用品を妻が準備し、リビングで座って自分で行う。全て自分の歯である	誤嚥性肺炎がある為、誤嚥しやすい	利用者（続柄）：誤嚥性肺炎が心配で毎日歯みがきをしている 家族（続柄）(※1)：妻：歯ブラシの利用は難しくなった 意見(※1)：Ns：むせこみがなくなったので誤嚥が心配である		利用者（続柄）：水分が口の中に溜まらないようにする 家族（続柄）(※1)：妻：スポンジ歯ブラシに変更する（購入） 意見(※1)：CM：昼間も横になるときはメラチューブを使う
食事摂取	・1日3回胃ろうから経腸栄養剤5缶を滴下している ・滴下後水分は妻が注入している	筋萎縮性側索硬化症のため	利用者（続柄）：口から食べることができなくなって寂しい 家族（続柄）(※1)：妻：本人の前で食事ができない、かわいそうだ 意見(※1)：Dr：経口摂取はもう難しい、誤嚥肺炎になりやすい		利用者（続柄）：まだ食べ物の味を楽しみたい 家族（続柄）(※1)：妻：味覚だけで満足できるやり方の検討 意見(※1)：Dr：完全に胃ろうからの注入にする。食べない
問題行動	なし		利用者（続柄）： 家族（続柄）(※1)： 意見(※1)：		利用者（続柄）： 家族（続柄）(※1)： 意見(※1)：
介護力	・基本的に妻と二人暮らし、妻も精神的に疲れているので、娘が休みの日には助けてくれる。何かあれば、息子夫婦も来てくれる状態にある	息子は地震で災害、仕事のため常時の介護はできない	利用者（続柄）：毎日気を張っていないといけない苦しい 家族（続柄）(※1)： 意見(※1)：CM：ALS対応のショートステイ施設がない		利用者（続柄）：妻が疲れているのでショートステイの利用 家族（続柄）(※1)：妻：ALS患者も利用できるショートステイの利用を希望 意見(※1)：
居住環境	・マンション6階角部屋、日当たり良くベランダも広く日光浴ができる。自宅内はバリアフリー。浴室には手すりを設置済み		利用者（続柄）： 家族（続柄）(※1)： 意見(※1)：		利用者（続柄）： 家族（続柄）(※1)： 意見(※1)：
特別な状況			利用者（続柄）： 家族（続柄）(※1)： 意見(※1)：		利用者（続柄）： 家族（続柄）(※1)： 意見(※1)：

※1：ケアマネジャー（CM）、主治医（Dr）、看護師（Ns）

課題整理総括表

利用者名　A　殿　　　　作成日　平成27年2月1日

自立した日常生活の阻害要因（心身の状態、環境等）

① ALSによる筋力低下　　② 頸部保持が難しくなった　　③ 経口摂取が難しくなった（むせこむ）
④ 呼吸がしにくく、疲れやすい　　⑤　　⑥

利用者及び家族の生活に対する意向

現在のところ気管切開は望んでいない。できるだけ要介護状態が悪化しないで自宅で家族と一緒に生活したい。

状況の事実[*2]	現在[*2]	要因[*3]	改善/維持の可能性[*4]	備考（状況・支援内容等）	見通し[*5]	生活全般の解決すべき課題（ニーズ）[案]	[*6]
移動	室内移動	自立 (見守り) 一部介助 全介助	①	改善 (維持) 悪化	●自立歩行しているが、ふらつきあり	●自宅内移動も頸椎カラーを装着	正確な病状把握	
	屋外移動	自立 見守り (一部介助) 全介助	①②	改善 (維持) 悪化	●通常の車いす、ロフストランドクラッチの利用	●車いすの機種変更を考える		
食事	食事内容	自立 見守り 一部介助 (全介助)	①②③	改善 維持 (悪化)	●胃ろうからの注入。経腸栄養剤5缶	●経口摂取は難しい		4
	食事摂取	自立 見守り 一部介助 (全介助)	③	改善 (維持) 悪化	●炭酸飲料ならむせずに飲める			
	調理	自立 見守り 一部介助 (全介助)	①	改善 (維持) 悪化	●飲みそうな物なら妻が購入している			
排泄	排尿・排便	自立 (見守り) 支障なし 全介助		改善 (維持) 悪化	●自立歩行している。排泄動作問題なし	●気管切開になると行動制限有	部屋内は自分で歩いて動きたい。特に排泄は自分で行いたい	2
	排泄動作	自立 (見守り) 一部介助 全介助		改善 (維持) 悪化	●自立歩行している。排泄動作問題なし	●気管切開になると行動制限有		
口腔	口腔衛生	自立 見守り (一部介助) 全介助	③	改善 (維持) 悪化	●通常の歯磨き動作はむせる	●通常の歯ブラシからスポンジハブラシ利用		
	口腔ケア	自立 見守り (一部介助) 全介助	①③	改善 (維持) 悪化	●1日3回口腔ケアを行っている	●口腔ケア後の始末が必要になる		
服薬		自立 見守り (一部介助) 全介助	③	改善 (維持) 悪化	●胃ろうから妻の介助で注入している			
入浴		自立 見守り 一部介助 (全介助)	①②	改善 (維持) 悪化	●ヘルパーと妻の介助で入浴している	●訪問入浴の利用で疲れも軽減する		
更衣		自立 見守り (一部介助) 全介助	①②	改善 (維持) 悪化	●妻が洋服の準備をしている		気管切開は今のところ希望していない。誤嚥を防ぎ今のままの生活を希望している（口からの味覚を楽しみたい）	1
掃除		自立 見守り 一部介助 (全介助)	①②	改善 (維持) 悪化	●妻の全介助			
洗濯		自立 見守り (一部介助) 全介助	①	改善 (維持) 悪化	●洗濯物干しを訓練として本人が行っている	●洗濯物干しはできなくなる		
整理・物品の管理		自立 見守り (一部介助) 全介助	①	改善 (維持) 悪化				
金銭管理		自立 (見守り) 一部介助 全介助		改善 (維持) 悪化				
買物		自立 見守り (一部介助) 全介助	①②④	改善 (維持) 悪化				
コミュニケーション能力		支障なし (支障あり)		改善 (維持) 悪化	●構音障害あり、発語することで疲れる	●筆談でのコミュニケーション、筆談		
認知		(支障なし) 支障あり		改善 (維持) 悪化				
社会との関わり		支障なし (支障あり)		改善 (維持) 悪化				
褥瘡・皮膚の問題		(支障なし) 支障あり		改善 (維持) 悪化				
行動・心理症状（BPSD）		(支障なし) 支障あり		改善 (維持) 悪化				
介護力（家族関係含む）		支障なし (支障あり)	①②④	改善 (維持) 悪化	●毎日の介護で妻の精神的負担が大きい	●在宅を続けるためにショートステイ利用へ	自宅で生活することを希望しているが、妻の介護疲れも心配である	3
居住環境		(支障なし) 支障あり		改善 維持 悪化				

※1 本書式は総括表であり記入もれがないよう、必ず別に詳細なアセスメントツールでは記入しないため、選択肢に記入する。
※2 介護支援専門員が収集した客観的事実を記載する。選択肢に○印を記入。
※3 現在の状況が「自立」以外である場合に、そのような状況をもたらしている要因を、様式上部の「要因」欄から選択し、該当する番号（丸数字）を記入する（複数の番号を記入可）。
※4 今回の認定有効期間における状況の改善/維持/悪化の可能性について、介護支援専門員の判断として選択肢に○印を記入する。
※5 「見通し」：①および②の「改善/維持の可能性」の各項目は課題分析標準項目に準拠し分析を行うこと。なお「状況の事実」の各項目は課題分析標準項目に準拠しているが、必要に応じて追加して差し支えない。
※6 本計画期間における優先順位を数字で記入する。ただし、解決が必要だが本計画期間に取り上げることが困難な課題には「一」印を記入。

ケアプラン

ニーズ❶への対応 「自分の体調を見ながら口からの味覚を楽しむ」

　本人がまだ口から味わいたい、妻も味わわせてあげたいという気持ちが強く、医師からは経口摂取は誤嚥性肺炎のリスクがあることを本人や妻に説明しているが、納得までには至っていない。ケアマネジャーも、本人がリスクを理解していてもなお口から味わうことを望んでいるので、栄養補給は胃ろうから行い、口からは味わうことのみならば良いのではないかと医師と話し合い、しばらく様子を見ることにした。

ニーズ❷への対応 「寝たきりにならないように運動は継続的に行う」

　運動は、訪問リハビリの理学療法士から処方してもらった自主トレーニングメニューを毎日午前・午後の2回行った。また、気晴らしの外出も勧めた。動くと疲労感を訴えることが多くなったので、医師からの指示であるBIPAPの時間を増やすことも計画に位置づけた。自力での排泄希望は、安全を保ちつつ、本人が使いやすい杖や手すりの利用を継続した。

ニーズ❸への対応 「自宅での生活を続ける」

　妻に介護疲れが出始めている。本人も妻の疲れは理解しているが、自分の不自由さの訴えが先立ち、会話がすれ違うことも多くなった。病院でのレスパイトを行ったが、本人が「老人ばかりでいやだ」と言うため、医療も環境も良い施設探しを行いながら、金銭的にも問題がないので、自費ヘルパーの利用を提案してみた。

ニーズ❹への対応 「正確な病状把握」

　入院のたびに気管切開の話となり、本人も妻も傷ついている。本人が病状を理解していれば気管切開を受け入れられるだろうと考え、月2回の診察と内服状況の管理、週1回の訪問看護で療養の相談ができ、本人、妻の気持ちも前向きになると考えた。

□初回アセスメントによる週間予定表

　退院時は本人のADLは自立に近く、外出用の通常型車いすと外出時に使うロフストランドクラッチの福祉用具貸与と浴室用チェアの購入で様子を見ることになった。

ケアマネジャーのふりかえり

- 平成25年の退院から2年後のケアプランである。病状は確実に進行し、気管切開の段階にあったが、本人は口からの味覚を望み、妻もその思いを受け入れ、医師からの経口摂取中止に同意できなかった
- せめて本人が納得するまで医師と話し合いがしたかった

ケアプランのチェックポイント

● **気管切開に対する意見の相違点を明らかにするポイントについて**
- ケアマネジャーは気管切開について本人の思いを主治医に伝える機会が作れなかったことを振り返っている
- ケアマネジャーが本人や妻の思いを伝える方法には、間接的ではあるが院内の医療相談員や看護部長を介して行うルートもある。看護師であるケアマネジャーとして、主治医に直接伝えたいという思いが強かったかもしれないが、双方の時間のマッチングが難しい場合を見越し、情報伝達の経路を確保しておくことも大切である

第1表	居宅サービス計画書(1)

初回 ・ 紹介 ・ (継続)　(認定済) ・ 申請中

利用者名　　A　殿　　生年月日　昭和30年○月○日　　住所　C県D市○○町○番地○号　○○マンション
居宅サービス計画作成者氏名　　　Z
居宅介護支援事業者・事業所及び所在地　　　Y居宅介護支援事業所　　C県D市○○町○○-○-○
居宅サービス計画作成(変更)日　平成27年2月19日　　初回居宅サービス計画作成日　平成25年4月8日
認定日　平成27年1月23日　　認定の有効期間　平成27年2月1日 ～ 平成27年8月31日

要介護状態区分	要介護1 ・ 要介護2 ・ (要介護3) ・ 要介護4 ・ 要介護5
利用者及び家族の生活に対する意向	本人:昨年11月のPEG交換の入院時もH病院I主治医から気管切開の話になった。前回入院時と同じ話になったので疲れた。自分の判断で気管切開の時期は決めたい。それにしても疲れやすくなった。 妻:昨年11月の入院はPEG交換と自分のレスパイトを含んだものであったが、気管切開の話で前回入院時に話し合ったことが主治医間で伝わっていないことにまた疲れた。今後もPEG交換は自分のレスパイトを含んだものであることをO病院には理解してほしい。O病院のほかにレスパイト入院ができるところを探してほしい。また、自分に急な用事ができたときの援助体制としての自費ヘルパーの利用を希望する。
介護認定審査会の意見及びサービスの種類の指定	
総合的な援助の方針	BIPAPを昼間も行うことで疲れは軽減している。本人が前向きな姿勢で病気と取り組んでいることが、周囲の家族の精神的負担を軽くしている。自宅で安全に生活するためには医療は必須であり、また在宅継続には妻が介護で疲弊しないことが一番である。そのためには介護保険内外サービスを適宜配置する必要がある。 緊急連絡先:妻　○○○-○○○-○○○○ 主治医　:G医師(Fクリニック)　○○○-○○○-○○○○
生活援助中心型の算定理由	1.一人暮らし　2.家族が障害、疾病等　3.その他(　　　　　)

第2表	居宅サービス計画書(2)

利用者名　　A　殿

生活全般の解決すべき課題(ニーズ)	目標				援助内容				
	長期目標	(期間)	短期目標	(期間)	サービス内容	※1	サービス種別	※2	頻度	期間
気管切開は今のところ希望していない。誤嚥を防ぎ、今のままの生活を希望している。	自分の体調を見ながら口からの水分摂取を楽しむ	H27.2.1 ～ H27.8.31	誤嚥性肺炎の予防	H27.2.1 ～ H27.5.31	1.好物(摂取できそうな物の発掘)をさらしに包んで噛み、味を楽しむ		1.～3.妻		毎日	3カ月
					2.経腸栄養剤 250ml×5缶:胃ろうから注		1.～3.本人		毎日	

事例6：進行性難病で余命告知を受けた利用者への対応

利用者及び家族の生活に対する意向	長期目標	期間	短期目標	期間	サービス内容	※1	サービス種別	※2	頻度	期間
					入：半座位の姿勢で注入後30分は安静を保つ 3．夜間就寝時は唾液を誤嚥しないようにメラチューブで口角から持続的に吸引する		2．医療用品貸与（点滴台）			
病気の進行で筋力低下から歩行できなくなることが心配であるが、自分の力で歩きたい。	寝たきりにならないように運動を継続的に行う	H27.2.1～H27.8.31	急激な筋力低下の予防	H27.2.1～H27.5.31	1．生活リハビリや自主トレーニングは毎日行う 2．体調を見ながら気晴らしに妻と一緒に外出する 3．食事前後、散歩前後、入浴前後等はできるだけBIPAPをして体調を整える 4．他動的な筋力トレーニングや呼吸器リハビリを行う 5．自分の体調に合った車いすの選定 6．室内を安全に歩き、トイレ動作も楽に行える	○	1．～3．本人 2．妻 4．訪問リハビリ（医療） 5．～6．福祉用具貸与（車いす、トイレ用手すり、ロフストランドクラッチ）		毎日 毎日 週1回	3カ月
妻が安心して出かける時間をもち、自分も安心した生活が送ることができる。	自宅での生活を続ける	H27.2.1～H27.8.31	妻の精神的な安定と在宅生活の維持	H27.2.1～H27.5.31	1．妻が急な用事の時に身のまわりの生活面の援助をしてもらう（経腸栄養剤を開封し胃ろうからの注入準備と片づけ、掃除等） 2．ALS患者も宿泊できる施設の利用 3．医療系ショートステイの利用 ・生活全般の見守りと一部介助（特に入浴） ・胃ろうからの滴下準備と片づけ ・BIPAP使用時の観察 ・就寝時のメラチューブのセッティングと片づけ、チューブの掃除 ・病状観察 4．入浴介助（手早く介助する）	○ ○ ○	1．自費ヘルパー 2．居宅介護支援事業所 3．4．病院短期入所 4．訪問介護		適宜 随時 月1回程度 週2回	3カ月
ALSは進行性難病である。現在の病状を正確に知りたい。	正確な病状把握	H27.2.1～H27.8.31	病状変化の早期発見	H27.2.1～H27.5.31	1．月2回主治医の診察を受け、療養上の注意と緊急時の対応 2．胃ろうから注入できる調剤の変更と服薬管理 3．訪問看護師による定期的な病状観察と病状変化時の医師との連携および療養上の相談 4．PEG交換の入院時、ALSの進行具合の検査もしてもらう（主治医に紹介状を書いてもらう）	○ ○ ○	1．居宅療養管理指導 2．居宅療養管理指導（薬剤） 3．訪問看護（医療） 4．入院先病院 4．訪問診療医		月1回 月1回 週1回 3カ月に1回 適宜	3カ月

※1　「保険給付の対象となるかどうかの区分」について、保険給付対象内サービスについては○印を付す。
※2　「当該サービス提供を行う事業所」について記入する。

第3表		週間サービス計画表							

利用者名　　A　殿

		月	火	水	木	金	土	日	主な日常生活上の活動
深夜	4:00								
早朝	6:00								起床 胃ろう開始
午前	8:00								洗濯物干し 自主体操
	10:00		訪問看護		訪問リハビリ				
	12:00								胃ろう開始
午後	14:00		訪問介護		訪問介護				休息
	16:00								自主体操
	18:00								胃ろう開始
夜間	20:00								
	22:00								就寝
深夜	4:00								

週単位以外のサービス	訪問診療：月2回（第2、4土曜日）　訪問薬剤：月2回（第1、3月曜日）　医療ショートスティ：月1回程度 福祉用具貸与（リクライニングチェア、ロフストランドクラッチ、トイレ用手すり）　自費ヘルパー：必要時

サービス担当者会議

　肺換気が悪化し、疲れを強く訴えるようになった。リハビリ中も呼吸苦の訴えあり。しかし、自分の生活パターンを変えることには拒否的であり、入浴で疲れるのはヘルパー介助の仕方が悪いとの苦情になった。本人・妻にも病気の進行を正確に理解してもらうため、主治医から意見の聴取を行うとともに医療担当者に会議出席を依頼した。

ケアマネジャーのふりかえり

・本人、妻も病状認識はできているが、納得に至っていない
・両者に疲れが現れ、会話もますます少なくなってきている。双方の気持ちの切り替えをどのタイミングで行うか、ケアマネジャーとして何ができるか行きづまってきた

サービス担当者会議のチェックポイント

●ケアマネジャーの行きづまり感を切り替えるポイント
・経験を積んだケアマネジャーも万能ではない。ALSの家族の会に協力している医療相談員やケアマネジャー、主任ケアマネジャーのネットワーク等を活用して、ざっくばらんに相談できる仲間を確保しておくことも必要である
・本人・家族にセカンドオピニオンの存在を情報提供することも考えてみただろうか

ケアプランの確定

　ALSの患者の場合、まず病状の把握と延命の有無を一番に考える。今回本人の気持ちを最優先に考えるケアプランにした。延命が第一と考える医療従事者と本人と妻の気持ちを重んじたケアマネジャーの話し合いは電子カルテの参照や電話、訪問同席によって続けていった。

 ケアマネジャーのふりかえり

- ケアマネジャー自身は看護師である。命の重さを十分理解しているが、本人の気持ちも大事にしたかった

確定ケアプランのチェックポイント

- 延命ではなく、ぶれることなく本人・家族の思いに沿ってアプローチしたことを自己評価しても良いのではないか。そのためにも、事業所内や地域で事例検討会を開催することが必要であろう

第4表			サービス担当者会議の要点			

作成年月日： 平成27年2月25日

利用者名： A 殿　　　居宅サービス計画作成者（担当者）氏名： Z
開催日時： 平成27年2月19日　　　開催場所： 本人　自宅　リビング　　　開催回数： 4回

	所属（職種）	氏名	所属（職種）	氏名	所属（職種）	氏名
会議出席者	本人	A	X訪問リハビリ	x	Y居宅介護支援事業所	Z
	妻	B	W福祉用具事業所	w		
	R訪問看護	r	S訪問介護事業所	T		
検討した項目	①本人の病状の確認 ②現在のサービス内容の確認と本人や妻の満足度 ③今後の必要と考えられるサービスの洗い出し					
検討内容	①12月入院時血中$CO_2$63％、血中$O_2$67％と肺換気が不良。気管切開を入院先のH病院I主治医から勧められたが現状では本人の拒否あり、このまま病状を見守ることになった。訪問リハビリからは頸部支持が弱くなり、リハビリ中も呼吸が荒くなるため様子を見ながらのリハビリになっている。訪問看護からの報告ではO_2吸入量を増やしすぎても肺換気は良くならない。FクリニックのG主治医と相談してO_2吸入の継続の可否を確認 ②訪問入浴を週2回利用することで妻の介護負担はかなり減少した。本人は自分の病状を理解して手早く介助してくれるヘルパーの派遣を望んでいる。本人の今の望みは口からの味を楽しみたい希望があり、妻も本人が楽しめる物を探している。妻のレスパイトで病院を利用したが、老人病院の個室利用は設備も看護も良くなかった。レスパイト入院時リクライニング車いすの頸部固定と下肢ホールドが悪かった ③さらなる医療と介護の連携。本人がゆっくりできる医療系ショートスティの開拓。本人の病状に合った福祉用具の選定					
結論	・ALSの病状は進行している。頸部支持力の低下で生活動作に支障が出ている。また疲労感も強く回復にも時間がかかる。そのため妻の身体的、精神的負担は増大している。本人の気管切開に対する思いと治療との間にギャップがあるので、医療と介護の連携がますます必要である。①レスパイト入院先の開拓、②福祉用具の適宜見直し、③医療介護連携					
残された課題 (次回の開催時期)	・病状悪化から気管切開が必要になった時の本人と妻の支え方 ・医療従事者と本人と妻とCMの思いを一致させて、病気に立ち向かえるか？					

医療情報シート （主治医意見書の該当項目から転記、面談等による意見を記入してください。）

記入日：平成27年1月9日	病院・診療所名　Fクリニック　担当医師氏名　G医師
1．現在の病状 (1) 診断名	ALS、嚥下障害、Ⅱ型呼吸不全（NPPV（非侵襲的陽圧換気療法）中）、PEG
(2) 症状としての安定性	安定　　（不安定）　　不明
(3) 生活機能低下の直接の原因となっている傷病または特定疾病の経過および投薬内容を含む治療内容	・6年前頸部筋力低下を自覚。2年前より嚥下障害。H24.9より構音障害。5年で体重13kg減 ・H25.1.7、H病院初回入院。誤嚥あり。EMG（筋電図）では明確にならず、2.5、I医療センター外科にてPEG増設。2.14、EMGにて神経原性変化が目立ち初期のALSが疑われ、2.21にALSと診断し本人、妻に告知 ・難病申請、メキシレチン塩酸塩内服開始。EMG、筋検とも初期のALSだが臨床像は進行期の筋萎縮症であり免疫介在製性を考えステロイドパルス療法を施行したが無効。3.7に人工呼吸器を用いてNPPV導入。NPPV導入前はPaCO₂（動脈血炭酸ガス分圧）60〜70と高値だが導入後は45〜55と一定の改善。今後病状進行期には気管切開を延期したいとの希望が強い。 H25.4.3、NPPV在宅導入
2．生活機能の現状 (1) 障害高齢者の日常生活自立度 　　認知症高齢者の日常生活自立度	自立　　J1　J2　A1　A2　(B1)　B2　C1　C2 (自立)　Ⅰ　Ⅱa　Ⅱb　Ⅲa　Ⅲb　Ⅳ　M
(2) 認知症の中核症状 　　短期記憶 　　日常の意思決定を行うための認知能力 　　自分の意志の伝達能力	(無)　有（　　　　　　　　　　　　　　　　　　　） (無)　有（　　　　　　　　　　　　　　　　　　　） (自立)　　　　いくらか困難　　見守りが必要　　判断できない (伝えられる)　いくらか困難　　具体的要求に限られる　伝えられない
(3) 認知症の周辺症状	(無) 有（幻視・幻聴　妄想　昼夜逆転　暴言　暴行　介護への抵抗　徘徊　火の不始末 不潔行為　異食行動　性的問題行動　その他（　　　　　　　　　　　　　　　））
(4) その他の精神・神経症状 　　専門医受診の有無	(無)　有（　　　　　　　　　　　　　　　　　　　） (無)　有（　　　　　　　　　　　　　　　　　　　）
(5) 身体の状態	利き腕　(右)・左　　身長（174 cm）　体重（49 kg） 麻痺（　　　　　　　　　　　　　　　　　　　　　　　　　　　　　） 筋力の低下（両下肢　　　　　　　　　　　　　　　　　　　　　　　） 関節の拘縮（　　　　　　　　　　　　　　　　　　　　　　　　　　） 関節の痛み（　　　　　　　　　　　　　　　　　　　　　　　　　　） 失調・不随意運動（　　　　　　　　　　　　　　　　　　　　　　　） 褥瘡（　　　　　　　　）その他の皮膚疾患（　　　　　　　　　　　）
3．今後の見通しと療養上留意すること (1) 現在発生しているまたは今後発生の可能性の高い状態とその対処方針	状態（転倒骨折、移動能力低下、心肺機能の低下、意欲低下、摂取嚥下機能低下、脱水、嚥下障害） 対処方針（ALSにて呼吸機能増悪リスク高い。BIPAP（非侵襲的陽圧人工呼吸器）使用。声かけ、PEG使用、水分管理、夜間持続口腔内吸引）
(2) サービス利用による生活機能の維持・改善の見通し	(期待できる)　　　期待できない　　　不明
(3) 医学的管理の必要性	訪問診療、訪問看護、訪問薬剤管理指導、訪問リハビリ、短期入所療養介護、通所リハビリ
(4) サービス提供における医学的観点からの留意事項	経口摂取は飲み込みやすい物。PEG使用。転倒リスクあり。疲れやすい。
4．特記すべき事項	ALSで進行性、嚥下障害、呼吸障害、運動機能低下が進行。呼吸障害はBIPAP、嚥下障害はPEGを使用しており介護を要す。

27年2月19日　開催のサービス担当者会議に出席できないので、主治医から出席者に伝えたいこと。

①ケアプラン原案について
　医療面の援助がメインになっています。病状は進行しているので、異常の早期発見が必要です。

②サービス、サービス提供スタッフ等に対する意見・指導・助言
　医療面の援助が中心ではあるが、本人や家族への身体的・精神的な援助を介護サービスで補ってほしい。

③その他、福祉用具の活用についてのご意見等
　病状の進行に合わせて福祉用具の提案をしてください。

個人情報の管理に厳重注意！

モニタリング

①居宅サービス計画の実施状況

妻がALS患者家族会に出席し、口からの味わいは、さらしに食べたいものを包んで本人が噛むことで唾液の流出によりできると聞いてきた。少量ならば嚥下できる機能に希望をつなぎ、できるだけ無理のないものとした。

栄養は胃ろうから順調に補給されているので問題ない。

疲労感の訴えは多く聞かれ、病状が進行していることは本人も妻も理解していた。しかし、リハビリを続けることが機能維持の証であると本人が考えていることもカンファレンス参加者全員が理解している事実である。

②居宅サービス計画の点検

自費ヘルパーが入ることで妻の介護負担はリセットできているようである。今後も月1回の利用を望んでいる。3カ月に1回のPEG交換の入院が妻のレスパイト機能を果たせば良いが、入院中は洗濯物を取りに2日に1回行くことになるためレスパイトにならない。

③今後の方針・対応

ALS患者も家族も安心して休息を取るためには医療に強く、個別ケアのできる短期入所療養介護施設の開拓が必要である。

ケアマネジャーのふりかえり

- 医療・介護の連携が必要だと感じていても、そこには越えられない気持ちのズレがある。ケアマネジャーは、在宅における利用者と家族の気持ちの支えにならないといけない

モニタリングのチェックポイント

●QOLの視点でケアチームが協力、参加できるポイント
- 病気が進行する中でも排泄は自立し、介助入浴を継続していた利用者と家族の気丈さをケアマネジャーは最大限に評価している
- テーマパークで思い出づくりをする際には、ケアマネジャーやケアチームスタッフも協力者になれたらともに喜び合う機会になったのではないか

| 第5表 | 居宅介護支援経過 |

利用者名　　　A　　殿

居宅サービス計画作成者氏名　　　Z

年月日	内　容
H25.3.14	相談受付、支援開始 【中略】
H26.11.19	**＜妻に連絡－状況確認＞** ・17日退院とのこと。検査結果血中$CO_2$63％、血中$O_2$67％と換気が悪い ・入院先H病院I主治医はすぐにでも気管切開が必要と言う。28日I主治医と家族の最終的な話し合いに長男も同席する予定。22日FクリニックG医師と今後について話し合いをして、28日の最終決定にしたいとの意向 本人の気持ち：「まだ気管切開はしたくない」 妻：「まだ気管切開にする心の準備ができていない」
H26.11.22	**＜妻から連絡－状況報告＞** ・G医師と話し合う。I主治医に本人の意思を伝え、気管切開はもう少し先で良いことになった。当面BIPAPで経過観察となった ・G医師からH病院I主治医に話しておくとのこと。28日長男とH病院で本人の意思と自分たちの意向を話してくる
H26.12.8	**＜妻に連絡－状況確認＞** ・経腸栄養剤が入院中に5缶になったことで、G医師が5缶も摂取しなくて良いと言っているが、本人は4缶摂取時よりも5缶摂取の今のほうが元気が出ると言い、今後も5缶摂取を継続 ・朝：3缶、昼夕：1缶ずつ。その後水分を注入 ・G医師からの指示は、自宅にいる時はできるだけBIPAPをすること ・本人は、寒くなったことに加え疲労感が強いため、妻の運転で外出したくない ・妻は本人のこともあるが、自分の気分転換にとも思っているが本人が拒否する
H26.12.17	**＜居宅訪問＞** ・経腸栄養剤は毎日5缶胃ろうから注入。摂取量の安定で、本人も余力を感じている ・むせ込みや喀痰の量が多くなってきたため、経口で味覚を感じることの継続が難しくなっている ・胃ろうからの注入時の体位には本人なりのこだわりがあり、妻はその度自宅にあるもので体位を支持するものを簡易的に作って試しているが、本人にはしっくりこないようで、妻にあたることがある ・自宅での本人の役割（リハビリ目的のもの）が少しずつ減少。疲労感が強く現れる日もあるが、妻と自分の衣類は室内でハンガーに掛けている。この仕事だけは毎日行っている ・本人は、呼吸は苦しいが特に身体症状が顕著に現れないほうだと話す。SpO_2（動

	脈血酸素飽和度）93％程度。BIPAPは自宅にいる時は必ず行っている ・先月現状での気管切開を行わないことをH病院I主治医と話し合ったことで本人は安心したようだが、3月PEG交換で入院するときも気管切開の話が再燃するだろうと言う ・最近外出の頻度は極端に減少。1時間以上の外出は本人が強い疲労感を訴える ・外出中に下肢挙上姿勢がとれないと自宅に帰ってから体温調節ができなくなり、熱発することがある。車いすの再選定 　➡W福祉用具事業所に連絡：ティルト型リクライニングチェアの交換依頼
H27.1.5	<居宅訪問> ・特定疾患医療証届く。医療の支払いは5,000円を超えた時点で支払いはないが、その後も受診のたび特定疾患支払手帳に領収額の記載と印をもらうように保健所から指示があった ・いろいろと手続きが面倒であると妻の話 ・リクライニングチェアの交換はまだ行えていないが、寒いので外出もできないから大丈夫とのこと。現状で病状の大きな変化はない
H27.1.19	<居宅訪問－サービス担当者会議> ・本日、自走式モジュール車いすに変更
H27.2.19	<居宅訪問－サービス担当者会議> ・3月2日にO病院入院しPEG交換予定。易疲労は進行していると本人 ・経腸栄養剤毎日5缶の注入で体重は維持されている
H27.3.12	<妻に連絡－状況確認> ・PEG交換を終え、11日退院。2日間の入院時、今回O病院の担当医がP医師からQ医師に変更になっていた。Q医師からもすぐに気管切開するように言われたそうだ ・前回入院時も同様の話で、長男と妻がP医師と「本人が希望する時」の話になったことが再燃したことで本人も妻も落胆 ・17日O病院整形外科で頸椎カラーの試着があるので、ヘルパー援助中止　➡S訪問介護事業所に連絡 ・妻からS訪問介護事業所に苦情。入浴介助時、洗髪時に頭は押さえないでと言っているにもかかわらず押さえており、病気のことが理解できていない　➡S訪問介護事業所サービス提供責任者に報告 ・ヘルパーにはALSの病状の説明はしている。ヘルパー自身も洗髪時は顎を支えながら頭部を洗うようにしていると報告あり
H27.3.16	<居宅訪問> ・S訪問介護事業所Tさんと同行訪問。介助内容を本人と妻から説明を受け、ヘルパーに注意喚起をすることを伝える。また、今後しばらくは経験のある女性ヘルパーとサ責が援助に訪問することになった
H27.3.27	<S訪問介護事業所に報告・連絡> ・体重49kg、体調も良い。先週から女性ヘルパーのUさんとサービス提供責任者が援助してくれた。介助はスムーズでとても楽だった。今後も現状のヘルパー派遣の

	・希望あり ・今月2日からのPEG交換の入院時、また気管切開の話になり、不愉快な気持ちになった。入院先O病院Q医師から、PEG交換の入院は2泊で十分である、次回からはそのようにしてはとの提案あり ・妻がレスパイト入院でもあると伝えると、有料部屋の利用であれば1週間は入院できるとの話であった
H27.4.22	**＜居宅訪問＞** ・経腸栄養剤の缶を開けることも難しいくらい握力が低下。また栄養剤の入ったボトルを点滴台にかけることもできない。妻は、この状態では常時本人と一緒にいなくてはならないという強迫観念のような思いにとらわれて疲れを訴えている　➡自費ヘルパーの導入を検討 ・本人の加入している退職者保険に1日4,000円までの補助がある。今までに利用した介護保険の訪問介護利用料金1割分も返金されている。家政婦利用時も補助がある。今回S訪問介護事業所に自費で毎週水曜日11時半～13時、胃ろう準備、胃ろうチューブやメラチューブの洗浄、胃ろう時間中に部屋、トイレ、風呂の掃除を依頼 ・妻の要望は「ゆったりと休む時間」がほしい。ALS患者の受け入れ可能なメディカルショートステイの情報収集
H27.4.23	**＜メディカルショートへの連絡・相談＞** ・K医院メディカルショートステイ担当Lさんに連絡：ALS患者を受け入れたことはないが、看護師と協議するための情報を定形の書式に記入依頼あり、郵送にて本人情報提供
H27.4.27	**＜K医院Lさんから連絡＞** ・本日利用者情報届く。受け入れ可否判定を2日以内に送る **A訪問介護事業所から連絡** ・介護保険で利用中のS訪問介護事業所s支店から今後自費ヘルパーの利用も考え、派遣ヘルパー確保のためt支店とも契約してはどうか、と提案あり　➡妻に確認予定
H27.5.4	**＜妻から連絡＞** ・妻の母親が本日死去。6日通夜。7日告別式になる。妻は告別式に出席したい。当初長女が本人の介護を行う予定だったが、娘も告別式に出席するため自費ヘルパーの派遣希望 ・S訪問介護事業所t支店に自費ヘルパー依頼（7日7時～14時半） ・援助内容 　＊朝、長女がヘルパーに引き継ぐ。10時訪問リハビリのためマンション玄関入り口から部屋に入るまでの3カ所の解錠を行う 　＊13時～入浴介助介護のために解錠 　＊14時～経腸栄養剤を2缶入れたボトルを点滴台に設置。本人が身体の胃ろう部分に接続する。その後退出　➡S訪問介護事業所Tさんから訪問可能の連絡あり

H27.5.12	**＜K医院Lさんから連絡－妻への報告＞** ・診療情報が古いので、主任看護師が自宅訪問し本人状況の確認をしたいと申し入れあり。ALS患者の受け入れは初めてなので、短期間からの利用で本人も施設職員や施設に慣れてもらう必要がある ・妻に上記内容を伝える
H27.5.13	**＜妻から連絡＞** ・今後自費ヘルパーを定期的に週1回水曜日に利用することになった
H27.5.22	**＜居宅訪問－サービス担当者会議＞** ・K医院M主任看護師と同行し、本人の病状と家族の要望を確認 ・R訪問看護r看護師から預かった病状報告書をM主任看護師に渡す。試験的に6月初旬に2泊3日の利用をすることになる。
H27.5.25	**＜M医院T氏から連絡＞** ・メディカルショートの利用期間は6月8日～10日。初回は主介護者にも施設を見てほしいとのことで、妻も一緒に来所することを求められた。次回以降は本人だけで入所可能 妻に連絡 ・初回利用時は同行することを妻も了解。持参物が多いので、今後の対応は1回目の利用終了時に担当者と話す ・S訪問介護事業所s支店、R訪問看護にショートステイ利用連絡 ・S訪問介護事業所t支店に6月14日、自費ヘルパー依頼
H27.6～	**＜その後の経過＞** ・6月から医療ショートステイを開始。翌年3月まで月7日利用。その間症状は進行、7月には喀出が自力でできなくなり吸引器にて日に数回行った ・8月、訪問診療主治医から脳梗塞治療薬エダラボンが本疾患の進行に効果があるとの話があり、10月入院検査後、エダラボン治療を開始した。ほぼ毎日訪問看護があった。夫婦ともに疲労感が現れてきた ・12月、家族そろってテーマパークに宿泊、最後の旅行となった ・翌1月1日から発熱、苦痛の訴えと痰の量も多くなった。ベッドから起き上がれず床ずれの心配があったので、予防マットの利用を開始。風邪症状は良化傾向にあったが、本人からは疲労感の訴えが多く聞かれた ・平成28年4月、逝去

事例6：進行性難病で余命告知を受けた利用者への対応

評　価　表

利用者名　　　A　　　殿　　　　　　　　　　　　　　　　　　　　　　　作成日　平成27年4月30日

短期目標	(期間)	援助内容 サービス内容	援助内容 サービス種別	※1	結果 ※2	コメント (効果が認められたもの/見直しを要するもの)
誤嚥性肺炎の予防	H27.2.1〜H27.5.31	1．好きな食べ物をさらしに包んで噛む	1．〜3．妻 1．〜3．本人 2．医療用品貸与		○	・さらしに包んだ食べ物を本人が噛み過ぎて内容物が口の中に出てしまう
		2．経腸栄養剤を1日5缶胃ろうから注入。注入後30分は安静			△	・順調に注入されている。逆流もない。経腸栄養剤5缶注入で体重も維持できている
		3．夜間就寝時はメラチューブを安全に装着する			△	・夜間の唾液の誤嚥はない
急激な筋力低下の予防	H27.2.1〜H27.5.31	1．生活リハビリや自主トレーニングは毎日行う	1．〜3．本人 2．妻		○	・トレーニングをすると疲労感が強くなるので酸素を利用しながらのトレーニングが良いと判断
		2．体調の良い日は気晴らしに妻と一緒に外出する			△	・かぜを引くと大変なので、近所のコンビニへの外出にした
		3．食前後、散歩前後、入浴前後BIPAPをする			△	・BIPAPの利用回数が増えたので疲労感は軽減している
		4．他動的な筋力トレーニングや呼吸器リハをする	4．訪問リハビリ 5．〜6．福祉用具貸与	X訪問リハビリ W福祉用具事業所	△	・呼吸器リハビリを行うと呼吸は楽になる
		5．自分の体調に合った車いす選定			○	・機種変更後は近所しか外出していない。変更してよかったと思う
		6．部屋の中やトイレでの立ち上がりを安全に行う			△	・頸部保持が難しい状況のため強度のある頸椎カラーを使って移動している。問題ない
妻の精神的な安定と在宅生活の維持	H27.2.1〜H27.5.31	1．妻が急な用事のときに利用できる自費ヘルパーで生活面の援助	1．自費ヘルパー 2．居宅介護支援事業所 3．病院短期入所	S訪問介護事業所 Y居宅介護支援事業所 K医院	○	・定期的に利用希望
		2．ALS患者が利用できる施設情報			○	・病院系のレスパイトと介護保険でも利用できる施設を継続して探す
		3．医療系ショートステイの利用				・利用はまだである。3月は定期入院したので次回は利用希望あり
病状変化の早期発見	H27.2.1〜H27.5.31	1．月2回の定期訪問診療と緊急時の対応	1．居宅療養管理指導 2．居宅療養管理指導（薬剤） 3．訪問看護（医療）	Fクリニック		・早急には探せない。また本人の病状も変化しているので、対応可能な施設や病院をあたっている
		2．胃ろうから注入しやすい調剤に変更と管理				
		3．定期的な訪問看護の利用と療養上の相談				
		4．PEG交換の入院時でALSの進行具合の確認検査	4．入院先病院	O病院	○	・FクリニックG医師と定期的に電子カルテの共有をしている

※1　「当該サービスを行う事業所」について記入する。　※2　短期目標の実現度合いを5段階で記入する（◎：短期目標は予想を上回って達せられた、○：短期目標は達せられた（再度アセスメントして新たに短期目標を設定する）、△：短期目標は達成可能だが期間延長を要する、×1：短期目標の達成は困難であり見直しを要する、×2：短期目標だけでなく長期目標の達成も困難であり見直しをする）

困難化させない支援のヒント

編集委員会

- 利用者の死亡によるケアマネジメント終了はチームメンバーに不全感を残しやすいが、家族もメンバーも、可能な限り全力を尽くした結果であることをデスカンファレンス等で振り返り、たくさん得た学びを今後の糧として活かしていく姿勢が必要である

ケアマネジャー

- 最期まで自宅で自分の足で歩きたいという本人の思いは、医療系サービス（訪問診療・訪問看護・訪問リハビリテーション）と介護保険サービス（訪問介護・病院療養介護・福祉用具貸与等）の状況に応じた対応で、無理なく自然体で叶えられたと思う
- 主治医から本人に、急に心臓が停止することが説明されていた。その際は救急車を呼ばず、まずは訪問看護と訪問診療医に連絡することは支援チーム全員で周知していた。しかし最期の時、家族は救急車を呼び、心臓マッサージもしていた。早朝6時であったが、訪問看護も訪問診療も機能しなかった。家族の「思い」が勝ったのであろう
- 妻や娘が取り乱すことのないよう、ケアマネジャーが家族の思いに寄り添い準備を重ね、家族の負担を軽くすることが望ましかった

ポイント解説：難病の医療費助成制度

平成27年1月1日「難病の患者に対する医療等に関する法律」が施行され、これまでは法律に基づかない予算事業（特定疾患治療研究事業）として実施されていた難病患者への医療費助成が法定化された。平成27年7月現在360疾病が対象となっている。医療費助成についての自己負担額上限（月額）は下表のとおり。

階層区分	階層区分の基準（（ ）内の数字は、夫婦2人世帯の場合における年収の目安）	患者負担割合：2割 自己負担上限額（外来＋入院）					
		原則			既認定者（経過措置3年間）		
		一般	高額かつ長期（※）	人工呼吸器等装着者	一般	特定疾病治療研究事業の重症患者	人工呼吸器等装着者
生活保護	—	0	0	0	0	0	0
低所得Ⅰ	市町村民税非課税（世帯）（本人年収～80万円）	2,500	2,500	1,000	2,500	2,500	1,000
低所得Ⅱ	市町村民税非課税（世帯）（本人年収80万円超～）	5,000	5,000		5,000		
一般所得Ⅰ	市町村民税課税以上7.1万円未満（約160万円～約370万円）	10,000	5,000		5,000	5,000	
一般所得Ⅱ	市町村民税7.1万円以上25.1万円未満（約370万円～約810万円）	20,000	10,000		10,000		
上位所得	市町村民税25.1万円以上（約810万円～）	30,000	20,000		20,000		
入院時の食費		全額自己負担			1／2自己負担		

※「高額かつ長期」とは、月ごとの医療費総額が5万円を超える月が年間6回以上ある者（例えば医療保険の2割負担の場合、医療費の自己負担が1万円を超える月が年間6回以上）。

資料出所：厚生労働省

事例7：家族による高齢者虐待への対応

事例 7　家族による高齢者虐待への対応

施設入所から在宅生活を再開、
家族間調整を図りながらの再入所までの支援

キーワード　認知症／虐待予防／介護負担軽減
家族間問題／サービス拒否／家族支援

［事例の概要］

- Aさん、78歳、女性。長男と二人暮らし、要介護3。脳梗塞、認知症、高血圧
- 長男が食事の世話などをしているが、本人への暴力に至った経緯がある
- 以前から地域包括支援センターが状況を把握しており、ケアマネジャーが本人や家族との直接的な相談を行い、地域包括支援センター職員がケアマネジャーとの相談に応じていた
- 当初は別居の長女が「サービス利用の窓口になる」と言ったが、長男と密に連絡がとれず、サービス導入がうまく進まなかった。後に長女も長男から暴力を受けていたことがわかった
- ケアマネジャーから長男へさまざまなアプローチを試みるが、多くは拒否されてしまった
- 訪問介護が開始されたが長男からの訪問拒否が重なり、事業所を変更。男性介護者の訪問で同性同士の関係構築を試みたが、長男の言動が荒くなり訪問継続の自信をなくしかけた
- 次第に長女の疲労も強くなり、施設入所が検討された。候補にあがったのは、利用しているショートステイ併設の特別養護老人ホームで、本人の施設入所の希望もかなえられた
- 長男とのコミュニケーションは、家族間も支援者側も最後までうまく進められず、入所についての話し合いにも同席してもらうことができなかった

［ケアマネジメントの依頼経緯］

- 長女のCさんから電話による依頼
- 10月に介護老人保健施設に入所したがひと月もたたずに、「大部屋でかわいそう」という理由から同居長男の意向で退所となった。入所前の介護支援事業所に連絡したが、件数が多く引き受けてもらえない。入所前と同じサービスを利用して在宅で生活させたいとのこと
- 居宅訪問の予定を決めた後、前居宅介護支援事業所に電話をして情報収集を行った

[ケアプラン作成までの経過]

日　付	手　段	対　象	キーワード	内　容
平成26年 11月1日	電話	長女	新規依頼	・介護老人保健施設に入所したが1カ月で自宅に戻った。在宅での支援を依頼したい
平成26年 11月4日	電話 居宅訪問	地域包括支援センター 本人 長女	報告 初回訪問 アセスメント	・依頼受諾の報告と情報収集 ・これまでの経緯と在宅生活に必要な支援を確認

ケアマネジャーのふりかえり

- 本人は認知症があり、また長女は同居していないため細かな情報収集ができず不安を感じた。同居の長男の意向確認もしたかったが、長女はケアマネジャーの接触を望まない様子。急ぎ支援を進める必要もあり、長男との面談が行えなかった。サービス導入前に何とか長男同席の下、支援の進め方を理解してもらう機会をつくれば良かったと感じる
- 長女や施設入所前の担当ケアマネジャー、地域包括支援センターから情報収集した。要介護の状態、認知機能などを確認し、生活全般に支援が必要な状況と感じた。その一方で日中の介護者不在や、身体的虐待の経緯があることから、急ぎ支援を進める必要性を感じた

ケアプラン作成までのチェックポイント

- 情報不足の不安を抱えながら退所後の受入準備をせざるを得ない状況で、長男との面談の必要性を改めて感じている点から、事前情報の収集ポイントを整理しておく必要がある
  ①長男が介護老人保健施設に面会に来る頻度と面会時の様子
  ②長男は介護老人保健施設に入所となったことをどのように認識しているか
  ③今回の退所にあたり、長男と本人の在宅生活再開を地域包括支援センターは「本人、家族としても考える時間が必要」と判断しているが、退所は「安全」と認識されていたか
  ④地域包括支援センターからの「在宅での支援を進めてほしい」との要請を踏まえた、長男へのアプローチに関する役割分担
  ⑤本人は「人のいるところでの生活」と言っているが、退所は本人の意向に沿っていたか
- 上記について、長女および入所前のケアマネジャー、施設ケアマネジャー・相談員、地域包括支援センターの職員など、聞き取りのできる相手から多くの情報を集め、支援の方針を長女と関係者間で検討しておくことも有効な手段であろう
- 「介護老人保健施設へ入所した目的」と「退所は本人にとって適切であるか」について確認することで、退所の支援や在宅生活中の支援の方針を絞り込みやすくなるのではないか

アセスメント

ニーズ❶
認知症や脳梗塞の既往がある。受診は長女や次男の協力で行えているが、服薬は介護力不足のため適切に行えていない。脳梗塞の再発予防等、健康を維持するための支援が必要。

ニーズ❷
本人の部屋は家具や紙パンツなどで埋め尽くされており、ほとんどベッドで寝たままの状態であった。適切な運動の機会をつくり、身体機能を維持する必要がある。

ニーズ❸
本人自身も長男に対して恐れの感情があり、また一人で過ごすことの不安感がある。介護者の負担を軽減し、虐待予防のためにも本人と家族が別々に過ごす時間をつくる必要がある。本人も、施設入所を経験しており「またあのような場所に行きたい」との希望がある。

ニーズ❹
本人の部屋からトイレ等への動線上には、物が落ちてきそうな棚など危険箇所がいくつかあった。本人の部屋もスペースが狭く、怪我を防止するためにも整理整頓が必要である。

💭 ケアマネジャーのふりかえり

- 長男の意向が確認できないことの不安はあったが、一方で課題がある程度絞られ、また本人や長女の意欲も確認することができた

📍 アセスメントのチェックポイント

- 本人は「またあのような場所に行きたい」と施設での生活を望んでいる状況にある。今後も予測される長男の感情の昂ぶりに対し、本人が在宅生活を送る限界点をどこにおくかを、長女や関係者間で話し合っておくことも課題分析する中では有効な手段となる

# 基 本 情 報

※提出ケアプラン作成時点（平成26年11月5日）

利用者名	Aさん		性別	男 ・(女)	生年月日	大正 ・(昭和) 11年（78歳）
住　所	E県F市					

| 主　訴 | 〔相談経路〕
・長女より電話
　長女：「介護老人保健施設に入居したが、1カ月もしないうちに同居の長男が自宅に連れ帰ってきた。当面在宅生活になると思う」

〔本人・家族の要望〕
本人：「家に帰れてうれしいが一人になるのは不安。人のいるところに行きたい」
長女：「兄のストレスが大きいので、できるだけサービスを導入したい」
・長男とは面会できず聴取不可。サービス利用の手続きは長女が行うとの意向 |

| 生活歴・生活状況 | 〔生活歴〕
G県生まれ。中学卒業後、実家の農業を手伝ったりして過ごす。夫とは見合いで結婚し、夫の転勤によりH市へ転入。40歳頃より現住所に居住。夫は10年前に病気で他界。数年前からもの忘れが目立つが特に受診せず。平成25年に脳梗塞発症。入院中にもの忘れは一段と多くなり妄想も見られた。退院後、介護サービス利用するも介護ストレスからか長男の暴力あり、1カ月前に介護老人保健施設に入所となった。

〔趣味・特技〕自宅では横になったまま、時々テレビを観ている。 |

〔家族状況〕

続柄	年齢	同別居	健康状態	就労有無
長男	48	同	良	有
長女	45	別	良	有
次男	43	別	良	有

健康管理 ※かかりつけ医のNoに○をつける	No.	病名	初診年月日	医療機関	診療科	服薬情報
	①	認知症	平成25年7月	I病院	内科	メマンチン塩酸塩 アスピリン アムロジピンベジル酸塩 ランソプラゾール
	②	脳梗塞	平成25年7月	I病院	内科	
	③	高血圧	平成25年7月	I病院	内科	
	4					
	5					

日常生活自立度	障害高齢者の日常生活自立度	B1	認知症高齢者の日常生活自立度	Ⅲa
認定情報	要介護度　要介護3	（平成26年11月1日～平成27年10月31日）	認定日	平成26年10月17日
アセスメント理由	(新規) ・ 更新 ・ 区分変更 ・ その他（　　　）			
利用者の他法関係情報	【医療保険の種類　後期高齢者】【年金の種類　国民年金】【生活保護受給　有 ・(無)】 【障害者関係手帳（身体、知的、精神）　　等級等の程度】取得年月日　　【難病認定　　】			
現在利用しているサービス	（フォーマル・インフォーマルを含めて）			

事例7：家族による高齢者虐待への対応

チェックポイントシート

平成26年11月4日現在

課題分析標準項目	状態（現在の状況：できること・できないこと・していること・していないこと）	原因	アセスメントで明らかにするもの 問題（困りごと）（本人、家族の思い・意向）		生活全般の解決すべき課題（ニーズ）	
健康状態	脳梗塞の既往歴あり。高血圧があり服薬処方されているが、確実に服用できていない	・長男とともに本人も生活リズムが不規則	薬を飲んでかかわらなくなる	利用者	薬を飲むように言ってほしい	
			長男：食事、服装が不規則勤務で定期的な支援ができない恐れ	家族（続柄）	長女：薬が飲めるように介護してほしい	
			CM：定期受診し健康状態の確認が必要	意見（※1）	CM：定期受診し健康状態の確認が必要	
ADL	・歩行困難で室内は伝って移動。外出時は要車いす介助 ・ベッド使用するが起き上がりに時間がかかり、ベッド上での座位保持を不安定。入浴は全介助	・下肢機能低下 ・脳梗塞後遺症による右下肢軽度麻痺	転倒のように気をつけているが、怪我しらう	利用者	外出時は身体を動かすと良いと思う	
			長男：機能向上までは期待していない	家族（続柄）	長男：状態維持してほしい	
			CM：自宅で速やかな生活の確保になっている	意見（※1）	CM：運動の機会確保が必要	
IADL	・脳梗塞発症以降は全く行っていない ・ほとんど長男が行っている	・認知症の進行	家族に依頼している	利用者	これから家族に手伝ってほしい	
			長男：家事は家族で協力する	家族（続柄）	長女：買い物や掃除は長男と自分で行う	
				意見（※1）	CM：まずは家族で対応してもらう	
認知	・認知症あり、もの忘れが頻繁にある ・物盗られ妄想がある ・いるはずのない人が「見える」ということがある	・認知症の進行	ものわすれが多くなった	利用者	通院を継続したい	
			長女：受診を継続しないといけない	家族（続柄）	長女：通院は自分と弟が行う	
				意見（※1）	CM：受診継続が必要	
コミュニケーション能力	・日常的な会話が噛み合わないこともある	・認知症の進行 ・やや難聴で意思疎通が難しいこともある	一人でいるので話し相手がいない	利用者	デイサービスに行ってお話したい	
			長女：大きな声でゆっくり伝えてほしい	家族（続柄）	長女：外出して刺激を受けてほしい	
			CM：外出には社会的刺激が欠かない	意見（※1）	CM：話すことは好きなので機会を確保したい	
社会との関わり	・家族以外との関わりはほとんどない ・外に出たときは出向かいの家の人が声をかけてくれることもある	・長女、たびたび騒がしくなることで近所の人に迷惑がかかる様子	みんな昼間はいないので仕方ない	利用者	長女：つかず離れず見守ってもらえると助かる	
			長女：必要時自分に連絡する近所に伝えている	家族（続柄）	長女：同居している長男の意向確認が必要	
			CM：近所の協力について長男の意向確認ができない	意見（※1）		
排尿・排便	・尿失禁あり、紙パンツ使用。交換は、物を手の届くところに置いておけばまあ自分で行える ・排便は、自宅トイレまで這って移動し行う	・尿臭はない様子	トイレが遠いので大変	利用者	トイレが近くにあったら便利	
			長女：長男を手伝っているが、本当はトイレまで介助できない	家族（続柄）	長女：ポータブルトイレは片づけがつき大変で使えない	
			CM：移動スペースに物が置いてあり危険	意見（※1）	CM：転倒の恐れがあるのでポータブルトイレを使用しては	
じょく瘡・皮膚の問題	・紙パンツによるかぶれあり ・肩や腰に赤みがある	・服薬の影響で皮膚が弱くなっている可能性 ・転倒や長男の暴力の可能性	みんな忙しいので仕方がない	利用者	なるべく人のいるところで過ごしたい	
			長男：入浴介助は家ではおこなえない	家族（続柄）	長男：デイサービスで入浴したい	
				意見（※1）	CM：皮膚状況のこまめな確認が必要	
口腔衛生	・本人目身は口腔衛生の意識がうすく、身体面面でも困難	・本人は口腔衛生の意識がうすく、身体面面でも困難	洗面所まで行けないからできない	利用者	歯みがきを手伝ってほしい	
			長女：時間があるときでままで手伝えない	家族（続柄）	長女：歯みがきを手伝ってほしい	
			CM：家族不在の時間が長く、担える人がいない	意見（※1）	CM：家族での対応は難しい様子	
食事摂取	・食欲あり、家族が準備した食事を食べる。食べこぼしが多い ・飲水でむせたことあり	・疾病による麻痺、上肢の機能低下	こぼすと長男が怒るから困る	利用者	こぼさないように気をつける	
			長女：ベッドの上で食べているから良くない	家族（続柄）	長女：良い環境で食べれるようにしたい	
			CM：家族が食事準備するが長男を自立させる可能性	意見（※1）	CM：食後の服薬含め、見守り、介助が必要	
問題行動	・早朝時に家の前に出て、「助けて！」と声をあげることが何度かあった。長男不在などで時に同様 ・入院などで妄想が見られたことがあった	・認知症による不安や逸脱、妄想	認知症していたる。さらに長男を孤立させる可能性	利用者	誰かいるとほっと安心	
			長女：これ以上近所に頼ることもできない	家族（続柄）	長女：人のいるところで過ごしてほしい	
				意見（※1）	CM：施設入所に入りたい	
介護力	・食事の準備などは長男が行っている状況、本人への暴力あり ・長女は近所に住んでおり協力の意向はある	・長男の不規則勤務や介護ストレス	感謝しているが、乱暴はやめてほしい	利用者	本当は施設に入りたい	
			長男：騒ぐことより、さらに長男を自立させる可能性	家族（続柄）	長女：不安の軽減、安全の確保	
			CM：長男の意向確認ができない	意見（※1）	CM：できるだけ介護サービスを使いたい	
住環境	・戸建て住宅に居住。玄関上がりかまちが30cmほどあり自力での昇降不可 ・室内以外は15cmほどの段差が2段あり自力での昇降不可 ・室内は大きな段差ないが乱雑で移動時の危険箇所あり	・家族も忙しく環境を整えるまで手がまわらない	一人での外出は無理	利用者	外出するときは手伝ってほしい	
			長女：家族の介助は難しい	家族（続柄）	長女：毎日の介助が難しい	
			CM：室内外での乱雑は危険	意見（※1）	CM：室内移動や外出時の介助が必要	
特別な状況	・長男による身体的虐待（顔を平手打ちする、背中を叩くなど）がある（長女、地域包括支援センターからの情報提供）	・介護のストレスが考えられる	感謝しているが、乱暴はやめてほしい	利用者	長男を怒らせないようにしたい	
			長女：兄にはあまり負担をかけたくない	家族（続柄）	長女：長男とのやりとりは自分に任せてほしい	
			CM：長男の意向確認ができない	意見（※1）	CM：地域包括と連携し対応する	

※1：ケアマネジャー（CM）

課題整理総括表

利用者名　A　殿　　　作成日　平成26年11月4日

自立した日常生活の阻害要因（心身の状態、環境等）	① 下肢筋能の低下	② 認知症（記憶力・判断力低下）	③ 家族介護力の不足
	④ 自宅内の動線上の障害物	⑤ 玄関・自宅前の段差	⑥

利用者及び家族の生活に対する意向	本人：「人のいるところで友達もつくって、人生を楽しめるようにしたい」 長女：「食事や服薬が適切に行えるように手伝ってほしい」

状況の事実※1

	現在※2	要因※3	改善／維持の可能性※4	備考（状況・支援内容等）	見通し※5	生活全般の解決すべき課題（ニーズ）[案]	※6
移動　室内移動	自立　(見守り)　一部介助　全介助	①②④	(改善)　維持　悪化	**移動：** ●歩行はつかまって数歩歩行限度、自宅では這って移動しているが、危険箇所の認識障害で屋外や階へ服薬の再発行うが、届外の移動は重いが	1. 服薬は家族が支援しい、サービスでの服薬介助を介助は難しいが、毎回の介助が出来ること、脳梗塞の再発予防、健康維持ができる。	脳梗塞の再発に気をつけて、健康でいたい	1
屋外移動	自立　見守り　一部介助　(全介助)	①②⑤	改善　維持　(悪化)				
食事　食事内容	自立　見守り　支障あり	②③	改善　(維持)　悪化	**食事：** ●細かな動作は難しく、摂取時食べこぼしが多く、調理は簡単なため、家族が用意してくれる	2. 自宅では這っての移動、食べこぼしの入浴介助は困難なため、請自、入浴介助でのサービス導入する。		
食事摂取	自立　見守り　一部介助　(全介助)	①②④	改善　(維持)　悪化				
調理	自立　見守り　一部介助　(全介助)	②③	(改善)　維持　悪化				
排泄　排尿・排便	自立　見守り　(一部介助)　全介助	①②④	(改善)　維持　悪化	**排泄：** ●便座はあるがトイレに間に合わないこともある	3. 本人の動線上のスペースを行うことで、移動時の転倒予防ができる。同居長男の意向を確認したうえで検討が必要。	運動をして寝たきりにならないようにしたい	2
排泄動作	自立　見守り　支障あり	②	改善　(維持)　悪化				
口腔　口腔衛生	自立　見守り　(一部介助)　全介助	②③	(改善)　維持　悪化	**口腔：** ●便座の立ち座りは一人で行うこともある。介助者のもとで運動を行い、下肢機能の低下予防が必要	4. 同居長男は人の動きがある上で過ごしていまりなく、ほとんどベッド上で過ごしている。専門的助言のもとで運動を行い、下肢機能の低下予防が必要。		
口腔ケア	自立　見守り　(一部介助)　全介助	②④	(改善)　維持　悪化				
服薬	自立　見守り　一部介助　(全介助)	①②④	(改善)　維持　悪化	**服薬：** ●家族がベッド近くの壁に貼ってあるが、1日分ずつ忘れることがある。袋から薬を取り出す際にこぼしてしまうこともあり、家族がいるときは介助している			
入浴	自立　見守り　一部介助　(全介助)	②③	(改善)　維持　悪化	**入浴：** ●安全確保が困難なため自宅では行っていない	5. 各種サービスの導入により介護者の負担を軽減することで、家族の協力体制を維持する。	一人で過ごすのは不安なので、たまには人のいるところでゆっくりしたい	3
更衣	自立　見守り　(一部介助)　全介助	②	改善　(維持)　悪化				
掃除	自立　見守り　一部介助　(全介助)	②③	改善　維持　(悪化)				
洗濯	自立　見守り　一部介助　(全介助)	②	改善　維持　(悪化)				
整理・物品の管理	自立　見守り　(一部介助)　全介助	①②③	改善　(維持)　悪化				
金銭管理	自立　見守り　(一部介助)　全介助	②③	改善　(維持)　悪化	**金銭管理：** ●通帳は自分で持っているが、細かな内容は把握できていない ●家族が確認しているため、銀行での出し入れも行っている		怪我をしないように、自宅の整理整頓をしたい	―
買物	自立　見守り　一部介助　(全介助)	②	改善　(維持)　悪化				
コミュニケーション能力	(支障なし)　支障あり	②	改善　(維持)　悪化				
認知	支障なし　(支障あり)	②③	改善　(維持)　悪化	**行動・心理症状：** ●不眠症状：寝起きを気に混乱した様子でいた、外に出てしまうことがあった			
社会との関わり	支障なし　(支障あり)	②③	(改善)　維持　悪化				
褥瘡・皮膚の問題	(支障なし)　支障あり	①②③	改善　(維持)　悪化	**介護力：** ●同居の長男は不規則勤務、介護、家事の負担が大きい、本人への暴力（平手打ち）が確認されている ●長女は自宅、職場に近いくこまめに訪問して支援しているが、負担は大きい			
行動・心理症状（BPSD）	支障なし　(支障あり)	③	改善　(維持)　悪化				
介護力（家族関係含む）	支障なし　(支障あり)	④	改善　(維持)　悪化				
居住環境	支障なし　(支障あり)	④	改善　(維持)　悪化	**居住環境：** ●			

※1 本書式は援助のアセスメントツールではないため、必ず別に詳細な情報収集・分析を行うこと。なお「状況の事実」の各項目は課題分析標準項目に準拠して記載している。
※2 介護支援専門員が収集した information 事実を記載する。選択肢は「」以外である場合は、そのような状況をもたらしている要因を、様式上部の「要因」欄から選択し、該当する番号（数字）を記入する（複数の番号を記入可）。
※3 現在の状況が「自立」あるいは「支障なし」以外である場合に、そのような状況をもたらしている要因を、様式上部の「要因」欄から選択し、該当する番号（数字）を記入する（複数の番号を記入可）。
※4 今回の認定有効期間における状況の改善／維持／悪化の可能性について、介護支援専門員の判断として、選択肢に○印を記入する。

※5 「要因」および「改善／維持の可能性」を踏まえ、要因を解決するための援助内容と、それが提供されることによって見込まれる事後の状況（目標）を記載する。
※6 本計画期間における優先順位を数字で記入する。ただし、解決が必要だが本計画期間に取り上げることが困難な課題については「―」印を記入。

ケアプラン

ニーズ❶への対応
　通院については長女、次男に対応してもらう。昼食介助とその後の服薬を訪問介護、通所介護で対応することとした。朝、夕の服薬もサービスを導入し家族の負担を減らしたいと考えたが、家族の意向を確認した上で検討することとした。
　食事や失禁による身体汚染は、訪問介護での清拭や通所介護での入浴介助で対応する。

ニーズ❷への対応
　通所介護を利用し、身体機能維持のための運動に取り組んでもらう。身体を動かしたり、他者とコミュニケーションをとることでストレスの発散、認知機能の維持も期待できる。
　通所介護等の外出が行えるように、福祉用具貸与にてスロープと車いすの利用を行う。また、自宅のベッドから自力での起き上がり動作が安定すれば、寝たきりの予防ができ、介護者の負担も軽減できることから、手すりを設置することとした。
　転倒等による怪我、再び身体的虐待の恐れがあるため、身体・皮膚状況はできるだけこまめに確認する必要がある。訪問介護や通所介護での清拭・入浴時に確認することとした。

ニーズ❸への対応
　虐待予防、家族の負担軽減のため、休息ができるようショートステイの利用を提案。本人も短期間とはいえ施設入所していたことから、イメージはつかみやすいものと思われた。

ニーズ❹への対応
　居室内の整理整頓や福祉用具の導入による安全確保が必要と考えたが、同居者である長男の意向が確認できないことから、ケアプランには記載せず、当面様子を見ることとした。

□初回アセスメントによる週間予定表
　虐待予防、介護負担軽減の観点から、サービス費用や支給限度額を踏まえながらも、できるだけ週を通して支援に入れるよう、また第三者の目が入るようにサービスを設定した。

💬 ケアマネジャーのふりかえり

- 急きょ施設を退所し自宅に戻ったが、本人としては施設入所の意向があり、長女も今後の生活に具体的なイメージはもてていない様子であった。半年後、1年後の目標が設定しづらい状況であったが、まずは安全に在宅生活が送れることを念頭にプランを作成

📍 ケアプランのチェックポイント

- 長女や訪問介護、通所介護の目が毎日入り、怪我や皮膚の状態を確認するプランを立案して安全に配慮した原案が作成されている

第2編 ● 事例編

第1表　居宅サービス計画書（1）

(初回)・ 紹介 ・ 継続　　(認定済)・ 申請中

利用者名　　A　殿　　生年月日　昭和11年○月○日　　住所　F市
居宅サービス計画作成者氏名　　V
居宅介護支援事業者・事業所及び所在地　　U居宅介護支援事業所・F市
居宅サービス計画作成（変更）日　平成　年　月　日　　初回居宅サービス計画作成日　平成26年11月5日
認定日　平成26年10月17日　　認定の有効期間　平成26年11月1日　～　平成27年10月31日

要介護状態区分	要介護1 ・ 要介護2 ・ (要介護3) ・ 要介護4 ・ 要介護5
利用者及び家族の生活に対する意向	本人：施設から自宅に戻って来て、一人で過ごす時間が増えたことが心配。人のいるところで友達もつくって、人生を楽しめるようにしたい 長女：こまめに顔を出していこうと思う。食事や服薬が適切に行えるように手伝ってほしい
介護認定審査会の意見及びサービスの種類の指定	
総合的な援助の方針	健康を維持しながら自宅での新しい生活リズムをつくっていけるよう、支援します。家族と連携し、また、家族の生活にも配慮して支援します。
生活援助中心型の算定理由	1．一人暮らし　2．家族が障害、疾病等　3．その他（　　　　　　）

第2表　居宅サービス計画書（2）

利用者名　　A　殿

生活全般の解決すべき課題（ニーズ）	目標				援助内容					
	長期目標	（期間）	短期目標	（期間）	サービス内容	※1	サービス種別	※2	頻度	期間
脳梗塞の再発に気をつけて健康でいたい	健康状態の維持	H26.11.7～H27.10.30	毎日忘れずに服薬を続けられる	H26.11.7～H27.4.30	受診同行		長女・次男医療機関	I病院	月1回	H26.11.7～H27.4.30
					食事・服薬準備		長女		毎朝・夕	H26.11.7～H27.4.30
					食事・服薬介助	○	訪問介護	M訪問介護事業所	週3回	H26.11.7～H27.4.30
						○	通所介護	Kデイサービス	週3回	H26.11.7～H27.4.30
			身体の清潔を保つ	H26.11.7～H27.4.30	清拭	○	訪問介護	M訪問介護事業所	週1回	H26.11.7～H27.4.30
				H26.11.7～H27.4.30	入浴介助	○	通所介護	Kデイサービス	週3回	H26.11.7～H27.4.30
運動をして寝たきりにならないようにしたい	転倒・怪我を防ぐ	H26.11.7～H27.10.30	怪我への早期対応ができる	H26.11.7～H27.4.30	皮膚状態の確認	○	訪問介護	M訪問介護事業所	週1回	H26.11.7～H27.4.30
						○	通所介護	Kデイサービス	週3回	H26.11.7～H27.4.30
			筋力の維持	H26.11.7～H27.4.30	機能訓練の実施	○	通所介護	Kデイサービス	週3回	H26.11.7～H27.4.30
			自力で離床できる	H26.11.7～H27.4.30	ベッドサイドに手すりを設置	○	福祉用具貸与	S福祉用具	随時	H26.11.7～H27.4.30
			介助を得て外出できる	H26.11.7～H27.4.30	スロープ・車いすの利用	○	福祉用具貸与	S福祉用具	随時	H26.11.7～H27.4.30
一人で過ごすのは不安なので、たまには人のいるところでゆっくりしたい	家族の協力を維持し在宅生活が継続できる	H26.11.7～H27.10.30	本人・家族がともに休息ができる	H26.11.7～H27.4.30	ショートステイによる食事・入浴の提供	○	短期入所生活介護	Qショートステイ	月7日程度	H26.11.7～H27.4.30

※1 「保険給付の対象となるかどうかの区分」について、保険給付対象内サービスについては○印を付す。
※2 「当該サービス提供を行う事業所」について記入する。

第3表								週間サービス計画表	

利用者名　　A　　殿

		月	火	水	木	金	土	日	主な日常生活上の活動
深夜	4:00								
早朝	6:00								起床
	8:00			長女：訪問（着替え、食事・服薬セット）					朝食
午前	10:00		通所介護		通所介護		通所介護		入浴（週3回デイサービスにて）
	12:00	訪問介護	通所介護	訪問介護	通所介護	訪問介護	通所介護		昼食
午後	14:00		通所介護		通所介護		通所介護		
	16:00								
	18:00			長女：訪問（着替え、食事・服薬セット）					夕飯
夜間	20:00								
	22:00								就床
深夜	4:00								

週単位以外のサービス	短期入所生活介護（Qショートステイ：7日/月　程度） 福祉用具貸与（S福祉用具：車いす、スロープ、手すり）

サービス担当者会議

　訪問介護や通所介護で、昼食の介助やその後の服薬介助を行う。朝・夕の支援についても検討したが、費用が増大することや、何より長男の意向が確認できないことから、訪問介護の提供は1日1回までとすることで合意した。

　また、改めて施設入所が必要になることを想定し、利用を開始することになったQショートステイを併設している特別養護老人ホームQに入所を申し込むこととなった。

ケアマネジャーのふりかえり

- 早期支援が必要であったため、長女の勤務終了後18時頃から会議開催となったが、状況を説明し全ての事業所に出席してもらうことができた。そのため速やかにサービス提供につなげることができた

📍 サービス担当者会議のチェックポイント

- 本事例の場合、"欠席者への照会"で済ませるのではなく、長女に合わせて支援者が全員出席した上で情報共有と支援の方向性を共有できたことは重要なポイント
- 地域包括支援センターの職員の出席についての検討は、今後の支援において有効であることを確認しておきたい（今後、長男が声を荒げた時、近隣住民からの通報、長男置き去りの措置入所となる可能性等々を視野に、地域から早期に情報が集まる支援体制を作れないかを検討するのに有効）

ケアプランの確定

　食事・服薬の支援については朝・夕を長女が、昼を訪問介護・通所介護が担うことで確定。その他は原案から特段変更なく確定された。
　サービス開始について、地域包括支援センターに報告を行った。

💭 ケアマネジャーのふりかえり

- 本人、長女の同意を得てケアプラン交付となったが、長男とはこの時点でも面談できず、長女の意向によりサービス内容については長女から伝えてもらうこととなった
- 長女任せにするのではなく、説明のための書類準備等を検討するべきであったと感じる

📍 確定ケアプランのチェックポイント

- 長女の意向の背景にある見えない情報、長男と本人との関係、兄妹の関係などについて確認できるタイミングを見逃さないためにも、いずれ長女に確認するポイントをあらかじめ整理しておくことは長男へのアプローチの手段の一助になる

事例7：家族による高齢者虐待への対応

第4表			サービス担当者会議の要点			

作成年月日： 平成26年11月5日

利用者名： A 殿　　居宅サービス計画作成者（担当者）氏名： V

開催日時： 平成26年11月5日（水）18:00～19:00　　開催場所： 本人宅　　開催回数： 1回

	所属（職種）	氏名	所属（職種）	氏名	所属（職種）	氏名
会議出席者	本人	A	長女	C	M訪問介護事業所	N
	Kデイサービス	L	Qショートステイ	R	S福祉用具	T
	U居宅介護支援事業所	V				

検討した項目	1．介護老人保健施設より退所後、在宅生活の状況確認（情報の共有） 2．サービス利用の検討 3．今後の方向性
検討内容	1．現在、長女が出勤前後に訪問し着替えや食事のセットをしている。また職場の昼休みにも訪問し、昼食のセットをしていく。しかし食事の介助、見守りまでは行えず、食べこぼしが多い。入所前は本人が長男に怒られることもあったとのこと。また服薬も、長女が声かけしていくものの毎回確実には行えていない。家族間のトラブルは今のところ発生していないが、長女はすでに疲労を感じている。 2．混乱して外に出るなどの危険行為もあり、日中の安全確保を優先して考える。通所介護を中心にサービスを導入し、間の日は訪問介護にて対応。またショートステイを利用してもらい、本人、家族がお互いに気分転換できるようにする。本人の不安が大きくならないよう、通所介護併設のショートステイを利用してもらう。 3．一旦は本人、家族が在宅生活に限界を感じて施設入所した経緯がある。長男の「大部屋ではかわいそう」との意見により在宅復帰したが、本人としては「施設のほうが安心だし、楽しい」との意見もある。再入所に向け検討する。
結論	・訪問介護：通所介護と交互に、週3回提供。昼食の見守り、介助およびその後の服薬介助を支援する。また排泄介助とボディチェックを行い必要時に紙パンツ交換を介助する。食事は家族にて準備してもらう ・通所介護：週3回利用。コミュニケーションや活動の機会を確保する。服薬介助、入浴介助、ボディチェックも確実に行っていく ・ショートステイ：毎月1週間を目安に利用していく ・福祉用具貸与：外出時、玄関の通行が危険なため、スロープを準備する。またベッドからの起き上がり、およびベッド上での姿勢保持ができるよう、ベッドサイドに手すりを設置する ・施設入所に向けて：Qショートステイが併設されている特養に入所申し込みをしていく。長男にも納得してもらえるよう、個室の申し込みをする
残された課題 (次回の開催時期)	・長男には長女を通して会議内容を伝えてもらうが、長男は同居者であり、機会を見て面談の場をもてるよう相談していく

医療情報シート （主治医意見書の該当項目から転記、面談等による意見を記入してください。）

記入日：平成27年11月4日	病院・診療所名　　Ｉ病院　　　　担当医師氏名　　Ｊ
1．現在の病状 (1) 診断名	脳梗塞・認知症・高血圧
(2) 症状としての安定性	㊀安定　　　　　　　　　不安定　　　　　　　　　不明
(3) 生活機能低下の直接の原因となっている傷病または特定疾病の経過および投薬内容を含む治療内容	脳梗塞・認知症 平成25年7月、脳梗塞により当院に入院。右半身軽度麻痺が残る。認知症の進行も見られ、通院、服薬継続中。
2．生活機能の現状 (1) 障害高齢者の日常生活自立度 　　認知症高齢者の日常生活自立度	自立　　J1　　J2　　A1　　㊀A2　　㊀B1　　B2　　C1　　C2 自立　　Ⅰ　　Ⅱa　　Ⅱb　　㊀Ⅲa　　Ⅲb　　Ⅳ　　M
(2) 認知症の中核症状 　短期記憶 　日常の意思決定を行うための認知能力 　自分の意志の伝達能力	無　㊀有（　記憶・判断力の障害　　　　　　　　　　　　　　　　） 無　㊀有（　　　　　　　　　　　　　　　　　　　　　　　　　） 自立　　　　いくらか困難　　㊀見守りが必要　　　　判断できない 伝えられる　㊀いくらか困難　　具体的要求に限られる　　伝えられない
(3) 認知症の周辺症状	無 ㊀有　㊀幻視・幻聴　妄想　㊀昼夜逆転　暴言　暴行　介護への抵抗　徘徊　火の不始末　不潔行為　異食行動　性的問題行動　その他（　　　　　　　　　　）
(4) その他の精神・神経症状 　専門医受診の有無	無　㊀有（　パニック　　　　　　　　　　　　　　　　　　　　） ㊀無　有（　　　　　　　　　　　　　　　　　　　　　　　　　）
(5) 身体の状態	利き腕　㊀右　・　左　　身長（ 148 cm）　体重（ 54 kg） ㊀麻痺（　右下肢軽度麻痺　　　　　　　　　　　　　　　　　　） ㊀筋力の低下（　両下肢　　　　　　　　　　　　　　　　　　　） ㊀関節の拘縮（　両膝・両肩　　　　　　　　　　　　　　　　　） 関節の痛み（　　　　　　　　　　　　　　　　　　　　　　　） 失調・不随意運動（　　　　　　　　　　　　　　　　　　　　） 褥瘡（　　　　　　　　　）　その他の皮膚疾患（　　　　　　）
3．今後の見通しと療養上留意すること (1) 現在発生しているまたは今後発生の可能性の高い状態とその対処方針	状態（　転倒・骨折　　　　　　　　　　　　　　　　　　　　） 対処方針（　運動・生活環境の整備　　　　　　　　　　　　　）
(2) サービス利用による生活機能の維持・改善の見通し	㊀期待できる　　　　　　期待できない　　　　　　不明
(3) 医学的管理の必要性	有　服薬継続
(4) サービス提供における医学的観点からの留意事項	入浴、運動時の血圧測定
4．特記すべき事項	

平成26年11月5日　開催のサービス担当者会議に出席できないので、主治医から出席者に伝えたいこと。

①ケアプラン原案について
　・家族の負担に配慮して介護サービスを導入してください

②サービス、サービス提供スタッフ等に対する意見・指導・助言
　・怪我、痣の確認を心がけてください

③その他、福祉用具の活用についてのご意見等
　・安全確保のため外出時は車いすを使用してください

個人情報の管理に厳重注意！

モニタリング

①居宅サービス計画の実施状況

　本人自身のサービス利用については、特段の問題なく応じていくことができた。訪問介護について、長男が自宅にいると拒否されたり、「そんなこと頼んでいない！」などと怒鳴られたり、キャンセルになることがたびたび発生するようになる。ケアマネジャーとして訪問を続け、時には長男と面会することもできたが、訪問介護が拒否される要因は明確にできなかった。長男からの暴力の可能性があると思われる本人の怪我が、1回確認された。

　長女と相談したが、訪問介護の状況は改善されなかった。また、長女自身もかつて長男から平手打ちをされたことがわかり、そのような状況から長男と十分なコミュニケーションがとれていないことが確認された。改めて長女と相談し、ケアマネジャーからも長男にアプローチしていくこととなったが、長男の考えを汲み取るには至らなかった。

②居宅サービス計画の点検

　長男により訪問介護の介入が難しくなり、当初依頼したM訪問介護事業所は解約。本人の安全確保の面から訪問介護は必要と判断し、計画は変更せずに別の事業所によるサービス提供を継続した。訪問者を一人に固定する、男性で対応するなどの試みによりキャンセルに至ることはなくなったが、長男からヘルパーへの脅しめいた言動が見られることもあった。

③今後の方針・対応

　長女の心身負担が過重になったこと、本人の認知症症状が身に危険を及ぼす可能性があることから、地域包括支援センターと協議の上、施設入所に向けて取り組むこととなった。ちょうど、申し込みをしていた特別養護老人ホームから連絡が入り、入所することとなった。

ケアマネジャーのふりかえり

- 長男へのアプローチは、面談、電話、手紙などを試みたがどれも継続できなかった
- 長男とはもっと早期に関わる必要があったのではないかと感じている

モニタリングのチェックポイント

- ケアマネジャーのふりかえりで「長男と早期に関わる」必要を述べているが、いつの時期を早期と捉え、その時期にどのようなアプローチ方法があったのかについて、事業所内で検討しておくと、今後のケアマネジャーの介入ポイントを図ることができるのではないか

| 第5表 | | 居宅介護支援経過 |

利用者名　　　A　　　殿

居宅サービス計画作成者氏名　　V

年月日	内容
H26.11.1（土）	**＜相談：新規ケアプラン作成依頼＞** ・長女のCさんより電話 長女：「母親のケアマネジャー担当を頼みたい。10月に介護老人保健施設に入所した。しかし本日、兄弟と面会に行ったところ、本人と同居していた兄の意向で自宅に戻ることになった。「大部屋で寝かされていてかわいそう」という理由。入所前の担当ケアマネジャーに相談したが、担当件数に空きがない」 長女：「サービス開始は状況が整い次第でかまわない。ただし、同居の長男が、以前は本人に手をあげることがたびたびあった。介護ストレスも大きいようで、できるだけ早く利用できると助かる。長男は不規則勤務で連絡が取りづらいため、自分が窓口になる」 ・当方で担当できる旨伝え、4日（火）に初回訪問することとし、また前任のW居宅介護支援事業所のXさんに担当時の情報を得ることの了解を得た
H26.11.4（火）	**＜状況確認－前任ケアマネジャーへ電話＞** ・前任のケアマネジャーは今年7月より担当。それ以前はサービスの利用はなく生活 ・長男は本人の介助時や、本人が騒いだ時などに苛立って平手打ちなどしてしまい、これまでもたびたび顔などに痣があることが確認された ・本人は認知症があり聞いても状況がよくわからないが、長女の話では以前から暴力があったとのこと。状況は地域包括支援センターYさんに報告していた ・いったんは訪問介護等、サービスを導入したが、ヘルパーが訪問しても長男がいると拒否されるため、通所介護と福祉用具のみの利用であったとのこと **＜報告・相談－地域包括支援センター＞** ・地域包括支援センターのYさんへ電話 ・Aさんの長女からケアマネジャー担当依頼の経緯を報告 Yさん：「本人の状態、家族の介護力を考えると、長期間の在宅生活は難しいと思う。しかし、本人、家族としても考える時間が必要と思うのでまずは在宅での支援を進めてほしい」 **契約・初回アセスメントー居宅訪問** ・本人、長女と面談。長男は仕事で不在 ・現在、食事は長男が準備し、長女が出勤前、昼休み、帰宅前の3回様子を見に行くように考えているとのこと。職場から本人宅までは自転車で5分ほどの距離 本人・長女の希望：「サービスは通所介護利用で、できるだけ人目のあるところで日中を過ごし、自宅で過ごす日はヘルパーに食事介助と服薬介助などをしてほしい」 CM：「本人も家族も、頑張りすぎないように別々の時間を1週間くらいつくっても良いのではないか」 ・ショートステイを提案し、本人、長女ともに了承。本人は「泊まりに行けるの？

		それは楽しみ」と前向きであった
		・長男との関わりについて、本人は「家のことをしてくれて感謝しているんだけどね、私がこんなだからすぐ怒るの」と言う
		・食べこぼし、飲みこぼしや失禁で部屋を汚すと長男が怒り、顔や頭、背中や太ももを平手打ちするとのことだが、老健退所後はまだそのようなことはない
		・長女も、そのような場面を目撃したことが何度かあり、「気圧されてしまい、止めることができない」と言う
		・長女は以前、福祉関係の仕事をしていて制度等にある程度知識をもっている。また、長男に負担をかけたくないので、今後もケアマネジャーらとの相談窓口は長女自身が担うとの意向
H26.11.5（水）		<サービス担当者会議>
		・長男は不在。本人・長女の了解を得て、7日（金）よりサービス利用開始。長男へは長女より会議内容を伝えてもらうこととした（別紙参照）
		・特養の入所申し込みも進めていく
H26.11.6（木）		<地域包括支援センターへの報告・計画書交付>
		・Yさんへ電話。昨日の担当者会議の内容を報告
		・長女勤務先にて長女に説明後、本人宅訪問、署名いただく。各事業所に計画書送付
H26.11.7（金）		<電話報告－訪問介護事業所Nさんより>
		・初回訪問時の状況について報告あり
		・ヘルパーについてよくわかっていない様子だったが、声かけにより特段拒否なく介助を受け入れたとのこと。膝に痣があるが、這って移動する時にできた様子
		・訪問時、長男は在宅中で、最初に挨拶した後は自室に行きケア中も出てくることはなかったとのこと
		【中略】
H26.11.12（水）		<電話相談－訪問介護事業所Nさんより>
		・先ほどヘルパーが訪問したが、在宅中の長男から大声で入室を拒否された
		・ヘルパー訪問を「知らない。必要ない」とのことであった
		電話連絡・相談－長女へ
		・ヘルパー訪問時の状況を報告
		・サービス提供の予定は長男に伝えているとのこと。再度、長男に伝えてもらい、サービス内容に意見があれば確認してもらうよう依頼した
H26.11.14（金）		<居宅訪問－モニタリング>
		・ヘルパー訪問前に訪問し、本人と面談。長男は不在
		・訪問介護、通所介護については満足しているとのこと
		・先日の訪問介護キャンセルについては、理解していない様子
		・長男に「時々怒鳴られる」との話があるが、手を出されることはないと言う
		・本人の部屋は食べこぼしなどで汚れ、顔や手も汚れている。手や膝にはぶつけたと思われる黒い痣がある。生活環境については「やっぱり施設のほうがいい」と言う
		・長男によるヘルパーの訪問拒否がたびたびあり。訪問介護を通所介護に替えること

	・も検討するが、本人の疲労が懸念されるため、現状を維持することとなった ・地域包括には随時報告 【中略】
H26.12.11（木）	<電話報告－通所介護事業所より> Lさん：「本日の利用時、背中に痣があるのを確認した。本人は長男に叩かれたと言うが、詳細は不明」 電話連絡・相談－長女へ ・通所介護からの連絡内容を伝える ・今朝、長女が訪問した際は、特に異常には気づかなかったとのこと <状況確認・モニタリング> ・地域包括支援センターYさんに電話連絡の上、同行訪問 ・本人と面談。長男は不在 ・背中を見せてもらうと、赤い痣がある。本人は長男に叩かれたと言うが要領を得ず。痛みはないとのこと
H26.12.12（金）	<状況確認－居宅訪問> ・長男が在宅で、玄関外で面談 ・ケアマネジャーとして自己紹介をし、昨日の状況を伝える。背中の痣については「気づかなかった」とのこと ・本人との面会を申し出たが、「今、寝ているから……」と言い、会えず。本人に特に変わりはないとのことだった ・訪問介護がたびたびキャンセルになることについては「用が足りている時もあるから」とのこと ・「ヘルパーはどのような時に必要ですか？」と聞くと、「妹に伝えているから」と返答 ・「困っていることがあれば一緒に考えさせてください」と伝えると「お願いします」と言った 長女の職場にて面談 ・長男との面談状況を伝える ・訪問介護について、長男は当初の計画どおりで構わないと言っているとのことだが、実際にはキャンセルが続いていることを確認し、長男と十分に話ができているのか尋ねると、「できています」と強く言い立腹した様子 ・当方で直接長男に相談していくことを提案したが、「長男は忙しいので窓口はこれまでどおり自分が行う」との意向であった 【中略】
H26.12.29（月）	<電話相談－訪問介護事業所より> Nさん：「本日も長男の意向により訪問キャンセルとなった。長男が怒鳴るのでヘルパーが怖がっている。年末で事業所の体制も手うすになるのでヘルパーからの相談にも対応しきれず困る」 長女への電話報告・相談 ・状況を報告し、今後の対応を相談する。年明けに改めて長女、訪問介護、ケアマネジャーで検討を行うこととし、それまでは訪問介護を中止することとなった

H27.1.5（月）	**＜訪問介護事業所Nさんとの面談＞** Nさん：「長男に対しては、ヘルパーが怖がっており辞退の希望がある。代わりのヘルパーを探すことも困難なため、契約終了としたい」 **長女の職場にて面談** ・M訪問介護事業所の意向を伝え、今後については速やかに別の事業所に依頼することで合意 ・現状の長男の対応が変わらない限り、今後同じことになる可能性が高いため、ケアマネジャーとしては長男との接触をもっていきたいことを伝える ・長男とは、どのくらい話ができているのかたずねると、「最近はほとんどメモを自宅に置いて来るだけだった」と話す ・きっかけは、老健施設入所より前、本人の介護について長男から長女へ急な呼び出しの電話が入り訪問したところ、「遅い」と言われ平手打ちをされた。以来、長男に対しては恐怖もわだかまりもあり、ほとんど会話できていない ・現在長女が毎日訪問しており、長男と顔を合わせることもあるが状況は変わらないそうだ ・次男から協力を得ることはできないか聞くと、通院介助の手伝いはしているものの、長男との関わりは長女同様ほとんどなく、次男も長男を避けており、本人宅で顔を合わせないように、長男の勤務表を密かに確認していたことが長男に見つかり、激怒されたとのこと ・長女自身の心身の負担が大きくなっていることを確認し、ケアマネジャーから長男へ直接接触を試みることを改めて提案し、了承を得た ・新しい訪問介護事業所からの支援が開始されるまでは、昼食と服薬の確認を長女にしてもらい、対応が困難であればケアマネジャーに連絡をもらうこととした
H27.1.6（火）	**＜訪問介護事業所との電話相談・サービス担当者会議＞** ・O訪問介護事業所サービス提供責任者Pさんに電話 ・これまでの経緯を伝え、訪問介護提供について相談 ・長男の状況から、ヘルパーは日によって変わるのではなく一人に絞ったほうが、求めるものが察しやすいと考えられる ・サービス提供責任者であるPさんは男性であり、この点でも長男の態度が変容する可能性がある。当面はPさん自身がヘルパーとして訪問してくれるとのことで、担当者会議への出席を依頼 **電話連絡** ・長男へ電話。相談の機会をつくるため数回かけるが応答なし **サービス担当者会議** ・本人宅にて実施。長男は不在 出席者：本人、長女、O訪問介護事業所サービス提供責任者Pさん、ケアマネジャー ・訪問介護については以前と同様の内容で明日より実施。週3回、Pさんに訪問してもらう。長男への報告は、これまで通り長女にしてもらうが、ケアマネジャーからは電話や書面でアプローチする ・明日からのサービス予定は、ひとまず書面に記し、テーブルの上に置いた
H27.1.7（水）	**＜同行訪問－O訪問介護＞**

	・O訪問介護の初回サービス提供。Pさんに同行。長男が在宅中で挨拶をする。落ち着いた印象で、昨日の書面のことを聞くと「読んだ」とのこと ・訪問介護提供時に必要な物品の場所をいろいろと教えてくれる。用意してもらう食事の保管場所や食後の食器の扱い等の確認を行った ・本人も特段抵抗なく介助を受け入れていた
H27.1.28（水）	**＜居宅訪問－モニタリング＞** ・長男に立ち会い依頼の電話するが、応答なし ・本人には12月に確認された背中の痣以外は不明の怪我はないが、足や腕に転倒や擦ってできたと思われる痣、傷は多い ・自室や衣類の汚れは変わらずあり、生活環境の整え、常時の見守りが必要と思われる。長男宛てに、来月の予定表を置く **長女の職場で面談** ・本日の訪問状況を報告 ・長女は朝夕の訪問を継続しているが疲労が強くなっているとのこと。長男に気をつかうため精神的な疲労も大きく、現在の訪問介護が順調に継続できるようであれば、朝・夕のヘルパー派遣も検討することとした 【中略】
H27.3.2（月）	**＜来所相談－O訪問介護事業所サービス提供責任者Pさん＞** ・長男について、訪問時の対応のムラが目立ってきているとのこと。機嫌良く話しかけてくれる時もあれば、自室にこもっている時（寝ている？）もあり、また機嫌が悪く怒鳴ることもあるとのこと。「そんなこと頼んでいない！」などと言うときは会話のやりとりも困難なため、必要な介助を速やかに行って退室したとのこと Pさん：「長男が何を求めているかがわからない」 ・現状では他のヘルパーに任せることはできないため、今後もPさんが訪問を継続してくれる意向。当方からも長男へのアプローチを継続する旨伝える
H27.3.6（金）	**＜長男との相談＞** ・長男へ繰り返し電話をかけ、本日応答あり CM：「サービス内容について、意見をいただきたい」 長男：「長女に聞いてくれ」 CM：「それではBさんが満足されていないようなので、直接意見をうかがいたい」 長男：「手伝ってもらいたいことはその時によって変わる。ヘルパーが１時間くらい来たところで何も変わらない」 CM：「今のかたちが不要ということであれば、できるだけ必要な時間に訪問し必要な内容を手伝うように調整したい」 ・面談を申し出るが、同意なく電話を切られてしまった 【中略】 ・長男へ電話、手紙でアプローチするも応答なし
H27.3.16（月）	**長女の職場で面談** ・長女から、かつて長男から平手打ちをされた時の話が再度あり、声を震わせ感情が高ぶる様子が見られる。「何をやってもあの人は変わらないと思う」との意見。毎

		日の訪問の負担感も強くなっている ・施設入所について、現在、希望している特養に申し込みを行っているが、早期に入れそうな他の特養にも入所申し込みすることを提案。考えてみます、との返答
H27.4.17（金）		<居宅訪問－モニタリング> ・長男が自室にいる様子でドアの前で声をかけるが、応答なし。本人はテレビを見て過ごしている ・「Bさんは寝ているんでしょうか」と聞くと、「そうみたい」との返答。長男宛てに、来月の予定表と手紙を置く
H27.4.20（月）		<居宅訪問> ・長男は不在。先日置いた長男宛ての手紙が、丸めて床に放置されている。確認したものと思われる 【中略】
H27.5.22（金）		<電話報告－○訪問介護事業所サービス提供責任者Pさんより> ・長男からの言動が特に荒くなってきているとのこと。昨日は「何しに来ているんだ！」と怒鳴り「事務所に殴り込みに行くぞ」と脅されたとのこと。今後、支援を継続する自信をなくしている、と話す ・現状では長男への有効なアプローチはできておらず、状況がすぐに改善する見込みがないことを伝え、サービス提供を継続するかどうかは事業所で判断してもらうよう伝える。長男から再度同じような言動があった場合、早急に連絡をもらえればケアマネジャーもすぐに訪問や電話で長男に対応すると伝える
H27.5.28（木）		<長女より電話連絡> ・今朝、本人宅を訪問した際、向かいに住む人から声をかけられ、本日早朝、本人が家の前で座りこみ「助けて！」と騒いでいたとのこと ・老健入所前にも同じようなことが何回かあり、向かいの人がすぐに本人に声をかけ、自宅内まで連れていってくれ、その際長男が応対したが、向かいの人が呼びかけるまで眠っていた様子なので、長男が手を出したわけではないようだ ・長女が訪問した時本人は眠っており、起こした後は普段と変わりなかった。長男は部屋にいた様子だが、自分からは声をかけられなかったとのこと ・長男に聞かれたくなかったので本人にもあれこれと聞かず、特養入所申し込みについては、まだ決められないとの返答 面談－地域包括支援センターYさん ・本人、長男、長女の状況を伝え、今後の対応を相談 ・長男からの暴力は、最近は見られていないようだが怒鳴ることは変わらずあり、暴力に至る可能性がないとはいえない。本人も怖がっている ・本人が一人で外に出てしまう状況は、命に関わる危険性がある ・前回、苦労して入所に結びつけたのに長男が連れ戻したことで、再び入所により長男が怒ったり、同じ状況になったりすることを危惧しているのではないか ・長女の心身の疲労が強くなっており、共倒れの危険があることから施設入所が必要との判断に至った。特養入所の提案に対し、長女から明確な返答がないのは、疲労が強くなり決断する力が損なわれているのではないかとの可能性を確認。これを念

日付	内容
	頭に置き、入所に向け本人、家族をサポートしていくこととした
H27.6.5（金）	<電話相談－長女> ・特養への入所について改めて相談。現在の状況については、「施設入所が必要と思っている」との意見。入所に伴い懸念していることを尋ねる 長女：「前回入所した後、長男がすぐに連れ戻してしまったので同じことになるのではないか。家族全体で話し合わなければならないと思うが、そこまでの気力がもてない」 ・最終的に施設入所するかどうかは、入所先のめどが立ち、サービス内容や費用が具体的に説明できるようになってから家族と相談したほうが良いのではないか、と伝え、ひとまず入所先を探していくことで合意 【中略】
H27.6.25（木）	<電話連絡> ・QショートステイRさんより電話 Rさん：「併設の特別養護老人ホームに空きができるため、受け入れができそう。判定を行うため、健康診断書の提出をお願いしたい」 電話相談－長女 ・申し込みをしていた特養からの連絡内容を伝える。普段からショートステイを利用しており本人や家族もなじみがあることから、こちらの入所に向けて進めていくことで合意 【中略】
H27.8.18（火）	<入所可能の電話連絡> ・特別養護老人ホームQのRさんより電話 ・判定会議を行い入所可能となった。本人、家族と最終的な判断をしてほしい
H27.8.22（土）	居宅訪問 出席者：本人、長女、次男、ケアマネジャー ・特養Qへの入所について確認 ・長男は家にいるが、話し合い開始時に「お前らで勝手に決めろ」と言い、自室に入ってしまう。ドア越しに「こちらの皆さんで決めさせていただきますね」と声をかける ・特養Qのパンフレットを使い説明。費用については、個室になることもあり本人の年金だけでは足りず、親族の支援が必要 ・次男としては、自身や家族の生活あり「金銭的な支援はできない」との意向。長女、次男間で口論気味になったが、ひとまず不足分は長女が払うこととなった ・世帯分離により費用が軽減できると思われるが、費用以外の面でどのように変わるのか、市に確認するよう提案する ・本人は、「とにかく早く施設に行きたい」との意向 【中略】
H27.9.5（土）	・特養Qに入所のため支援終了

事例7：家族による高齢者虐待への対応

評　価　表

利用者名　　　A　　　殿　　　　　　　　　　　　　　　　　　　　　　作成日　平成27年4月22日

短期目標	（期間）	援助内容			結果 ※2	コメント （効果が認められたもの/ 見直しを要するもの）
		サービス内容	サービス種別	※1		
毎日忘れずに服薬を続けられる	H26.11.7 〜 H27.4.30	・受診同行	長女・次男 医療機関	I病院	○	・家族による通院介助、受診同行が継続され、体調が悪化することなく過ごせた
		・食事・服薬準備	長女		○	・食事・服薬準備が毎日継続できたが負担が大きい
		・食事・服薬介助	訪問介護	O訪問介護	○	・長男の状況により支援が難しい場面もあったが、確実に介助し服薬ができた
			通所介護	Kデイサービス	○	・サービス利用時に確実に介助を行えた
身体の清潔を保つ	H26.11.7 〜 H27.4.30	・清拭	訪問介護	O訪問介護	×	・長男の状況により細かな部分まで対応できないこともあった
		・入浴介助	通所介護	Kデイサービス	○	・週3回の入浴を行い清潔保持できた
怪我への早期対応ができる	H26.11.7 〜 H27.4.30	・皮膚状態の確認	訪問介護	O訪問介護	×	・長男の状況により細かな部分まで確認できないこともあった
			通所介護	Kデイサービス	○	・毎回、状態確認し、異常時は速やかに連絡できた
筋力の維持	H26.11.7 〜 H27.4.30	・機能訓練の実施	通所介護	Kデイサービス	○	・週3回の機能訓練を行い、筋力維持できている
自力で離床できる	H26.11.7 〜 H27.4.30	・ベッドサイドに手すりを設置	福祉用具貸与	S福祉用具	○	・手すりを使わずに離床しようとしてベッドからずり落ちることもあった。次第に慣れて使えるようになった
介助を得て外出できる	H26.11.7 〜 H27.4.30	・車いす・スロープの利用	福祉用具貸与	S福祉用具	○	・通院やデイサービス利用時に活用し、適度な外出ができている
本人・家族がともに休息できる	H26.11.7 〜 H27.4.30	・ショートステイによる食事・入浴の提供	短期入所生活介護	Qショートステイ	○	・本人にとっては気持ちを切り替える大切な機会となっている ・家族の休息時間確保にもなっている

※1　「当該サービスを行う事業所」について記入する。　　※2　短期目標の実現度合いを5段階で記入する（◎：短期目標は予想を上回って達せられた、○：短期目標は達せられた（再度アセスメントして新たに短期目標を設定する）、△：短期目標は達成可能だが期間延長を要する、×1：短期目標の達成は困難であり見直しを要する、×2：短期目標だけでなく長期目標の達成も困難であり見直しを要する）

💡困難化させない支援のヒント

編集委員会

- ●終了事例の検証ポイントについての提案
- ・地域包括支援センターとの連携と役割分担について
- ・介護老人保健施設の退所は誰のためであったのか
- ・ブラックボックス化している家族システムについて、どこかのタイミングで確認する手立てがあったのか、なかったのかについて
- ・確認する手立てがあった場合、配慮する点はどのようなことがあげられるか、担当のケアマネジャーが一人で抱え込まないために事業所内等で検討しておくこと等の検証

> ### ケアマネジャー
> - 急な依頼、また虐待が確認されているケースということで慌ててしまい、速やかにサービス調整を行うことに注力しすぎていた
> - まずは的確なアセスメントを行うこと、そのために前任のケアマネジャーやサービス事業所も含め、可能な限り情報収集を行い整理することが必要であった
> - 状況が次々と変わっていくことに惑わされず、適宜振り返ることで家族との関係づくりの道筋が見つけられたかもしれない
> - 一人で判断せずに、地域包括支援センターやサービス事業所も一緒に考えてもらうように担当者会議を開催することで、さまざまな角度から気づきを得ることができたのではないかと考える

ポイント解説：市町村高齢者虐待防止ネットワークの構築

「高齢者虐待の防止、高齢者の養護者に対する支援等に関する法律」第16条において市町村は、高齢者虐待の防止や早期発見、適切な支援を行うために、下図のように関係機関や民間団体との協力体制（「高齢者虐待防止ネットワーク」という。）を整備しなければならないとされています。

高齢者虐待防止ネットワーク構築の例

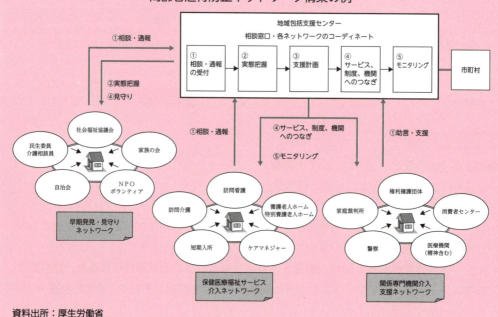

資料出所：厚生労働省

事例8：独居の認知症高齢者の生活再建への対応

利用者が抱える多様化・複合化する問題を整理し、帰郷の実現を支援

キーワード　独居／認知症／経済的困窮／立ち退き勧告
社会資源の開発／地域ケア会議／権利擁護

［事例の概要］

- Aさん、69歳、男性。独居、要介護2、キーパーソンは遠方。脳梗塞後遺症（左麻痺）、右下肢外傷後、認知機能低下
- 担当開始時、金銭管理できず公共料金等支払いの滞りにより日常生活自立支援事業を利用
- 部屋は引っ越し当時の状態でダンボールが積み上げられ、ふとんも敷かずタンスとコタツの間で斜めに寝ていた。生活リズムは不規則で昼夜逆転の状態
- タバコの火の不始末、信号無視で道路横断し交通事故を起こす、高額な修理代を支払うなど周囲の不安要素が増加。ADL低下による区分変更で要介護3となる
- 医療系のサービスを開始して生活は落ち着きはじめていたが、ある日家主から立ち退きを勧告され「D県の故郷に帰りたい」という意向のもと、キーパーソンの姪と連絡をとりD県地域包括支援センター、役所、居宅介護支援事業所と調整を図りながら、やっとのことで住宅型老人ホームを見つけ姪夫妻に迎えに来てもらった
- 支援を終えた今では故郷の野山に囲まれた特養で生活しているとのこと

［ケアマネジメントの依頼経緯］

- 11月から要支援2から要介護2に変更になることから、地域包括支援センターよりケアマネジメントの依頼あり
- 平成24年12月、立ち退きによりB市C町に転居。翌年3月、交通事故による右足骨折で入院後、閉じこもりがちになっており、認知症の症状進行も見られる。キーパーソンである姪は遠距離に住んでおり、生活全般の支援が必要

[ケアプラン作成までの経過]

日付	手段	対象	キーワード	内容
平成25年 10月15日	電話	地域包括支援センター社会福祉士	新規依頼	・11月より更新で要介護2。ケアプラン作成依頼 ・インテーク行う
	居宅訪問	本人・地域包括社会福祉士	初回訪問	・本人面接、アセスメント
平成25年 10月18日	電話	訪問介護、通所介護事業所	現状のサービス内容と新規依頼	・サービス内容の聞き取り、新規依頼
平成25年 10月22日	居宅訪問	本人・日常生活自立支援事業所・包括社会福祉士	日常生活自立支援事業の開始	・目標「安定した不自由しない生活」への対応策検討
	電話	D県の姪	挨拶	・本人の現状と今後の相談
	電話	福祉用具事業所 訪問診療 訪問看護ステーション	新規依頼 新規依頼 新規依頼	・用具のレンタル開始について ・現状の説明、新規依頼 ・現状の説明、新規依頼
	訪問	家主	挨拶	・家主に現状確認
平成25年 10月29日	電話	民生委員	挨拶・現状、災害時について相談	・災害時援護者登録 ・あんしんカード
平成25年 10月31日	居宅訪問	本人、サービス事業所	担当者会議	・サービス開始の担当者会議
	電話	B市循環型社会推進課	ゴミ収集について	・大型ゴミ・通常ゴミ収集依頼

ケアマネジャーのふりかえり

- 初回訪問で「生活感がなく生きる意欲がない」ことを感じた。本人の生活環境、安定した暮らしを支えるために四方八方関連機関（フォーマル、インフォーマル資源）と連絡、相談の毎日だった
- サービス開始まで数回本人に会い、意向を確認しようとするが昼夜逆転で覚醒状態になく何を聞いても「めんどくさい」と答える。本人の意向から外れないよう試行錯誤しながらの支援開始だった
- 当初病院嫌いで受診ができていなかったが、訪問診療は「いいよ（イエス）」と答え、医療につなげることができた。本人の不利益にならないよう地域包括支援センターの社会福祉士と相談した
- 担当開始後、本人の意向を確認し予算内でサービス導入。訪問診療、訪問看護、訪問薬剤師が入り生活も安定。本人の意欲も上がってきた矢先に立ち退きの話となり、介護保険施設への入居もキーパーソンは遠方、金額面でも難しく大きな壁にぶつかり右往左往した

🔖 ケアプラン作成までのチェックポイント

- 故郷の親族は経済的支援や同居は断りながらも、地元の地域包括支援センターへの相談や、施設の申込手続きなどを行い、現住所地と故郷の関係機関がダブル体制で利用者の望む生活を実現するよう支援体制が構築されている
- 病気、交通事故、住居の立ち退きなど不本意な生活変化に意欲をなくし、生活リズムを立て直せずにいる認知症の一人暮らし利用者に対して、真摯にていねいに向き合い、あきらめずに支援を継続している

アセスメント

ニーズ❶ 「生活が不規則で昼夜逆転しています。健康不安を改善したい」

寝たい時に寝て食べたい時に食べるという状態で生活が不規則、昼夜逆転しており生活意欲が低下している。健康不安も感じている。膵炎、胃潰瘍、大腸ポリープの既往もある。

ニーズ❷ 「歩行が不安定でよく転びます。外に行きたいけれど不安です」

脳梗塞後遺症で左麻痺と交通事故右足骨折で歩行が不安定、家の中でも転倒し起き上がれない。外出することが不安になっており閉じこもりがちの生活になっている。

ニーズ❸ 「もの忘れが進んでおり身のまわりのことができなくなっています」

認知機能低下や高次脳機能障害により身のまわりのこと、家事全般、金銭管理、契約事ができなくなっている。

ニーズ❹ 「慣れない環境で一人暮らしが不安です。故郷に帰れるのなら帰りたい」

転居後のなじみのない地域でどう暮らしていったらいいかわからない。故郷に帰れるのならいずれ帰りたい。

💭 ケアマネジャーのふりかえり

- 独居でキーパーソンは遠方、頼る人もなく長年住んだ借家の立ち退きに遭い、B市C町に転居後、交通事故で外傷と骨折で入院。退院後は環境になじめず閉じこもりがちで生活意欲が低下。生活環境を整えて身体状態、精神状態の改善が必要と考えた
- 長期の目標で支援のゴール（故郷に帰ること）も念頭に置いた

アセスメントのチェックポイント

- 生活リズムの立て直しが難しい利用者ではあるが、「人間嫌い」ではない、人なつこさなどストレングスが把握されている
- 「健康への不安感をなくす」「転倒防止」「金銭管理」等々生活に対する基本的なニーズが導き出されている

基 本 情 報

※提出ケアプラン作成時点（平成25年10月27日）

利用者名	Aさん	性別	(男)・女	生年月日	大正・(昭和) 19年（69歳）
住　　所	B市C町				

主　訴	〔相談経路〕 ・認定更新で要支援2 ➡ 要介護2 に変更 ・地域包括支援センターから居宅介護支援事業所に独居・認知症の処遇困難ケースとしてケアプラン作成の依頼 〔本人・家族の要望〕 本人：「寝たい時に寝て食べたい時に食べる気ままな生活がしたい。できれば故郷に帰りたい」 姪：「こちらD県で施設を探すこともできます。家の保証人にはなるけれど経済的な援助はできません」

生活歴・生活状況

〔生活歴〕
D県生まれ。10人兄弟の末っ子。15歳で就職し転職を繰り返す。B市プレス工場勤務25歳の時に結婚。59歳の時に工場が倒産し年金繰下げ受給。退職後うつ傾向になる。統合失調症だった妻は65歳で病死し独居となる。飲酒により66歳の時急性膵炎で入院。平成24年要介護認定を申請。12月にE町立ち退きになりC町の貸家に転居。平成25年3月交通事故で右足骨折入院。認定更新で11月から要介護2となる。

〔趣味・特技〕カラオケ　山登り

〔家族状況〕

続柄	年齢	同別居	健康状態	就労有無
姪	65歳	別居	良	有
兄	83歳	別居	不良	無
姉	75歳	別居	不良	無

健康管理
※かかりつけ医のNoに○をつける

No.	病名	初診年月日	医療機関	診療科	服薬情報
①	脳梗塞後遺症	平成25年10月	F医院	内科	シロスタゾール 酸化マグネシウム アズレンスルホン酸ナトリウム水和物
2	右下肢外傷後	平成25年3月	H病院	外科	
③	認知機能低下	平成25年10月	F医院	内科	
④	便秘	平成25年10月	F医院	内科	
5	膵炎、大腸ポリープ、胃潰瘍	不詳	H病院	内科	

日常生活自立度	障害高齢者の日常生活自立度	B1	認知症高齢者の日常生活自立度	Ⅲa
認定情報	要介護度　2	（平成25年11月1日〜平成26年10月31日）	認定日	平成25年10月12日
アセスメント理由	新規・(更新)・区分変更・その他（　　　　　　　　）			
利用者の他法関係情報	【医療保険の種類　国民健康保険】【年金の種類　厚生年金】【生活保護受給　有・(無)】 【障害者関係手帳（身体、知的、精神）　等級等の程度】取得年月日　　【難病認定　　　　】			
現在利用しているサービス	（フォーマル・インフォーマルを含めて） 訪問診療、訪問看護、居宅療養管理指導（薬剤師）、通所介護、訪問介護、福祉用具貸与、日常生活自立支援事業、民生委員、地区ボランティア、B市の見守りサービス、B市のゴミ収集			

チェックポイントシート

平成25年10月27日現在

課題分析標準項目	状態（現在の状況：できること・していること・していないこと）	原因	アセスメントで明らかにするもの 問題（本人・家族の困りごと）			生活全般の解決すべき課題（ニーズ）	
健康状態	・H22年急性心筋梗塞 ・H25年3月交通事故により右足骨折後外出の機会減少、筋力低下 ・訴え：心臓痛、腰痛 ・菓子パン、大福が好き自分だけで買いに行けない、食べたい時に買いに行けない ・左側が動かない、つかまり立ちでテレビ見ている、夜中床に落ちることもある ・血圧降下剤・睡眠導入剤服用 ・腰椎圧迫骨折 ・高血圧・不眠 ・膝痛 ・足部腫脹	・飲酒 ・喫煙継続 ・甘党、歯がない ・常に長時間同じ姿勢でテレビ視聴。夜中床に落ちていることあり ・加齢	病院には行きたくない 食べたい時に食べたい、寝たい時に寝たい タバコは止められない	利用者		先生が来てくれるならいい	利用者
			姪：生活が不規則で心配です	家族（続柄）			家族（続柄）
			CM：脳梗塞、糖尿病の再発を防ぐ Dr：実家に帰ってきた時には昼夜逆転しました 姪：足の腫れも診てもらえますよ CM：家族にこもりきりで筋力が弱くなっています	意見 (※1)		Dr：脳梗塞、糖尿病の再発を防ぐ CM：生活リズムを整える必要がある Dr・Ns：血行不全を改善する必要がある	意見 (※1)
ADL	・食事：ヤングコーンを食べることでスプーンや箸を使えるようにすることはできるが、ムセがある ・入浴：自宅で1日に何回もトイレに行くが大はオムツで処理することが多い ・週2回のデイサービスで入浴、家族見守りで自宅入浴 ・排泄：つかまり立ちあり、履物があまり合わないことがあり、何かにつかまらないと起きれない、立ち上がりに支えが必要 ・移動：つかまり立ちあり、左足の上げ下げができない ・着替：できるが介助 ・整容：ひげ剃りは自分でできる ・歩行：杖歩行、足元不安定 ・仕事はしないがデイサービスで時間外作業	・認知症のため ・廃用性筋群 ・筋力低下	風呂は好きだが、 1人で入れない デイサービスで風呂に入ると心配 デイサービスはカラオケが好きだが先に帰る心配です 尿取りパッドあてる、食べやすい物を用意してほしい	利用者		好きな物を食べさせてあげてうれしい	利用者
				家族（続柄）			家族（続柄）
				意見 (※1)		Dr：デイサービスは頑張って行ってください CM：Dr：転倒を防ぐ必要がある 家族：食べやすい物を用意する必要がある 清潔を保持する必要がある（介助が必要である）	意見 (※1)
IADL	・調理：電子レンジで温めるぐらいはできる。全て訪問介護で行う。一人では全て訪問できない ・買い物：電子レンジ、ココアやお菓子、パンは自分でコンビニエンスストアに買いに行く。下着、下着本人に任せている ・掃除：在宅訪問介護	・認知力低下 ・廃用性症候群 ・筋緊張低下	家事は全然できない コンビニで自分の好きな物を買うのが楽しみ	利用者		洗濯するのだけはやってみるよ	利用者
			事業所：声をかけてやっていて食器の片づけや洗濯物を干すのを（訪問介護）	家族（続柄）			家族（続柄）
				意見 (※1)		CM：家事全般は支援が必要である	意見 (※1)
認知	・認知機能低下 ・初期の記憶から薄らいでいる	・脳梗塞後遺症	家事は事業所でもやっていて声をかけてやっている 忘れることが多くなった	利用者		お金が足りなくなると困る	利用者
				家族（続柄）			家族（続柄）
				意見 (※1)		CM：金銭管理・契約事の支援が必要	意見 (※1)
コミュニケーション能力	・難聴（大きな音でテレビをつけている） ・ゆっくり簡単な言葉で話すと理解できる	・加齢 ・認知機能	大きな音でテレビをつけている	利用者		大きな音で会話は聞こえない	利用者
				家族（続柄）			家族（続柄）
				意見 (※1)		CM：ゆっくり大きな声で話す必要がある	意見 (※1)
社会との関わり	・独居で事業所との関わりのみ ・2カ月に1回程度地区デイ利用 ・大人が来ると喜んで話しかける、おしゃべりになる ・民生委員、地区のディサービス利用	・独居 ・引っ越して慣れない環境 ・大家族で育った	引っ越して知らない場所で1人でつまらない	利用者		人が来るのは楽しい	利用者
				家族（続柄）			家族（続柄）
				意見 (※1)		CM：フットケアの必要性がある	意見 (※1)
排尿・排便	・排尿：頻尿はあるが失禁少ない、間に合わないことがある ・排便：不規則で、菓子パン騒いで試してみる、便秘気味	・認知機能、移動機能 ・不規則な食生活	トイレに間に合わない。便秘で困る CM：トイレの声かけ、排尿コントロールの必要性	利用者		Dr・Ns：排便コントロールします	利用者
				家族（続柄）			家族（続柄）
				意見 (※1)			意見 (※1)
じょく瘡・皮膚の問題	・足がむくんでいる。冷感あり ・足部自腫脹	・運動不足、血液不全 ・清潔不保持	足がむくんでいる、しもやけ 掻いて痒い	利用者		痒い、かゆいが気になる	利用者
				家族（続柄）			家族（続柄）
				意見 (※1)		Dr・Ns：フットケアの必要性がある	意見 (※1)
口腔衛生	・口腔ケア：歯がないのが行っていない	・虫歯のため ・義歯がない	口腔で一部が汚れていない	利用者		CM：口腔ケアの必要性がある	利用者
			虫歯で全部抜けた、歯医者に行かない	家族（続柄）			家族（続柄）
			Dr：血流が悪い	意見 (※1)		CM：口腔ケア・おしゃれをしたい	意見 (※1)
食事摂取	・コタツ入り座卓で食事をしている。箸が合わず使えない ・利き腕あり、箸よりスプーンで急いで食べるのでむせることがある ・食物はあり、菓子パンを食べているが胃が痛くなる	・手指がうまく動かない ・歯がない	CM：ロのまわりが汚れる、美味しい物がいい 好きな物しか食べない	利用者		食べやすい物がいい	利用者
				家族（続柄）			家族（続柄）
			事業所：1対1で話しかけても面倒がって答えない	意見 (※1)		CM他：他者との食事を楽しむ	意見 (※1)
問題行動	・信号を確認しないで道路を渡る ・雨が降ってもカッパ着ていて近所を歩かない	・認知力低下 ・高次脳機能障害	CM：名前を答えられる 大家：外前で火の不始末が心配	利用者			利用者
				家族（続柄）			家族（続柄）
				意見 (※1)		CM他：交通事故に注意する声かけ	意見 (※1)
介護力	・独居で近くに姉妹も住むも・兄は他県、近所で住んでいる。キーパーソンは姉	・兄・姉・姪：交通事故等心配 ・独居、近所にヘルパーがいい、健康不安あり	兄・姉・姪：交通事故等心配 家主：火の不始末	利用者		CM他：火の元、交通事故に注意する声かけ	利用者
			田舎のことは気にする	家族（続柄）			家族（続柄）
			兄・姉・姪：気になっているけれど田舎には行けない	意見 (※1)		CM：親族と電話で話せるようにする、田舎に帰ってもいいよ	意見 (※1)
住環境	・古い借家 ・引越しにより家具の配置が覚えられない ・玄関先に物が置かれて斜めになっていて転ぶ ・ダンボールや夏物が部屋にあちこち置かれている ・家の前は幹線道路で交通量多い	・身の立ち退きに遭わず ・身のまわりのことに本人は無頓着	ふとんがいらない	利用者		CM：暮らしやすい生活環境にする CM他：こっちに居られるよう施設探しします	利用者
				家族（続柄）			家族（続柄）
				意見 (※1)		CM：生活環境を改善するよう支援する	意見 (※1)
特別な状況				利用者			利用者
				家族（続柄）			家族（続柄）
				意見 (※1)			意見 (※1)

※1：ケアマネジャー（CM）、主治医（Dr）、その他専門職種の職種を記載

事例8：独居の認知症高齢者の生活再建への対応

課題整理総括表

利用者名　A　殿　　　作成日　平成25年10月27日

自立した日常生活の阻害要因（心身の状態、環境等）	① 脳梗塞後遺症（左麻痺）	② 交通事故後外傷（右足骨折）	③ 高血圧症、便秘、糖尿病の既往
	④ 認知力低下、高次脳機能障害	⑤ 独居、キーパーソン遠方	⑥

利用者及び家族の生活に対する意向	気ままに生活したいけれど身体のことも心配。いずれ故郷に帰ってもいいと思っている

状況の事実※2	現在	要因※3	改善/維持の可能性※4	備考（状況・支援内容等）	見通し※5	生活全般の解決すべき課題（ニーズ）[案]	※6
移動	室内移動	自立 (見守り) 一部介助 全介助	①②④	(改善) 維持 悪化	交通事故後間もなく歩行能力低下しており、動作が不安定になり転倒を繰り返している	●医療（訪問診療、訪問看護、訪問薬剤師）につなぎ、生活リズムや食生活の改善を図ることで健康不安を改善していく ●起居動作不安定で住宅の環境整備をしたり外出の機会を増やすことで下肢筋力低下、転倒を防ぐ ●認知力低下と意欲の低下で身のまわりのことができなくなっているのでデイサービスに行って他者との交流を図ることで歩行能力と外出の機会を得ることで意欲の向上を促していく ●ヘルパーと一緒に洗濯物干しをしたり食器の後片付けの再分けを行い、できることは自分でやってもらう ●金銭管理や契約事は日常生活自立支援事業や後見制度につなげる ●地域の民生委員やボランティアの見守り支援を依頼し、家主に理解が得られるよう話をかけるとして近隣との関わりにより今後暮らしていく場所については本人の意向を尊重しながら、親族に連絡をとって話し合っていく	歩行が不安定で家の中でもよく転びます。外に行きたいけど不安です。	
	屋外移動	自立 見守り (一部介助) 全介助	①②④	(改善) 維持 悪化	歯がないため柔らかい物しか食べられない。甘党、菓子パンやココアを自分で買いに行って好きな時に食べている			
食事	食事内容	自立 見守り 一部介助 (全介助)	③④⑤	(改善) 維持 悪化	嗜好が片寄り使えないのでスプーンでヘルパーの作った物も少ない分のかき混ぜている			②
	食事摂取	自立 (見守り) 一部介助 全介助	①④	(改善) 維持 悪化	ためとされるため、食べこぼしもある			
	調理	自立 見守り 一部介助 (全介助)	①②④⑤	(改善) 維持 悪化	虫歯で歯は全部欠けているが、入れ歯は外している			
排泄	排尿・排便	自立 (見守り) 支障あり	①②③④	(改善) 維持 悪化	尿意・便意はあるがトイレに間に合わず失禁している。ズボンをうまく上げられず自分でやってもらう		生活が不規則で昼夜逆転しています。健康不安を感じています。	①
	排泄動作	自立 見守り (一部介助) 全介助	①②④	(改善) 維持 悪化	蒸して、失禁後もそのままになっている			
口腔	口腔衛生	自立 見守り 一部介助 (全介助)	①②③④⑤	(改善) 維持 悪化	病院嫌いで受診を勧めても拒否あり、訪問診療を勧めて了承いただいている			
	口腔ケア	自立 見守り (一部介助) 全介助	①②④	(改善) 維持 悪化	風呂好きだった頃から1日に何度も入るが、服薬管理はできない			
服薬		自立 見守り 一部介助 (全介助)	①②③④⑤	(改善) 維持 悪化	服薬管理や薬もデイサービスで支援を依頼し、家主に理解が得られるよう			
入浴		自立 見守り 一部介助 (全介助)	①②③④⑤	(改善) 維持 悪化	はじめるようしていく			
更衣		自立 見守り (一部介助) 全介助	①②④	(改善) 維持 悪化	着替えは前後が逆になることがあり用意してもらったものを身に着けている			
掃除		自立 見守り 一部介助 (全介助)	①②④⑤	(改善) 維持 悪化	調理、洗濯、掃除、買い物、整理、物品の管理は一人でできない			
洗濯		自立 見守り 一部介助 (全介助)	①②④⑤	(改善) 維持 悪化	認知力は子どもの頃から低かったとも言われている。高次脳機能障害もあり失語で言葉があるのでコミュニケーションがとりづらい		認知機能低下により身のまわりのことができなくなっています。	③
整理・物品の管理		自立 見守り 一部介助 (全介助)	①②④⑤	(改善) 維持 悪化				
金銭管理		自立 見守り 一部介助 (全介助)	①②③④⑤	(改善) 維持 悪化	金銭管理ができないので公共料金の支払いや家賃の支払いが滞る。コンビニに買い物へ行ってもお小銭で出せないので小銭が溜まってきる			
買物		自立 見守り 一部介助 (全介助)	④⑤	(改善) 維持 悪化	契約事は一人ではできない。借金の保証人はD県に引っ越してきてからはいない			
コミュニケーション能力		支障なし (支障あり)	④⑤	(改善) 維持 悪化	地域のなじみも土地もなく疎遠状態になっている		慣れない環境で不安です。いずれ故郷に帰りたい。	④
認知		支障なし (支障あり)	①②③④⑤	(改善) 維持 悪化	寝たい時に寝て、起きたい時に起きる昼夜逆転している。タバコの火の不始末や24時間燃えている、エアコンのつけっぱなしで家主が心配している			
社会との関わり		支障なし (支障あり)	④⑤	(改善) 維持 悪化				
褥瘡・皮膚の問題		支障なし (支障あり)	④⑤	(改善) 維持 悪化				
行動・心理症状（BPSD）		支障なし (支障あり)	④⑤	(改善) 維持 悪化				
介護力（家族関係含む）		支障なし (支障あり)	①②④⑤	(改善) 維持 悪化				
居住環境		支障なし (支障あり)		(改善) 維持 悪化				

※1 本書式は総括表であり、アセスメントツールではないため、必要に応じて詳細な情報収集・分析を行うこと。なお「状況の事実」の各項目は課題分析標準項目に準拠に掲載しているが、必要に応じて追加して差し支えない。
※2 介護支援専門員が収集した客観的事実を記載する。選択肢に○印を記入。
※3 現在の状況が「自立」あるいは「支障なし」以外である場合に、そのような状態をもたらしている要因を、様式上部の「要因」欄から選択し、該当する番号（丸数字）を記入する（複数の番号を記入可）。
※4 今回の設定有効期間における状況の改善/維持/悪化の可能性について、介護支援専門員の判断として、選択肢に○印を記入。
※5 「要因」および「改善/維持の可能性」を踏まえ、「見通し」として「今後の支援の方向性（目標）」を記載する。
※6 本計画期間における優先順位を数字で記入。ただし、解決が必要でも本計画期間に取り上げることが困難な課題には「－」印を記入。

ケアプラン

ニーズ❶への対応　昼夜逆転・健康不安の改善

　日中の生活リズムを整えるため、訪問介護で定時のモーニングケア、通所介護では昼寝時間が長すぎないよう声かけを行う。また、ふとんを敷かずにタンスとコタツの間に斜めに寝ていたので不要な家具を処分し、妻の使っていたソファーベッドを部屋の中央に置いて両側にタッチアップをレンタル（福祉用具貸与）してふとんでぐっすり眠れるようにする。健康不安の解消には、訪問診療、訪問薬剤師による健康状態の把握、訪問看護や訪問介護、通所介護による状態観察と排便コントロール、服薬の見守りを行う。訪問介護、通所介護による栄養バランスのとれた食べやすい献立を提供し食生活の改善を行う。

ニーズ❷への対応　転倒予防

　家主の許可を得てトイレの手すりを住宅改修で取りつける。雑然としたダンボールや不要な家具の処分をシルバー人材センターに依頼。立ち上がりを容易にするため昇降座椅子を福祉用具貸与にてレンタルするなど住環境を整える。また、足が弱くならないよう歩く機会を確保すること、信号に注意して歩くことなど本人に声かけし、週1回の訪問看護でストレッチや歩行訓練を行う。

ニーズ❸への対応　自立支援・清潔の保持

　自立に向けて洗濯物干しや食器の後片づけ、タバコの吸い殻を捨てることを自分でやってもらい、家事支援全般や更衣介助、ゴミの分別は毎日の訪問介護で、金銭管理の支援は日常生活自立支援事業を利用。

　清潔の保持については、楽しみながら入浴し、清潔を保てるよう週2回、通所介護で洗髪、洗身、入浴介助。訪問介護、通所介護で排泄の声かけ、失禁時の介助、随時陰部洗浄を行う。キーパーソンが遠方であることから成年後見制度の利用も考える。

ニーズ❹への対応　一人暮らしの不安解消、帰郷を検討

　転倒や体調不良時の本人からの緊急通報等機器の貸与、災害時の要援護者登録、あんしんカード、自治会、民生委員、市の見守りサービスの活用。また、他者との交流を楽しめるよう地区ボランティアの訪問を受けるなど地域で顔見知りを増やす。週2回のデイサービスでカラオケやアクティビティに参加して心身共に活性化できるようにする。

　本人が希望するD県への帰郷については、訪問の医師や関連事業所の担当者からも本人の意向を確認、D県に住む姪や姉、兄に本人の状況を報告し今後について話し合い、D県地域包括にも受け入れについて相談していく。

□初回アセスメントによる週間予定表

　180頁参照

ケアマネジャーのふりかえり

・独居の認知症高齢者のケアプラン作成にあたっては、ニーズが複雑で多様であることから、関わる事業所や援助者も多数になる。簡潔でわかりやすいプランを心がけたが、第2表が何枚にもなってしまうことが悩みとなった。

ケアプランのチェックポイント

・シルバー人材センター、日常生活自立支援事業、自治会、民生委員、見守りサービス、訪問ボランテイア、セルフケアなど初回ケアプランに位置づけられている背景には、アセスメント段階から幅の広い、心強いネットワークが構築されていたことがある
・長期目標と短期目標に同じ目標が設定されている場合、Aさんが望む生活を長期計画とし、その生活を目指すためにAさんは何を行うかを短期目標として設定することもプランとして有効である
・目標に「～しましょう」とケアマネジャーの働きかけを設定する場合、働きかけへのAさんの反応を言語化しておき、それを目標として設定できるか吟味することも考えられる
・第2表が複数枚になってしまう場合、分析と統合について事例検討を行うことも一つの手段である

居宅サービス計画書（1）

第1表

初回 ・ 紹介 ・ 継続　　認定済 ・ 申請中

利用者名　　A　殿　　生年月日　昭和19年○月○日　住所　B市C町
居宅サービス計画作成者氏名　　S
居宅介護支援事業者・事業所及び所在地　B市R居宅介護支援事業所
居宅サービス計画作成（変更）日　　年　月　日　　初回居宅サービス計画作成日　平成25年10月27日
認定日　平成25年10月12日　　認定の有効期間　平成25年11月1日　〜　平成26年10月31日

要介護状態区分	要介護1 ・ 要介護2 ・ 要介護3 ・ 要介護4 ・ 要介護5
利用者及び家族の生活に対する意向	本人：「引っ越してきて慣れない土地で不安。腕も足も痛いけれど病院には行きたくない。ふだんは寝たい時に寝て気ままな生活を続けたい。故郷の野山を歩きたい」 姪：「経済的援助はできません。家の保証人にはなります。帰ってきても一緒に住むことはできないけれど施設は探します。お墓参りには連れて行けます」 兄姉：「自分たちも通院しています。同居することはできません。施設入所したほうが安心です。故郷に帰ったほうがいいと思います」
介護認定審査会の意見及びサービスの種類の指定	
総合的な援助の方針	※脳梗塞後遺症左麻痺、（交通事故による）右下肢外傷後、認知機能低下。既往歴として膵炎、胃潰瘍、大腸ポリープ 独居で、交通事故後閉じこもりがちになりADL、認知機能が低下しています。本人、家族の意向を聴きながら心身ともに安定した生活が送れるよう故郷に帰ることも目標にして医療と介護、地域と連携してチームで支援していきます。
生活援助中心型の算定理由	1. 一人暮らし　2. 家族が障害、疾病等　3. その他（　　　　）

居宅サービス計画書（2）

第2表

利用者名　　A　殿

生活全般の解決すべき課題（ニーズ）	目標				援助内容					
	長期目標	（期間）	短期目標	（期間）	サービス内容	※1	サービス種別	※2	頻度	期間
生活が不規則で昼夜逆転しています。健康不安を改善したい。	病気の再発とADLの低下を防ぎます。	H25.11〜H26.4	健康状態を把握します。	H25.11〜H26.1	・訪問診療	○	訪問診療	F医院	月1〜2回	H25.1〜H26.1
				H25.11〜H26.1	・薬の管理、居宅療養管理指導	○	訪問薬剤師	I薬局	月1〜2回	H25.1〜H26.1
				H25.11〜H26.1	・状態観察、処置、排便コントロール ・緊急時訪問看護	○	訪問看護	J訪問看護ステーション	週1回	H25.1〜H26.1
				H25.11〜H26.1	・状態観察 ・服薬見守り	○	通所介護 訪問介護	K事業所 L事業所	週2回 毎日	H25.1〜H26.1
	食生活の改善をします。	H25.11〜H26.4	食生活の改善をします。	H25.11〜H26.1	・栄養バランスのとれた食べやすい献立の提供	○	通所介護 訪問介護	K事業所 L事業所	週2回 毎日	H25.1〜H26.1
	日中の生活リズムをつけます。	H25.11〜H26.4	日中の生活リズムをつけます。	H25.11〜H26.1	・朝決まった時間に訪問しモーニングケアと更衣介助	○	訪問介護	L事業所	毎日	H25.11〜H26.1
					・昼寝時間の声かけ	○	通所介護	K事業所	週2回	H25.11〜H26.1
			ふとんでぐっすり眠れる環境を作ります。	H25.11〜H26.1	・妻が使っていたソファーベッドの利用 ・両側にタッチアップレンタル	○	福祉用具貸与	M事業所	毎日	H25.11〜H26.1
歩行が不安定でよく転びます。外に行きたいけれど不安です。	転倒しないようにします。	H25.11〜H26.4	住環境を整えます。	H25.11〜H26.1	・トイレの手すり ・昇降座椅子のレンタル	○	住宅改修、福祉用具貸与	M事業所	利用	H25.11〜H26.1
					・不要品処分		シルバー人材センター	B市	早々	H25.11〜H26.1

事例8：独居の認知症高齢者の生活再建への対応

生活全般の解決すべき課題(ニーズ)	長期目標	(期間)	短期目標	(期間)	サービス内容	※1	サービス種別	※2	頻度	期間
			足が弱くならないよう歩く機会を作ります。	H25.11～H26.1	・信号に注意してコンビニまで歩く		本人		随時	H25.11～H26.1
					・ストレッチ ・歩行訓練	○	訪問看護	J訪問看護ステーション	週1回	H25.11～H26.1
もの忘れが進んでおり身のまわりのことができなくなっています。	できることは自分で、できないことは手伝ってもらいましょう。	H25.11～H26.4	できることは自分で、できないことは手伝ってもらいましょう。	H25.11～H26.1	・洗濯物干し ・食べた食器の後片づけ、タバコの始末		本人		毎日	H25.1～H26.1
					・家事全般支援 ・更衣介助	○	訪問介護	L事業所	毎日	H25.1～H26.1
					・ゴミ収集		B市	清掃局	週1	H25.1～H26.1
					・金銭管理の支援		日常生活自立支援事業	Pセンター	月2回	H25.1～H26.1
	清潔を保ちます。	H25.11～H26.4	入浴を楽しみます。	H25.11～H26.1	・洗髪、洗身、入浴介助	○	通所介護	K事業所	週2回	H25.1～H26.1
			早めにトイレに行きます。	H25.11～H26.1	・早めにトイレに行く		本人		毎日	H25.1～H26.1
					・排泄の声かけ ・失禁時の介助、陰部洗浄	○	訪問介護 通所介護	L事業所 K事業所	毎日	H25.11～H26.1
	成年後見制度の利用に向けて考えます。	H25.11～H26.4	成年後見制度の利用に向けて考えます。	H25.11～H26.1	・ショート利用、施設、今後のことを考えていく		地域包括支援センター、B市高齢課、日常生活自立支援事業、居宅介護支援事業所	関連する事業所	早々	H25.11～H26.1
慣れない環境で一人暮らしが不安です。故郷に帰れるのなら帰りたい。	独居生活を支えます。	H25.11～H26.4	緊急時対応の支援をします。	H25.11～H26.1	・要援護者登録、安心カード		自治会、民生委員		早々	H25.11～H26.1
					・市の見守り機器利用		B市見守りサービス		毎日	H25.11～H26.1
			地域住民の訪問をします。	H25.11～H26.1	・地区民生委員、ボランティアの訪問		C町社会福祉協議会		月1回程度	H25.11～H26.1
			地域ケア会議の開催を目指します。	H25.11～H26.1	・認知症、独居者が地域で暮らし続けるための支援		Q地域包括支援センター、R居宅介護支援事業所、民生委員		早々	H25.11～H26.1
	他者との交流を楽しみます。	H25.11～H26.4	他者との交流を楽しみます。	H25.11～H26.1	・デイサービスでカラオケやアクティビティを楽しむ	○	通所介護	K事業所	週2回	H25.11～H26.1
	故郷に帰る相談をします。	H25.11～H26.4	故郷に帰る相談をします。	H25.11～H26.1	・本人の意向確認 ・D県の親戚、地域包括に連絡し相談します。		D県親戚、Q地域包括、R居宅介護支援事業所		今後の課題	H25.11～H26.1

※1 「保険給付の対象となるかどうかの区分」について、保険給付対象内サービスについては○印を付す。
※2 「当該サービス提供を行う事業所」について記入する。

第3表								週間サービス計画表	

利用者名　　　　　殿

		月	火	水	木	金	土	日	主な日常生活上の活動
深夜	4:00								
早朝	6:00								
午前	8:00	訪問介護	訪問介護	訪問介護	訪問介護	訪問介護	訪問介護	訪問介護	起床　朝食
	10:00								
	12:00								昼寝
午後	14:00		通所介護			通所介護			↓ほとんどうとうとしている
	16:00			訪問看護					
	18:00								間食、昼食、夕食 食べたい時に食べている
夜間	20:00								
深夜	22:00 4:00								テレビ見ながら寝たり起きたり

週単位以外のサービス	福祉用具貸与（移動用リフト、手すり）　訪問診療、訪問薬局（月1～2回）　日常生活自立支援事業（月2回） 市のゴミ収集（週1回）　市の見守り機器のサービス（毎日）　地区ボランティア・民生委員訪問（月1回）

サービス担当者会議

ケアプラン原案に沿ってこれまで関わってきた担当者の話を聴きながら、①独居認知症高齢者の生活をどう支えていくか、②何を優先して行っていくか、③各事業所の関わり方や内容について、本人の意向も確認の上、話し合った。

ケアマネジャーのふりかえり

- 支援開始に伴う担当者会議は10人以上が集まり、部屋に入りきらないほどであった
- 会議前に各担当者からあらかじめ意見聴取する等準備をして時間内に終えるよう心がけたが、なかなかそうはいかない。これまで関わってきた訪問介護事業所はいろいろな思いがあるようだった。今後、ミニカンファレンスを行いながら課題を整理していくこととした

サービス担当者会議のチェックポイント

- 訪問診療の主治医も民生委員も含むフルメンバーに近い全員出席のサービス担当者会議で、利用者が主役として参加している様子がうかがえる
- 「今後、ミニカンファレンスを……」というケアマネジャーの考えは、効率的で有効な方法である

ケアプランの確定

ケアプラン原案を確認しながら環境整備、医療系サービスの関わり、権利擁護について確認、介護サービスの内容について再確認しながらケアプランを確定した。

ケアマネジャーのふりかえり

- 担当者会議前までの本人は、意欲も言葉数も少なく「どうなってもいいや」という雰囲気だったが、自分の支援者が一堂に会し、自己紹介を促すと急に表情が明るくなり話を始めたので驚いた
- 受診を拒んでいたが、訪問診療医の優しい言葉かけに本人は安心感を抱いたようだった。ケアマネジャーも医療系担当者の関わりにより気持ちがかなり楽になった

確定ケアプランのチェックポイント

- ケアチームの医師がサービス担当者会議でケアプランを承認し、利用者にも励ましや注意を促す声かけをしている様子を出席メンバーが確認したことは、自立支援チームとしての結束力を強くする効果につながったと考えられる

第4表　サービス担当者会議の要点

作成年月日：　平成25年10月31日

利用者名：　A　殿　　居宅サービス計画作成者（担当者）氏名：　S
開催日時：　平成25年10月31日　13時～13時40分　開催場所：　自宅　　開催回数：　1回

	所属（職種）	氏名	所属（職種）	氏名	所属（職種）	氏名
会議出席者	本人	A	F医院(訪問診療)	G	J訪問看護St(訪問看護)	J
	I薬局(訪問薬剤師)	I	K事業所(通所介護)	K	L事業所(訪問介護)	L
	M事業所(福祉用具)	M	地域包括支援センター	Q	日常生活自立支援事業	P
	民生委員	O	R居宅介護支援事業所	S		
検討した項目	11月より要支援2から要介護2に変更になり、担当が地域包括支援センターから居宅介護支援事業所に変わる。今後の本人の生活を支えるためのサービス開始の担当者会議					
検討内容	1．生活をどう支えていくか 2．優先して行うこと 3．各事業所の関わり方について					
結論	1．認知症も進んでおり一人暮らしをどう支えていくかの具体策を検討 2．環境整備を行う（転倒防止のための不要な家具の処分と整理、手すり取りつけ、ふとんで眠れる環境づくり）、緊急時対応のための災害援護者登録等の依頼、日常生活自立支援事業の開始 3．医療系の関わり（訪問診療、訪問看護、居宅療養管理指導（訪問薬剤師））の開始、通所介護、訪問介護の内容、連携の確認					
残された課題 (次回の開催時期)	本人としては「気ままに生活ができればいい。今は特に困っていることはない」という意向。一人暮らしをどう支えていくか医療と介護のチームで連携して支えていく。親族にも連絡をとっていく。					

医療情報シート （主治医意見書の該当項目から転記、面談等による意見を記入してください。）

記入日：平成25年10月27日	病院・診療所名　　F医院　　担当医師氏名　　G
1．現在の病状 　(1)　診断名	脳梗塞後遺症（左麻痺）、右下肢外傷後、認知機能低下
(2)　症状としての安定性	安定　　　　　　　　　(不安定)　　　　　　　　不明
(3)　生活機能低下の直接の原因となっている傷病または特定疾病の経過および投薬内容を含む治療内容	・認知機能は日付の認知は保たれているが金銭管理、コミュニケーションをとりづらい等あり何らかの機能低下が疑われる ・左片麻痺あり脳梗塞のエピソードを疑う。高次脳機能障害が疑われる。既往に糖尿病があったが現在は検査データに異常は見られない（今後再発のリスクはあり）
2．生活機能の現状 　(1)　障害高齢者の日常生活自立度 　　　 認知症高齢者の日常生活自立度	自立　　J1　　J2　　A1　　A2　　(B1)　　B2　　C1　　C2 自立　　Ⅰ　　Ⅱa　　Ⅱb　　(Ⅲa)　　Ⅲb　　Ⅳ　　M
(2)　認知症の中核症状 　　　短期記憶 　　　日常の意思決定を行うための認知能力 　　　自分の意志の伝達能力	無　(有)（　　　　　　　　　　　　　　　　　　　　　　） 無　(有)（　　　　　　　　　　　　　　　　　　　　　　） 自立　　　いくらか困難　　(見守りが必要)　　判断できない 伝えられる　　いくらか困難　　(具体的要求に限られる)　　伝えられない
(3)　認知症の周辺症状	(無) 有　(幻視・幻聴)　妄想　(昼夜逆転)　(暴言)　暴行　介護への抵抗　徘徊　(火の不始末) 　　不潔行為　異食行動　性的問題行動　その他（　　　　　　　　　）
(4)　その他の精神・神経症状 　　　専門医受診の有無	無　(有)（　失語、失書、高次脳機能障害　　　　　　　　　　　　　） (無)　有（　　　　　　　　　　　　　　　　　　　　　　　　　　）
(5)　身体の状態	利き腕　(右)・左　　身長（167 cm）　体重（67 kg） 麻痺（　左上下肢　　　　　　　　　　　　　　　　　　　　　　） 筋力の低下（　両下肢　　　　　　　　　　　　　　　　　　　　） 関節の拘縮（　　　　　　　　　　　　　　　　　　　　　　　　） 関節の痛み（　両下肢　　　　　　　　　　　　　　　　　　　　） 失調・不随意運動（　　　　　　　　　　　　　　　　　　　　　） 褥瘡（　　　　　　　　）その他の皮膚疾患（　　　　　　　　　）
3．今後の見通しと療養上留意すること 　(1)　現在発生しているまたは今後発生の可能性の高い状態とその対処方針	状態（　尿失禁、転倒骨折、移動能力低下、褥瘡、心肺機能低下、閉じこもり、意欲低下、徘徊、低栄養、摂食嚥下機能低下、脱水、易感染性　　　　　　） 対処方針（　　　　　　　　　　　　　　　　　　　　　　　　　）
(2)　サービス利用による生活機能の維持・改善の見通し	(期待できる)　　　　　　期待できない　　　　　　不明
(3)　医学的管理の必要性	訪問診療、訪問看護、訪問歯科診療、居宅療養管理指導（訪問薬剤師）、訪問リハビリテーション、短期入所療養介護、訪問歯科衛生指導、訪問栄養食事指導、通所リハビリテーション
(4)　サービス提供における医学的観点からの留意事項	血圧やや高め、移動（下肢左麻痺軽度）
4．特記すべき事項	独居で生活しています。公的サポートが必要です。現在HbA1c（グリコヘモグロビン）5.5％　今後偏った食事を続けていくと、糖尿病のリスクがあります。

　年　月　日　開催のサービス担当者会議に出席できないので、主治医から出席者に伝えたいこと。

①ケアプラン原案について

②サービス、サービス提供スタッフ等に対する意見・指導・助言

③その他、福祉用具の活用についてのご意見等

個人情報の管理に厳重注意！

モニタリング

①居宅サービス計画の実施状況

　医療系サービスが入り健康不安が軽減し、安心感から生活意欲も少しずつ出てきた。医師は訪問のたびに時間をかけてゆっくり本人の意向を聴き、ケアマネジャーも同席してアセスメントができた。タバコを止めることもできた。生活習慣では好き嫌いや不規則な生活時間の改善が難しい。ソファーベッドで眠れるよう医師からも声かけしてもらい動作をアセスメントした。

　起居動作は以前より容易になり、訪問看護師と外を散歩することが楽しみになっている。認知症の進行によるADLの低下を防ぐため、自分でできることはできるだけやってもらうよう声かけしている。

　成年後見制度について日常生活自立支援事業の相談員に相談したところ、費用がかかるという問題点を指摘された。独居生活を支えるための緊急時対応、地域住民の訪問が行われ地域になじみをもつことができるようになっている。地域ケア会議の開催については具体的な相談内容がまとまらないと難しいと思われた。

　デイサービスで昼食と夕食を摂ること、カラオケ参加で交流ができている。親族やD県地域包括支援センターとの連絡も取りはじめて、帰る準備をしている。

②居宅サービス計画の点検

　医療系サービスの開始により、健康不安は軽減され、ADLの低下を防いでいる。日中の生活リズムはなかなかつくれない。散歩の機会もできてきたが起居動作、歩行の不安定さがあり椅子から立ち上がろうとして転倒、襖を破いてしまった。

　認知機能低下によりできないことが増え支援が必要になっており、清潔保持は訪問介護の時間内で難しくなっている。金銭管理の面では、襖の修理費を高額支払いしてしまうなど権利擁護の必要性は高い。独居生活を支えるにはフォーマル資源だけでは賄えない。地域のインフォーマル資源の利用が欠かせない。

③今後の方針・対応

　引き続き医療が関わってADL低下を防ぐ必要がある。ソファーベッドを部屋の真ん中に置き、どの方向からでも出入りできるようにする。不安定な歩行や起居動作の改善に向けて血流改善の内服や運動を継続。認知機能低下で介助に手間がかかってきており訪問介護の時間も足りなくなっている。失禁が多く、通所のない日は夕方にも訪問介護を増やす必要があり要介護区分の変更をしていく。成年後見制度については引き続き相談。

　なじみの場所、立ち寄れる所が利用者には必要と思われるが、インフォーマル資源の開発や地域の理解を得るために地域ケア会議の開催を担当地域の地域包括に相談していく。本人

の「できることなら故郷に帰りたい」という意向に沿えるよう、近い将来の帰郷を意識してD県親族に本人の様子を報告、地域包括支援センターにD県での受け入れ状況等を相談していく。

ケアマネジャーのふりかえり

- 支援期間は約1年だったが、大変長く感じたケースだった。途中で何度も事業所やその他関連機関とのミニカンファレンスを行った。キーパーソンが遠方であり日常生活自立支援事業を利用していたが、途中で高額な修理費を言われるまま支払ったこと、今回の立ち退き問題もあり後見制度利用の必要性を強く感じた
- 「ケアマネジャーがどこまでやるのか」は永遠のテーマであるが、どんなケースも終わりは来る。最後に本人と家族が笑顔になればと思う
- Aさんはその後、故郷の温泉付き特養に入所し、すぐに友人もできた様子。お国言葉になじんだのだと思う。いくつもの壁にぶつかりながらも多くの人に助けられた。D県の相談員、ケアマネジャー、Aさんに関わった医師や担当者、そしていつも叱咤激励して見守ってくれた居宅介護支援の仲間に感謝の気持ちでいっぱいである

モニタリングのチェックポイント

- ケアマネジャーとして、支援困難な課題をそのままにせず、粘り強く、あきらめず全力投球の関わりをした成果が認められる。このような熱意のある支援活動をケアマネジャーの単独行動にしないように、事業所内でもカンファレンスを開催し、地域ケア会議に事例として提起を検討するなど、組織として承認させる手段を伴っている
- また修理代金の高額な請求や立ち退きに伴うごみの処分経費についても、利用者の権利を擁護する代弁者として根拠規定を確認して動いたことは、個別課題から地域課題を意識していく重要な実践である

| 第5表 | | 居宅介護支援経過 |

利用者名　　　A　　　殿

居宅サービス計画作成者氏名　　　S

年月日	内容
平成25年10月15日	**＜新規依頼＞** ・11月から要支援2から要介護2に変更になることから、地域包括支援センターよりケアマネジメントの依頼あり ・平成24年12月、立ち退きにより現住所地に転居。翌年3月、交通事故による左足骨折で入院後、閉じこもりがちになっており、認知症の症状進行も見られる。キーパーソンである姪は遠距離に住んでおり、生活全般の支援が必要 【中略】
平成26年8月12日	**＜D県地域包括支援センターに電話＞** ・3月中旬、姪が施設一覧表を取りに来たが申し込んだかどうかはわからない ・D県は高齢化率が高い。現住所が県外では面接もできないので施設入所は厳しい ・特養は2カ所あるが要介護4、5の人でも入れない。何百人待ちである。小規模の特養、老健、グループホームはあるが同じく待ちが多い。家族が施設に足を運んでもらうしかない
平成26年8月13日	**＜D県の老健相談員に電話＞** ・男性の個室の空きは出るが月に14万円かかる（洗濯代は別） ・多床室は男性部屋が少ない。いずれにせよ本人と面接する必要がある ・とりあえずキーパーソンの姪に申し込みしてもらう必要がある
平成26年9月1日	**＜居宅訪問－モニタリング＞** ・本人と会い、F医院G医師の訪問診療に立ち合う ・血圧は安定しているが足が冷たい。右足の血管が触れにくい。浮腫あり。水虫で皮むけはあるが改善している ・便はまだ硬く出血があるので大腸菌死菌・ヒドロコルチゾンを処方 本人の意向確認 本人：「デイサービス本当は行きたくない。家で寝ていたい」 Dr：「身体のためには仕事と思い行ったほうがいいですね」 CM：「Aさん、D県に帰りたいですか」 本人：「帰りたいけど……」 CM「B市にずっと住んでいたいと思いますか」 本人「そう、もう40年以上住んでいて長いから」 CM：「今は一人で暮らしていらっしゃるけれど、動けなくなった時は施設とか考えられますか」 本人：「いいよ」（Yesの意）
平成26年9月16日	**＜T不動産が当事業所来所＞**

	・家主より「明け渡しのお願い」を委任された文書を預かる 　「賃貸の契約していただいておりますが、貸家の老朽化が進んでおり危険になることが懸念されます。従いまして今年中に移転をお願い申し上げます。 　なお移転先についてはT不動産に一切をお任せしましたのでご了解くださいますようお願い申し上げます。 　　平成26年9月16日　　A様　　○○○○」 ・家主はAさん本人に認知症があり最初から独居が不安だった。本人に直接言っても話が通じなかったのでケアマネジャーを訪ねてきたという。すぐに施設に入れるような年金収入はないので退去は難しいのではないかと伝える 居宅介護支援事業所管理者に相談 ・本人の意思を確認するとともに各事業所に独居継続かどうか確認していく ・家主と何かトラブルはないか、火の元を心配しているが現在は喫煙も調理もしていない。施設入所は年金が月に13万円で第四段階であるので従来型でないと難しい。後見人の話も勧めて行く段階か。姪にも再度確認していく
平成26年9月17日	<現状アセスメント> J訪問看護ステーション 担当者：「状態的には悪くはないのでまだ一人暮らしは大丈夫。一人でも歩いて来られるようになった。人が集まる場所が好きだから施設でもなじめるかもしれない」 L訪問介護事業所 担当者：「C町もやっと慣れてきている。以前の場所ではよく散歩に行って近所の人に声をかけてもらっていた。先日登山家のテレビを見ていて『富士山に登りたい』といったので意欲があり驚いた。今しばらくは一人暮らしでも大丈夫ではないか」 K通所介護事業所 担当者：「以前より意欲は上がっている。感情表出はあるがトラブルにはなっていない。在宅ではどうなんでしょうか。ヘルパー訪問で継続はできているが生活リズムの乱れで昼夜逆転しているのか机でずっと突っ伏して寝てしまうことある。金銭管理の支援も必要で客観的に見て独居は難しくなってきている。近い将来入所になっていくのでは」 <居宅訪問> ・家主からの手紙を見せて代読。年内で引っ越さなければならないことを話す ・深いため息をついて「また引っ越しか……」と言う CM：「これからどうしましょうか」 本人：「……。こんど引っ越したらもう引っ越ししたくない」 ・アパートや借家だとまた出なければならない可能性もある。ずっと住み続けることができる場所をD県で探すことを聞く ・B市にも思い出は残っているよう。D県への帰郷については考えてほしいと答える 姪に電話 ・本人の現在の状況、立ち退きの件を伝える 姪：「本人に電話をしてもやりとりが不十分。（実家）近くの施設に入れればいいのですが……」 ・姪は地域包括支援センターにも相談し、特養の申し込みをしていると言う。農作業

		で忙しい様子
・介護保険証のコピーと家主からの手紙を姪に郵送することになった
平成26年9月18日	<他県の兄、姉に電話>	
	・兄、姉も療養中であるとのこと。本人は住み慣れたB市から離れたくないとも思っていることを伝える	
	兄・姉：「そんなこと言っていられない。わがまま言っていられない。自分たちは動けないので、姪がそう言ってくれるのならば故郷に帰ったほうがいい」	
平成26年9月19日	<D県地域包括支援センターに電話>	
	地域包括：「介護保険の施設は何百人も待機がある。ケアハウスは月8〜9万円だが一時金は50万円かかる」	
	CM：「高齢者が住めるアパートか借家はないか」	
	地域包括：「町営もあるが、町民でも待ちの状況。町民でもないのに申し込みはできない。2万人の小さな町で、状況もわからない他県からの転入者の住宅探しの手伝いはできない。リスクが高い。火の不始末も心配。居宅（ケアマネ）も受けてくれるかどうかわからないし不動産屋もない。有料は15、6万円かかるがいずれにしても想定しにくい。帰って来てくださいとは言い難い。受け入れは難しい」	
	・地域包括の話に落胆する。姪が相談しても解決の糸口が見つけられるかどうか	
平成26年9月20日	<居宅ミーティングで他ケアマネに相談>	
	・D県の居宅に情報を聴く	
	・面接なしで入所できる老健を探す。アパートは親族に探してもらうしかない。D県で見つけられない場合、B市で住居、施設を探していかなければならない	
	・地域包括の社会福祉士にも経過報告	
	民間老人ホーム紹介センターに電話	
	・D県の施設を探してもらう。実家から車で1時間ほどの場所にサービス付き高齢者向け住宅（7〜8万円）で1室空きあり。資料を姪に郵送する旨依頼	
	T不動産から電話	
	担当者：「昨日、本人のところに行った。できるだけ早く出てほしい」	
	・ケアマネジャーより親族と相談中であること、本人はようやく慣れてきた場所からの引っ越しで不安になっていることを伝える	
平成26年9月24日	<姪より電話>	
	・サ高住に見学申し込み希望で行ったが、既に満室と言われた	
平成26年9月25日	<B市高齢福祉課に電話>	
	・軽費老人ホーム、養護老人ホーム、特養にも該当しない。県営か市営を当たってみたらどうか、と言われる	
平成26年9月29日	<電話相談>	
	D県特養の相談員	
	・姪から申し込みはしているが待機者は多い。転居してきて独居であれば順番も早くなる。第四段階だと13万円前後かかる、アパートで独居にてサービス利用して待っている人もいる。法人併設の居宅介護支援事業所にも相談可能である。連絡先を教	

	えてもらう D県老健の相談員 ・冬季は雪が多いので11〜2月頃まで満室になるが春先に空きは出る。本人との事前面談は必要である
平成26年10月4日	<居宅訪問> ・本人を訪問するとU生命保険会社担当者と会う ・11月末までに契約内容が変更されてしまう。本人は金銭管理を日常生活自立支援事業に依頼している。契約事については支援が必要な状況であることを説明。42歳で生命保険に加入。受取人は亡くなった兄になっていることが判明。11月末までに契約変更が必要で特約がなくなる。解約することも可能であるということでキーパーソンの姪に連絡してもらうことになる ・U生命保険は以前の住居にも行っていたが、ある日突然引っ越して転居先がわからなくなり市役所で調べて現在のところに2回ほど来たが、Aさんに話しかけてもいつも「はい、はい、はい」というだけで困っていたという
平成26年10月15日	<T不動産より電話> 担当者:「どうなったのか。いつ出て行ってくれるのか」 CM:「探しているが住居問題なのでケアマネが全て負うことはできない。保証人にも相談してほしい」 担当者:「じゃあそうするわ」 日常生活自立支援事業担当者から電話 ・貯金が減っている。交通事故の慰謝料として50万円あったのが35万円になっている。姪は「貯金のあるうちに戻って来てほしい」と言っている ・本人に聞いてサービスの見直しや小遣いの金額を相談していくことになる
平成26年10月18日	<居宅訪問ーミーティング> ・入所金額がネックになっている ・区分変更して認知症自立度がⅢa。認知症障害者控除が適用にならないか、B市県民税課に電話 ・B市では年間収入155万円以上で住民税が課税される。住民税課税の状態では施設サービスを利用した場合の居住費・食費の負担限度額が第4段階となるが障害者控除認定を受けることで住民税非課税となり負担限度額が第3段階となる。したがって施設入所の費用負担が減額される ・障害者控除の申請をB市役所で行った。5年前まで遡って申請することができる。申請は委任状があれば代理人でも可能
平成26年10月20日	<D県老健に電話> ・本日姪が申し込みに来た。確実ではないが春先に入所できる可能性はある。非課税になると負担限度額第三段階が適用され、ユニットで10万円、従来型で9万円くらいである ・居宅のケアマネジャーに電話を回してもらう ・今までの経緯を説明するとサ高住の空き情報を教えてくれる。11万円くらいのところがあるという。連絡先を聞く

	・姪に電話し、減免で施設入所の金額が低くなること、サ高住の情報を伝える。U生命保険からも連絡がきた。解約すると200万円くらいになる。親族で話し合い解約することにした ・施設は探しているが13、4万円かかってしまう。介護保険施設にはなかなか入れそうもないと言われる
平成26年10月24日	**＜L訪問介護事業所より電話＞** ・訪問時に、家主から本人に「来月末には出てください」と言われていたと報告あり
平成26年10月28日	**＜姪から電話＞** ・紹介されたところを何カ所かまわってやっと最後に空きが見つかった。住宅型老人ホームで申込金10万円、月15万円かかる。生命保険を解約するので介護保険施設が空いたら移るつもりで11月中旬に迎えに行きますと言う ・日帰りで乗用車で行くので、遺骨（妻の）と最小限の衣類だけ持って行く。家具や家電は置いていく。住民票の異動届け等手続きはこちらで手伝うことになる **居宅訪問** ・本人を訪問。訪問診療の医師も来ていた。D県に帰れることになったこと伝える　Aさんはほっとした様子 ・先生より「Aさん、良かったですね。帰ったらイノシシに追いかけられないようにね」との言葉に「あいよ〜」とニコニコ顔で答える
平成26年11月6日	**＜居宅訪問＞** ・訪問、本人にお会いする。引っ越しは18日と伝える ・家主が訪ねてきて「家財道具の処分にお金がかかり困る」と言う。保証人とやりとりしてください、と答える。T不動産の当初の話では引っ越し料金の支払いがないので処分はしてもらえると聞いていた **賃貸不動産に関する相談** ・不動産適正取引推進機構に電話相談 ・「老朽化」では立ち退きの正当な理由にはならないが、正当な理由として迷惑をかけていないことが前提である。この人の場合、認知症があり今後迷惑をかける可能性がある。何かあった時に善良なる管理者としての役目が果たせなくなればそれは「正当な理由」になる ・家主に対して本人の意向を代弁する人、後見人を立てることが筋であるが、親族がその役目を果たすのではないか、本人をどう保護していくかは行政や親族の意思による、と説明を受ける
平成26年11月18日	**＜D県への帰省＞** ・D県から姪夫妻が迎えに来た ・Aさんは朝から落ち着かず外に出て待っていた。故郷に帰ることを楽しみにしている ・別れ際に「（故郷の）○○山に登るの、楽しみですね」と伝えるとうれしそうに手を振ってくれた

評 価 表

利用者名　　　A　　　殿
作成日　平成26年1月31日

短期目標	(期間)	援助内容 サービス内容	サービス種別	※1	結果 ※2	コメント（効果が認められたもの/見直しを要するもの）
健康状態を把握します。	H25.11～H26.1	訪問診療	訪問診療	F医院	○	訪問医の診療により本人の安心感が得られ血液検査により病状が明確になる。医師の声かけで禁煙ができている。
		薬剤管理	居宅療養管理指導	I薬局	△	訪問薬剤師により配薬、管理が行われている。
		状態観察、処置、排便コントロール	訪問看護 通所介護 訪問介護	J訪問看護ステーション K事業所 L事業所	△	排便状況、皮膚の状態が把握できるようになった。健康状態を把握し医療との連携がとれるようになった。
食生活の改善をします。	H25.11～H26.1	栄養バランスのとれた食べやすい献立の提供	通所介護	K事業所	△	デイサービスでは他利用者と一緒にほとんど完食。
			訪問介護	L事業所	△	訪問介護は2つの事業所で連携して食事の提供をしているが好き嫌いあり、食べにくい物あり、食べたい時に食べるといった習慣もありで残食が多くなっている。また自分で買ってきた菓子パンを食べてお腹がすかない。
日中の生活リズムをつけます。	H25.11～H26.1	朝決まった時間の訪問、モーニングケア、更衣介助	訪問介護	L事業所	△	起こしてもなかなか起きない。失禁していることが多いので更衣介助に時間がかかっている。
		昼寝時間の声かけ	通所介護	K事業所	△	カラオケ以外は机に突っ伏して寝ていることが多い。夜中もテレビをつけっぱなしで寝ている。
ふとんでぐっすり眠れる環境を作ります。	H25.11～H26.1	ソファーベッドとタッチアップで眠れる環境を作る	福祉用具貸与	M事業所	△	環境は整っているが慣れないため、コタツのところで寝てしまうことがあり声かけを継続していく。
						ベッドや手すりの位置を見直す。
住環境を整えます。	H25.11～H26.1	トイレの手すりを住宅改修で取りつける	住宅改修 福祉用具貸与	M事業所	◎	トイレでの起居動作が容易になった。
		昇降座椅子のレンタル			△	コタツで食事やテレビを見たりしているが、立ち座りが容易になっている。
		不要品を処分し環境を整える	シルバー人材センター	B市	◎	不要な家具や物品を整理・処分し、部屋の中がスッキリ片づいて起居動作、移動がしやすくなった。
足が弱くならないよう歩く機会を作ります。	H25.11～H26.1	信号に注意してコンビニまで歩く	本人	本人	△	歩く機会は確保できているが信号無視があるので声かけを継続していく。
		ストレッチ、歩行訓練	訪問看護	J訪問看護ステーション	△	優しい看護師と歩行訓練することが気に入っている。
できることは自分で、できないことは手伝ってもらいましょう。	H25.11～H26.1	洗濯物干し、食器の後片づけ、タバコの火の始末	本人	本人	△	タバコは止めることができた。洗濯物干し等は気が向くと行っている。
		家事全般支援、更衣介助	訪問介護	L事業所	△	失禁が多く、時間の間隔がタイトになっている。
		ゴミ収集	B市	清掃局	△	ゴミ出しの時間が合わないためヘルパーが持ち帰ることもあったが、個別収集で助かっている。
		金銭管理の支援	日常生活自立支援事業	Pセンター	△	家賃、公共料金や事業所への支払いが滞ることがない。
入浴を楽しみます。	H25.11～H26.1	入浴時の洗髪、洗身介助	通所介護	K事業所	△	家では洗えていないので清潔が保てる。
早めにトイレに行きます。	H25.11～H26.1	トイレ介助、陰部洗浄	通所介護 訪問介護	K事業所 L事業所	△	トイレに間に合わず失禁が多いので、介助や声かけが必要となっている。
成年後見制度の利用に向けて考えます。	H25.11～H26.1	ショート利用、施設利用において必要性がある	日常生活自立支援事業、地域包括支援センター、B市、ケアマネジャー	関連事業所	△	キーパーソンが遠隔地でショートステイや施設の利用が難しくなっている。今後の権利擁護について相談が必要。

長期目標	期間	短期目標	サービス内容	※1	頻度	期間	実現度 ※2	備考
緊急時対応の支援をします。	H25.11〜H26.1	要援護者登録、安心カード作成 市の見守り機器利用	見守り機器	B市			△	台風、地震等の災害が発生した場合の援護者登録を行う。見守り機器の貸与により、本人が緊急時ボタン一つで救急車が呼べることや夜間の状態を把握することができる。
地域住民の訪問をします。		地区ボランティアの訪問	地区ボランティア、民生委員	民生委員 地区社協			△	地域のボランティアや民生委員が訪問することで本人の生活状況を把握してもらうこと、地域になじみができる。
地域ケア会議の開催を目指します。	H25.11〜H26.1	認知症、独居者が地域で暮らし続けるための支援	地域包括支援センター、居宅介護支援事業所、民生委員	関連機関			△	Aさんのケースを通して、認知症独居高齢者が地域で在宅生活を継続していくためにどんな資源や支援が必要か地域ケア会議で話し合うことができるよう相談していく。
他者との交流を楽しみます。	H25.11〜H26.1	デイサービスでカラオケやアクティビティで楽しむ	通所介護	K事業所			○	デイサービスのような集団の場所で好きなカラオケに参加して楽しむことができている。
故郷に帰る相談をします。	H25.11〜H26.1	本人の意向を確認しD県親族、包括に連絡し相談していく	D県親族、地域包括支援センター、CM	関連機関			△	親族と連絡をとり、本人にも電話に出てもらうようにしている。D県地域包括に施設情報等も聞いていく。

※1 「当該サービスを行う事業所」について記入する。　※2　短期目標の実現度合いを5段階で記入する（◎：短期目標は予想を上回って達せられた、○：短期目標は達せられた（再度アセスメントして新たに短期目標を設定する）、△：短期目標は達成可能だが期間延長を要する、×1：短期目標の達成は困難であり見直しを要する、×2：短期目標だけでなく長期目標の達成も困難であり見直しを要する）

💡困難化させない支援のヒント

編集委員会

- 「介護支援専門の業務はどこまでやるべきか」と投げかけられる課題に対して、本事例ではケアマネジャーが自ら答えを出している
- 居宅介護支援の業務としては努力義務の範疇に入るものであっても、自立支援に必要な支援であれば中断することは避けたい
- 故郷に帰りたいという利用者の思いを、抽象的な夢にとどめず、1年間の目標として達成できた支援のプロセスから学ぶことは多い

ケアマネジャー

- 認知症独居高齢者の支援は他機関との連携が不可欠である。利用者の生活を支えるためには介護保険の制度だけでなく障害者支援制度、年金制度、医療保険、その他関連法令の知識が必要になってくることがある。フォーマル資源だけでは課題解決できないことも多い。地域においてインフォーマル資源の開発や地域住民とのつながりがこうしたケースを支えていくのではないだろうか
- 支援者としてソーシャルワークの視点がブレることのないよう立ち位置を保つこと、制度改正や周辺の状況に絶えずアンテナを張ること、勉強し続けること、そして何よりも本人の意思を尊重することが大切ではないかと感じている

ポイント解説：日常生活自立支援事業

　日常生活自立支援事業は、認知症高齢者・知的障害者・精神障害者等のうち判断能力が不十分な人が地域において自立した生活が送れるよう利用者との契約により「生活支援員」が福祉サービスの利用援助等を行うもので、社会福祉法第2条第3項に規定された第二種社会福祉事業で、第81条の福祉サービス利用援助事業である。

　実施主体は都道府県・指定都市社会福祉協議会（窓口業務等は市町村の社会福祉協議会等）で、対象となるのは、上記のように判断能力が不十分で日常生活に必要なサービス利用等が本人のみでは適切に行うことができない人、そして契約内容を判断できると認められている人である。

　援助内容は、①福祉サービス（高齢者福祉サービス、障害福祉サービス）の利用援助、②日常的金銭管理（年金および福祉手当の受領に必要な手続き、医療費や税金、社会保険料、公共料金を支払う手続き、預金の払い戻し、預け入れ、解約の手続き等）サービス、③書類等（年金証書、預貯金の通帳、権利証、保険証書、実印・銀行印等）の預かりサービスを行う。

　利用希望者が、実施主体に対して申請（相談）を行うと、実施主体は、利用希望者の生活状況や希望する援助内容を確認し、契約の内容について判断できるかどうかの能力判定を行う（「契約締結審査会」）。

　利用希望者が要件に該当すると判断した場合には、利用希望者の意向を確認し、援助内容や実施頻度等を決める「支援計画」を策定し、契約が締結される。支援計画は、生活支援員によってサービスが提供され、援助内容や判断能力の変化等利用者の状況を踏まえ、定期的に見直される。

　サービスの提供には利用料が発生し、その額は実施主体によって異なる。ただし、生活保護受給者については、公的補助があり無料である。

社会福祉法
（都道府県社会福祉協議会の行う福祉サービス利用援助事業等）
第81条　都道府県社会福祉協議会は、第110条第1項各号に掲げる事業を行うほか、福祉サービス利用援助事業を行う市町村社会福祉協議会その他の者と協力して都道府県の区域内においてあまねく福祉サービス利用援助事業が実施されるために必要な事業を行うとともに、これと併せて、当該事業に従事する者の資質の向上のための事業並びに福祉サービス利用援助事業に関する普及及び啓発を行うものとする。

事例9：介護力不足の三世代家族への対応

チーム連携で、自宅での介護・看取りを希望する本人と家族の在宅継続への支援

キーワード 全身衰弱／多職種協働／チームアプローチ／暫定ケアプラン
主介護者の多重問題／介護の見える化

［事例の概要］

- Aさん、93歳、女性。要介護5、三世代同居。高血圧、廃用症候群、低栄養
- 20年前に夫を亡くし、娘夫婦と孫との5人暮らし
- 幼少時に足を悪くして杖歩行であったが2年前から歩行困難となり通院も中断
- 室内は這って移動して何とか自分のことはできていたようだが、平成28年1月末に急に動けなくなり開業医に往診してもらったところ、高血圧、低栄養、全身衰弱が進んでいると言われ介護保険を申請している
- 主介護者の長女は週3日パートに出ており日中独居となる。また障害のある孫が仕事をやめた時期とも重なり、長女は母親の介護まで気がまわらない状況の中で、本人が望んでいるからと自宅での介護・看取りを希望している
- 本事例は、急を要するサービス提供であり、要介護認定申請中であったことから暫定ケアプランを実施しながら本人・家族の状況を把握、適切な本ケアプラン作成につなげた事例

［ケアマネジメントの依頼経緯］

- 往診医からの支援依頼
- 高血圧で診療を続けていたが2年間ほど通院がなかった患者の家族から依頼されて往診をし、低栄養、廃用症候群と診断したが内臓に疾患はない
- 数日前から寝たきりの状態のため介護保険が利用できるようにしてほしい。本人・家族ともに介護保険のサービスを利用した在宅での生活を希望しているので、支援してほしいとのこと

[ケアプラン作成までの経過]

日　付	手　段	対　象	キーワード	内　容
平成28年 2月1日	電話	開業医	新規依頼	・担当患者が寝たきりの状態で、家族が在宅介護を希望しているため介護保険が利用できるようにしてほしい
平成28年 2月2日	訪問	本人・家族	初回訪問	・介護保険の説明 ・要介護認定の代理申請
平成28年 2月3日	訪問	家族	契約	・長女から正式にケアマネジメントの依頼あり
平成28年 2月4日	訪問	本人・家族	アセスメント実施	・長女と必要なサービスの相談
平成28年 2月5日	訪問	本人・家族	担当者会議（1回目）	・暫定ケアプランの作成
平成28年 2月8日	訪問	本人	訪問看護初回サービスの同行	・褥瘡の発見
平成28年 2月9日	訪問	本人	訪問介護初回サービスに同行	・キーボックスの確認
平成28年 2月15日	訪問	本人	身体状況の確認	・訪問入浴介護の必要性を確認
平成28年 2月16日	訪問	長女	面談	・訪問入浴介護の利用を提案・了承
平成28年 2月18日	訪問	本人・長女	担当者会議（2回目）	・訪問入浴介護導入に際する会議の開催
平成28年 2月24日	訪問	本人・長女	本人状態確認 再アセスメント実施	・脱水症状の疑いで再アセスメント ・ネグレクトを危惧し、地域包括支援センター担当者に相談
平成28年 2月25日	訪問	本人・長女	面談	・本人の状態確認 ・長女の子どもの相談
平成28年 2月28日	電話	長女	連絡	・要介護5の判定結果 ・明日の担当者会議開催を連絡
平成28年 2月29日	訪問	本人・家族	担当者会議（3回目）	・本プラン作成

ケアマネジャーのふりかえり

- 介護保険の申請と暫定ケアプランを同時進行させるかたちでの支援の開始となった
- 長女が1月29日に母親が動けなくなっているのを発見してから2月1日に往診医に連絡するまでの間、本人はふとんで寝たきりの状態だったため、右半身に褥瘡ができ、握られた手のひらは汚れた状態だった
- 室内は飼い犬の糞や尿がそのままになっていた
- 「数日前までは入浴ができていた」との長女の発言と実際の状況には乖離があり、ネグレクトがあるのではないか？と考え、地域包括支援センターに相談し、地域の中で見守りをしてほしいと依頼した
- 全身衰弱が著明であったため、往診医、訪問看護師と連携して危機的な状況を回避したいと考えた
- 長女は、母親の介護と障害のある子どものことで頭がいっぱいであったが、一人っ子のため他の家族の支援がないことから、条件的に在宅介護はかなり困難と感じた

ケアプラン作成までのチェックポイント

- 長女からの情報と現状の乖離に一定の判断をし、地域包括支援センターへ相談に行っている
- 地域での見守りについて具体的にどのようなことが望まれ、それらの対応の検討がどのようになされたかプロセスを言語化しておくことは、支援の再現性のポイントになると考える
- 差し迫った課題解決のため、医療連携に視点を集中させることで健康状態の重度化の回避を見積もっている

アセスメント

ニーズ❶ 医療機関にかかり安定した病状で過ごすことができる

幼少時から下肢に障害があり杖歩行をしていたが、2年ほど前から歩行困難となり室内は這って移動をしていたため、通院できなくなり、高血圧の治療が中断されていた。そのため、服薬等の身体状態の管理ができていなかったので、医療の再開と継続的な診療が必要である。

ニーズ❷ 必要な栄養や水分を摂取することができる

検査結果で低栄養との診断が出たので、栄養のあるものを食べること、脱水にならないように定期的に水分を摂る必要がある。

ニーズ❸ 褥瘡を治療する

褥瘡ができ、痛みもある様子。悪化させないようにする必要がある。

ニーズ❹　清潔に日常生活を過ごすことができる

本人の部屋には飼い犬がいて、荷物の間にふとんがどうにか敷けるくらい乱雑である。犬の排泄物もそのままになっており、衛生面の課題がある。

長女は数日前まではお風呂に入っていたはずと言ったが、手のひらは汚れており数カ月は入浴ができていなかったと想像される状況にある。保清が課題である。

ニーズ❺　長女の介護負担を軽減できるように支援をする

長女は母親が動けなく寝たきりになっても、すぐに医療機関への相談や救急車を要請することなく自分で様子を見ている。また、発達障害（アスペルガー症候群）のある自身の子どもが、養護学校卒業後に勤めた特例子会社を対人関係がうまくいかず突然離職してしまい、どう対応してよいか戸惑い行動を起こせないでいるため、家族全員を支援するチームが必要である。

ケアマネジャーのふりかえり

環境因子：①長女家族と同居していたが密な交流がなかった、②飼い犬の世話ができなくなり衛生状態が悪くなっていた、③整理整頓ができておらず住環境が整っていない、④近隣との交流がなくなっていた、⑤同居していると介護保険で生活支援が受けられない

個人因子：①下肢の障害、②加齢による筋力・体力の低下、③医療の中断、④視力・聴力の低下、⑤認知症

アセスメントのチェックポイント

- 環境因子と個人因子に分けて健康・生命に直結する課題を明らかにし、早急に対処が必要であることについて整理し優先順位をつけている
- 長女の置かれている状況を考察し、本人だけでなく長女とその子どもの支援までを視野に入れニーズとして取り上げている

基 本 情 報

※提出ケアプラン作成時点（平成28年2月28日）

利用者名	Aさん	性別	男・㊛	生年月日	㋸・昭和 12年（93歳）
住　所	○県○市				

主　訴	〔相談経路〕 ・居宅支援事業所の近隣の開業医からの依頼 ・2年間通院がなかった患者の家族から往診の依頼があり、動けない状況と連絡があった ・往診の結果、低栄養があるものの内臓に疾患はない ・本人、家族が自宅での生活を希望しているので介護保険でプランを作ってほしい 〔本人・家族の要望〕 本人：「家にいたい」 長女：「急に動けなくなって困っている。本人は病院が嫌いなので在宅で見ていきたい。週3日パートで働いているので、その間介護保険のサービスを使いたい」

生活歴・ 生活状況	〔生活歴〕 ・20年前に夫が亡くなり、一人暮らしになったので家を建て娘夫婦と生活をするようになった。1階に本人、2階に長女家族が居住。台所、浴室は共用していた ・2年前から歩行が困難となり、外出することがなくなり、近隣との関わりもなくなった。犬が好きでずっと飼っている 〔趣味・特技〕演歌を聴くこと。手芸 〔家族状況〕

続柄	年齢	同別居	健康状態	就労有無
長女	55歳	同	良	有
長女の夫	58歳	同	良	有
孫	25歳	同	良	有
孫	23歳	同	障害あり	無

健康管理 ※かかりつけ医のNoに○をつける	No.	病名	初診年月日	医療機関	診療科	服薬情報
	①	高血圧	平成20年	F医院	内科	カンデサルタンシレキセチル グリセリン アズレンスルホン酸ナトリウム水和物 白色ワセリン
	2	廃用症候群	平成28年	F医院	内科	
	3	低栄養	平成28年	F医院	内科	
	4					
	5					

日常生活自立度	障害高齢者の日常生活自立度	C1	認知症高齢者の日常生活自立度	Ⅲa

認定情報	要介護度　要介護5　（平成28年2月1日 　　　　　　　　　　　　～平成29年1月31日）	認定日	平成28年2月26日

アセスメント理由	㊟新規・　更新　・　区分変更　・　その他（　　　　　　　　　）

利用者の他法関係情報	【医療保険の種類　後期高齢者】【年金の種類　遺族年金】【生活保護受給　有・㊝】 【障害者関係手帳（㊣、知的、精神）　5等級等の程度】取得年月日　　【難病認定　　　】

現在利用しているサービス	（フォーマル・インフォーマルを含めて） 暫定プラン作成時 往診・訪問看護・訪問介護・訪問入浴介護・福祉用具貸与・地域包括支援センター

チェックポイントシート

平成28年2月27日現在

課題分析標準項目	状態（現在の状況：できること・できないこと・していること・していないこと）	原因	アセスメントで明らかにするもの 問題（困りごと）（本人・家族の思い、意向）		生活全般の解決すべき課題（ニーズ）	
健康状態	・高血圧、全身衰弱。寝たきりで動けない	・低栄養	利用者		利用者	
			家族（続柄）	長女：急に動けなくなり介護が必要になった	家族（続柄）	長女：医者に診てもらう
			意見（※1）	CM：体力を回復させたい	意見（※1）	Dr：病状管理をしていく
ADL	・2年前から歩行困難となり、室内を這って移動していた。数日前から寝たきりの状態となり、食事は全介助。更衣・排泄は全介助	・低栄養・加齢による機能低下	利用者		利用者	
			家族（続柄）	長女：パートで働いているので、おむつ交換ができない	家族（続柄）	長女：不在時にヘルパーに来てほしい
			意見（※1）		意見（※1）	CM：介護保険で訪問介護を利用したい
IADL	・全て長女がやっている	・機能低下	利用者		利用者	
			家族（続柄）	長女：介護負担が増してきている	家族（続柄）	
			意見（※1）		意見（※1）	
認知	・食事をしたかわからない	・認知症の進行	利用者		利用者	
			家族（続柄）	長女：もっとしっかり食べてほしい	家族（続柄）	長女：食事介助の仕方が不安
			意見（※1）	Dr：食事はしっかり摂ってほしい	意見（※1）	CM：補助食品を利用してみる
コミュニケーション能力	・目は白内障がありほとんど見えておらず、聴力は大きな声であれば一通り聞こえる ・傾眠傾向にあり声かけをするとうなずく。簡単な問いかけに答える	・医療の中断	利用者		利用者	
			家族（続柄）	長女：耳が悪いので話が通じない	家族（続柄）	
			意見（※1）	CM：聴力、体調面から会話が成立しづらい	意見（※1）	
社会との関わり	・2年前から外出することなく、近所の関わりもなくなっていた。ベッド上での介護事業者・長女との関わりのみ	・歩行ができなくなった ・認知症の進行	利用者		利用者	
			家族（続柄）		家族（続柄）	
			意見（※1）		意見（※1）	
排尿・排便	・おむつで全介助	・認知症の進行	利用者		利用者	
			家族（続柄）	長女：おむつの必要になった	家族（続柄）	長女：仕事で不在の時に手伝ってほしい
			意見（※1）	CM：長女が不在になる	意見（※1）	CM：ヘルパー等で対応する
じょく瘡・皮膚の問題	・尿意/便意感じていない	・低栄養 ・住環境	利用者		利用者	
			家族（続柄）	長女：褥瘡ができており、処置している	家族（続柄）	長女：褥瘡の処置の仕方がわからない
			意見（※1）	訪看：これ以上悪化しないように早く治したい	意見（※1）	訪看：褥瘡の処置・手順を長女に指導
口腔衛生	・右臀部に褥瘡ができており、処置している	・問題なし	利用者		利用者	
			家族（続柄）		家族（続柄）	
			意見（※1）		意見（※1）	
食事摂取	・訪問看護師に指導を受け口腔ケアは長女が行っている	・機能低下	利用者		利用者	
			家族（続柄）	長女：食事量が減っている	家族（続柄）	長女：栄養をきちんと摂りたい
			意見（※1）	CM：1日1回はきちんと食事を摂らせたい	意見（※1）	CM：食事介助をして栄養が提供されるようにする
問題行動	・食事の用意は長女が行い、週4日は昼に訪問介護が入り食事介助をしている	・認知症の進行	利用者		利用者	
			家族（続柄）	長女：夜寝られない時がある	家族（続柄）	
			意見（※1）	CM：医師と相談していく	意見（※1）	Dr：薬を処方して様子を見る
介護力	・昼夜逆転、大声を出す時がある	・家族関係	利用者		利用者	
			家族（続柄）	長女：介護は自分しかいない	家族（続柄）	長女：介護を手伝ってもらいたい
			意見（※1）	CM：介護負担減を考えていきたい	意見（※1）	CM：介護者が1人しかおらず、孫の面倒もあり支援が必要
住環境	・介護者は長女のみ。家族はいるが協力は得られない	・家族関係	利用者		利用者	
			家族（続柄）	長女：部屋の中は勝手にいじれなかった	家族（続柄）	長女：部屋を片づける
			意見（※1）	CM：介護サービスが入れる環境を作る	意見（※1）	CM：部屋を片づけて介護用ベッドを入れる
特別な状況	・1階に本人、2階に長女家族が住んでいるが整理整頓ができていない	・機能低下	利用者		利用者	
			家族（続柄）	自分では面倒を見られない	家族（続柄）	長女：面倒を見てほしい
			意見（※1）	CM：犬も動けない状態になっている	意見（※1）	CM：大をケージに入れて食事を与える
	・1階の本人の居住スペースに室内で犬を2匹飼っている ・1匹は見が悪死している状態で、本人のふとんの上で寝たきり					

※1：ケアマネジャー（CM）、主治医（Dr）、訪問看護（訪看）

事例9：介護力不足の三世代家族への対応

課題整理総括表

利用者名　A　殿　　作成日　平成28年2月27日

自立した日常生活の阻害要因 (心身の状態、環境等)	① 筋力・体力の低下	② 栄養・水分不足	③ 希薄な家族関係により状況判断ができていない
	④ 家族の介護力の不足	⑤ 住環境が整っていない	⑥ 認知症

利用者及び家族の生活に対する意向	本人：「自宅で生活したい」 家族(長女)：「高齢でもあり、病院嫌いなので自宅で見てあげたい」

状況の事実※1		現在※2	改善/維持の可能性※4	要因※3	備考(状況・支援内容等)	見通し※5	生活全般の解決すべき課題(ニーズ)[案]※6
移動	室内移動	自立　見守り　一部介助　(全介助)	改善　維持　(悪化)	①②⑤	●筋力・体力低下で寝たきりの状態	2年以上医療が中断されていたが、医師・訪問看護師等と連携して医療を受ける体制を作ることで体調管理ができる	自宅での生活を継続できるよう体調を安定させたい ※6 1
	屋外移動	自立　見守り　一部介助　(全介助)	改善　維持　(悪化)	①⑤⑥	●外出していない		
食事	食事内容	自立　見守り　支障なし　(支障あり)	改善　(維持)　悪化	②④⑥	●調理は長女が行い、食事は長女とサービス事業者による介助		
	食事摂取	自立　見守り　一部介助　(全介助)	改善　(維持)　悪化	①④⑥			
排泄	排尿・排便	自立　見守り　支障なし　(支障あり)	改善　維持　(悪化)	①	●おむつ交換は長女・サービス事業者による全介助	褥瘡がで
きているので、栄養面の管理と福祉用具等の環境整備での改善を図ることができる	褥瘡を改善させたい 2
	排泄動作	自立　見守り　一部介助　(全介助)	改善　維持　(悪化)	①④⑥			
口腔	口腔衛生	自立　見守り　(支障なし)　支障あり	(改善)　維持　悪化		●長女が口腔ケアをしている		
	口腔ケア	自立　見守り　一部介助　(全介助)	(改善)　維持　悪化				
服薬		自立　見守り　一部介助　(全介助)	改善　(維持)　悪化		●住診により服薬開始。管理は長女	感染等を起こさないために保清に気を配る	清潔な環境で生活したい 3
入浴		自立　見守り　一部介助　(全介助)	改善　(維持)　悪化		●手のひらの汚れから保清面に問題ありと判断、訪問入浴サービスを導入		
更衣		自立　見守り　一部介助　(全介助)	改善　(維持)　悪化		●更衣は長女・サービス事業者で介助		
掃除		自立　見守り　一部介助　(全介助)	(改善)　維持　悪化	③④⑤	●本人任せだったため物品整理および管理はできていなかった。長女に支援を依頼対応してもらった		
洗濯		自立　見守り　一部介助　(全介助)	(改善)　維持　悪化	③			
整理・物品の管理		自立　見守り　一部介助　(全介助)	(改善)　維持　悪化	①③⑥			
金銭管理		自立　見守り　一部介助　(全介助)	改善　(維持)　悪化	①③⑥		主介護者である長女が抱える障害のある息子への不安を軽減し、長女を精神面からも支援する	長女の介護負担を軽減する 4
買物		自立　見守り　一部介助　(全介助)	改善　(維持)　悪化	①			
コミュニケーション能力		自立　見守り　(支障なし)　支障あり	改善　(維持)　悪化	①⑥	●声かけには反応し、ごく簡単なことは話をする		
認知		自立　見守り　支障なし　(支障あり)	改善　(維持)　悪化	⑥	●昼夜逆転、夜間の声出しがあり睡眠導入剤を処方されている		
社会との関わり		自立　見守り　支障なし　(支障あり)	改善　(維持)　悪化	①⑤⑥			
褥瘡・皮膚の問題		自立　見守り　支障なし　(支障あり)	(改善)　維持　悪化	①②④	●右臀部に褥瘡、処置で介護ベッド、褥瘡予防マットレスの貸与を開始した		
行動・心理症状(BPSD)		自立　見守り　支障なし　(支障あり)	改善　(維持)　悪化	⑥	●介護者は週3日の仕事をしながら、障害のある子の世話もしている		
介護力(家族関係含む)		自立　見守り　支障なし　(支障あり)	改善　(維持)　悪化	③④	●本人宅は荷物であふれても敷けない状況。ベッド搬入準備として家族に片づけを依頼、対応してもらった		
居住環境		自立　見守り　(支障なし)　支障あり	(改善)　維持　悪化	⑤			

※1 本書式は総括表であり、アセスメントツールではないため、必ず別に詳細な情報収集・分析を行うこと。なお「状況の事実」の各項目は課題分析標準項目に準拠して記載している。
※2 介護支援専門員が収集した客観的事実を記載する。選択肢に○印を記入する。
※3 現在の状況が「自立」以外である場合に、そのような状況をもたらしている要因を、様式上部の「状況の事実」欄から選択し、該当する番号(丸数字)を記入する(複数の番号を記入可)。
※4 今回の認定有効期間における「改善/維持の可能性」について、介護支援専門員の判断として選択肢に○印を記入する。
※5 「要因」および「改善/維持の可能性」を踏まえ、「要因」を解決するための援助内容と、それが提供されることにより見込まれる事後の状態(目標)を記載する。
※6 本計画期間における支援が必要だと判断される課題について、自立支援に効果的と考える順に数字で記入する。ただし、解決が必要だと判断できない課題には「─」印を記入する。

ケアプラン

ニーズ❶への対応　医療機関にかかり病状の安定を図る

本人は通院ができない状況であるため往診を週1回、訪問看護週3回を基本にし、緊急時訪問看護加算をつけて対応した。

ニーズ❷への対応　必要な栄養や水分の摂取

主介護者の長女が週3日仕事で日中不在となるため、訪問介護を週3回依頼し、昼食の食事介助、水分補給を行った。

ニーズ❸への対応　褥瘡の改善

動けない状態でふとんに寝ていたことから褥瘡が右臀部にできてしまった。福祉用具で特殊寝台・特殊寝台付属品、褥瘡予防マットの貸与を受けた。

訪問看護師の訪問当初は、長女にケアの仕方を見てもらい実施できるように指導する目的から1週目は連日訪問、2週目から週3回と必要時に追加で訪問することとした。

サービスが入らない日は長女が対応する。

ニーズ❹への対応　生活を快適に過ごす

長女と同居しているので生活援助をプランに入れることができないため、部屋の整理整頓、掃除、洗濯は長女に依頼した。体調を見て訪問看護で清拭、手・足浴により保清をしていたが、服薬で血圧が安定したため訪問入浴介護で全身浴を週1回開始した。

ニーズ❺への対応　長女の介護負担軽減

母親の介護、週3回のパート勤務に加え、障害のある子どもの就労のことなど長女は何をどこから始めてよいかわからずにいる様子である。子どものことは地域包括支援センターを中心にチームを作ってもらい、必要時にケアマネジャーが参加する体制を作った。子どものことで外出が必要な時は各事業所と連携して対応できるように配慮、負担軽減を図った。

□暫定ケアプランの作成

本プラン確定までに担当者会議を2回開催し、暫定プランを作成した（次頁に第3表を掲載）。

事例9：介護力不足の三世代家族への対応

第2編 ● 事例編

 ケアマネジャーのふりかえり

- 緊急性があるケースの場合、必要なサービスを提供できる時にその事業所とサービス担当者会議を行い随時プランに入れていく、走りながらプランを作っていくことも必要ではないか。利用者を困らせない、待たせないことに配慮した

ケアプランのチェックポイント

- 暫定プランの必要性を明らかにし、弾力的にケアマネジメントプロセスを踏むことで、利用者の困っている状況に介入している

第1表　　　　　　　　　　　居宅サービス計画書（1）

（初回）・紹介・継続　　（認定済）・申請中

利用者名　　A　殿　生年月日　　年　月　日　住所
居宅サービス計画作成者氏名
居宅介護支援事業者・事業所及び所在地　　S事業所
居宅サービス計画作成（変更）日　平成　年　月　日　　初回居宅サービス計画作成日　平成28年2月29日
認定日　平成28年2月26日　　認定の有効期間　平成28年2月1日　～　平成29年1月31日

要介護状態区分	要介護1　・　要介護2　・　要介護3　・　要介護4　・　（要介護5）
利用者及び家族の生活に対する意向	本人：「自宅で生活がしたい」 家族（長女）：「急に動けなくなり介護に困っています。高齢でもあり、病院が好きではないので自宅で看ていきたい。パートだが仕事もしているので、できないところを手伝ってほしい」
介護認定審査会の意見及びサービスの種類の指定	
総合的な援助の方針	自宅での生活を継続したいという、本人、家族の思いを支えるために以下のように支援をしていきます。 ①家族が病状や介護のことで不安になった時に対応できるよう24時間連絡対応できる体制を整えます。 ②状態変化に対応できるよう主治医や各事業所と密に連携を取り支援していきます。 ③快適に生活できるよう環境を整えていきます。 　緊急連絡先：長女　○○○-○○○○-○○○○
生活援助中心型の算定理由	1．一人暮らし　2．家族が障害、疾病等　3．その他（　　　　　　　）

202

第2表					居宅サービス計画書（2）					

利用者名　　A　殿

生活全般の解決すべき課題（ニーズ）	目標				援助内容					
	長期目標	（期間）	短期目標	（期間）	サービス内容	※1	サービス種別	※2	頻度	期間
安定した状態で過ごしたい	家族と自宅での生活を継続する	H28.2.29〜H29.1.31	医療を受け安定した状態で過ごせる	H28.2.29〜H28.7.31	病状管理、処方24時間対応療養指導	○	居宅療養管理指導	F医院	週1回必要時	H28.2.29〜H28.7.31
					緊急時連絡体制医療連携病状・服薬状況の確認排便コントロール	○	訪問看護	K訪問看護St	週3回必要時	H28.2.29〜H28.7.31
			必要な栄養や水分を摂取できる	H28.2.29〜H28.7.31	食事の提供食事介助		家族	長女	毎日	H28.2.29〜H28.7.31
					補助食品の情報提供		居宅介護支援	S事業所	必要時	H28.2.29〜H28.7.31
					食事介助水分補給	○	訪問介護	Iケアセンター	週4回	H28.2.29〜H28.7.31
					水分補給	○	全事業所		週6回	H28.2.29〜H28.7.31
			褥瘡を改善する	H28.2.29〜H28.7.31	褥瘡の処置・観察・家族指導	○	訪問看護	K訪問看護St	週3回	H28.2.29〜H28.7.31
					おむつ交換清拭	○	訪問介護家族	Iケアセンター	週4回毎日	H28.2.29〜H28.7.31
					特殊寝台・サイドレール・オーバーテーブル・床ずれ予防マット	○	福祉用具貸与	M社	毎日	H28.2.29〜H28.7.31
			快適に日常生活を過ごすことができる	H28.2.29〜H28.7.31	清拭・足浴・陰部洗浄・おむつ交換・更衣介助	○	訪問介護	Iケアセンター	週4回	H28.2.29〜H28.7.31
					入浴介助・皮膚の観察と処置	○	訪問入浴介護	Q訪問入浴介護	週1回	H28.2.29〜H28.7.31
					部屋の整理整頓・洗濯		家族	長女	適宜	H28.2.29〜H28.7.31
自宅で生活を続けたい	孫の問題を解決する	H28.2.29〜H29.1.31	介護や子育てについて相談できる	H28.2.29〜H28.7.31	障害のある孫の相談		地域包括支援センター	地域包括障害福祉課	適宜	H28.2.29〜H28.7.31
					介護全般の相談	○	居宅介護支援	S事業所	適宜	H28.2.29〜H28.7.31

※1　「保険給付の対象となるかどうかの区分」について、保険給付対象内サービスについては○印を付す。
※2　「当該サービス提供を行う事業所」について記入する。

第3表　週間サービス計画表

利用者名　A　殿

		月	火	水	木	金	土	日	主な日常生活上の活動
深夜	4:00								
早朝	6:00								
	8:00								起床　整容　朝食
午前	10:00	訪問看護 9:30-10:30		訪問看護 9:30-10:30		訪問看護 9:30-10:30			
	12:00		訪問介護 12:30-13:30	訪問介護 12:30-13:30		訪問介護 12:30-13:30	訪問介護 12:00-13:00		昼食
午後	14:00				訪問入浴介護 14:00-15:30				
	16:00								
	18:00								夕食
夜間	20:00								就寝
深夜	22:00 4:00								

週単位以外のサービス	特殊寝台貸与、特殊寝台付属品貸与（ベッド手すり×2・テーブル）、床ずれ防止マットレス貸与 緊急時訪問看護加算

サービス担当者会議

　病状を医師から説明してもらい、本人、長女の希望である在宅継続で合意を得る。医師の意見に介護力不足を補う必要があると記されているように、長女は、介護しようという気持ちが感じられるものの、要介護5の状態であるにもかかわらず、本人が食べなかった、飲まなかったと本人任せにしているところもある。そのため、記録表を用意し、栄養・水分については具体的に見える形で長女に記入してもらい、全事業所もサービス時に記入することを決めた。

ケアマネジャーのふりかえり

- 医療情報はプラン作成に必要であるため必ず取り寄せるようにしている
- サービス担当者会議は計画原案の修正を行うだけでなく、各専門職の役割、他者の役割を理解し複眼的な視点で検討できる場と考える。サービスが毎日入ると本人が元気になる、誰も入らない日は翌日元気がないなど日々の体調変化にも気をつけた
- 体調変化は飲水が関係をしているのではないか？とのことから訪問看護師が飲水量を記入する表を作成してくれることになり、情報の共有を行うことができた

サービス担当者会議のチェックポイント

・担当者会議でのチーム形成を意識し、弾力的介入によって見えてきたことを整理してチームに伝え、共有することを実施し、発展的なケアマネジメントを展開している
・迅速かつ柔軟にプランを作成しており、1カ月の間に担当者会議を3回実施し、認定が出た1カ月経過の時点では関係者一同が集まりモニタリングの結果に基づいた支援の方向づけを確認している

ケアプランの確定

栄養・水分を確実に摂れるように、訪問介護は、長女の勤務日の火・水・金曜日の昼と勤務が入る可能性がある土曜日の昼にサービスに入ることになる。福祉用具の変更、マットレスから褥瘡予防マットレスへ、食事介助をしやすくするためにテーブルを導入した。往診を週1回とした。訪問看護週3回。緊急時の加算をつけ24時間対応できる体制を作る。血圧が安定し、訪問入浴を追加している。

ケアマネジャーのふりかえり

・各事業所が専門的な視点からアセスメントを行い、これからの暮らしに対するリスクについても情報共有ができた
・主介護者の介護力を見極めることも大切なことと考えた

確定ケアプランのチェックポイント

・担当者会議の場では伝えにくい内容（限定した関係者だけに知らせておきたい内容）がある場合、ケアプランを確定させて交付する際に、長女の介護力に関して（障害のある孫に関する情報含む）各関係者からモニタリング結果の情報が寄せられるように働きかけをすることも有効であろう

第4表			サービス担当者会議の要点			

作成年月日： 平成28年2月29日

利用者名： A 殿　　居宅サービス計画作成者（担当者）氏名： T
開催日時： 平成28年2月29日　　開催場所： 自宅　　開催回数： 3回

会議出席者	所属（職種）	氏名	所属（職種）	氏名	所属（職種）	氏名
	長女	B	Iケアセンター（訪問介護）	J	Q訪問入浴介護	R
	F医院（往診医）	H	M社（福祉用具）	N	S事業所（ケアマネジャー）	T
	K訪問看護St	L	地域包括支援センター	P		

検討した項目	・介護認定の結果要介護5を受け、暫定プランの見直しと居宅サービス計画の原案の検討とサービス状況の情報共有を行う ①往診医から病状説明、②総合的な援助方針の確認、③緊急連絡の方法、④居宅介護サービス計画の目標共有と具体的な内容の確認
検討内容	①主治医：医療中断による血圧の不安定さはあるが検査では内臓に大きな問題なく、低栄養と高齢による老衰。褥瘡を悪化させないようにすること ②長女の意向確認：「障害のある子どもの就労のことで精一杯だが、高齢の母は自宅での生活を希望しているので介護保険サービスを利用して在宅で見ていきたい」 ③長女不在時、緊急の際はまず訪問看護Stに連絡をする。その後長女の携帯、職場の電話にかける ④各サービス担当者にサービス計画書（別紙）を参照してもらいながら確認
結論	・本人、長女の希望通り主治医の指示の下、在宅での支援を継続していく ・暫定で導入したサービスにより褥瘡が画期的に改善されたため、褥瘡改善のためのマットレスから褥瘡予防マットレスに変更 ・栄養、水分の摂取量により体調の変化が大きいため、介助者が食事量・飲水量を記録し、長女および全ての介助者で共有していく（記録用紙を作成） ・障害のある長女の子どもの相談は、地域包括支援センターの社会福祉士を中心に市の障害福祉課、障がい者就労・生活支援センター担当職員と連携し支援チームを作っていく（ケアマネは必要時に参加）
残された課題 (次回の開催時期)	・経済面での許容範囲の確認がきちんととれていない　➡遺族年金をもらっているとのことだが、長女に介護費用として使える金額を確認しても明確な回答が得られないでいるため、毎月かかる費用を長女に提示し長女の了承を得ながらサービス計画を立てている。当初の目安の予算として2万円以内ならとの話もあったが、実際、長女の介護力負担の軽減等を加味していきながらサービスを組み立てるとそれ以上の費用がかかってしまう状況がある。今のところ長女は経済的なことを話したがらないが、今後、時間をかけて信頼関係を築き相談してもらえる状況を構築していくことが必要

事例9：介護力不足の三世代家族への対応

医療情報シート （主治医意見書の該当項目から転記、面談等による意見を記入してください。）

記入日：平成28年2月4日	病院・診療所名　F医院　　　担当医師氏名　G医師
1．現在の病状 (1) 診断名	廃用症候群／低栄養
(2) 症状としての安定性	安定　　　　　　(不安定)　　　　　　不明
(3) 生活機能低下の直接の原因となっている傷病または特定疾病の経過および投薬内容を含む治療内容	低栄養による廃用症候群。高血圧の治療も2年間中断されていた。 ①カンデサルタンシレキセチル　②グリセリン　③アズレンスルホン酸ナトリウム水和物　④白色ワセリン
2．生活機能の現状 (1) 障害高齢者の日常生活自立度 認知症高齢者の日常生活自立度	自立　J1　J2　A1　A2　B1　B2　(C1)　C2 自立　Ⅰ　Ⅱa　Ⅱb　(Ⅲa)　Ⅲb　Ⅳ　M
(2) 認知症の中核症状 短期記憶 日常の意思決定を行うための認知能力 自分の意志の伝達能力	無　(有)（　　　　　　　　　　　　　　　　） 無　(有)（　　　　　　　　　　　　　　　　） 自立　　　　いくらか困難　　　見守りが必要　　　(判断できない) 伝えられる　　いくらか困難　　(具体的要求に限られる)　　伝えられない
(3) 認知症の周辺症状	無 (有)（幻視・幻聴　妄想　(昼夜逆転)　暴言　暴行　介護への抵抗　徘徊　火の不始末 　　　不潔行為　異食行動　性的問題行動　その他（　　　　　　　　　　　　）
(4) その他の精神・神経症状 専門医受診の有無	無　　有（　　　　　　　　　　　　　　　　　　　　　　　　　　） (無)　有（　　　　　　　　　　　　　　　　　　　　　　　　　　）
(5) 身体の状態	利き腕　(右)・左　　　身長（144 cm）　体重（32 kg） 麻痺（　右上肢／両下肢　　　　　　　　　　　　　　　　　　　　） 筋力の低下（　両下肢筋力の低下ある　　　　　　　　　　　　　） 関節の拘縮（　膝関節・足首　　　　　　　　　　　　　　　　　） 関節の痛み（　　　　　　　　　　　　　　　　　　　　　　　　） 失調・不随意運動（　　　　　　　　　　　　　　　　　　　　　） 褥瘡（　右臀部に2カ所あり　）　その他の皮膚疾患（　　　　　）
3．今後の見通しと療養上留意すること (1) 現在発生しているまたは今後発生の可能性の高い状態とその対処方針	状態（　　　　　　　　　　　　　　　　　　　　　　　　　　　　） 対処方針（　脱水・低栄養によるるい瘦・褥瘡の悪化、栄養を摂り清潔を保つ　）
(2) サービス利用による生活機能の維持・改善の見通し	(期待できる)　　　　　期待できない　　　　　不明
(3) 医学的管理の必要性	高血圧、褥瘡、栄養管理が必要
(4) サービス提供における医学的観点からの留意事項	主介護者の介護力不足を補い、病状悪化させないよう全身状態の観察をする。
4．特記すべき事項	

　　年　月　日　開催のサービス担当者会議に出席できないので、主治医から出席者に伝えたいこと。

①ケアプラン原案について

②サービス、サービス提供スタッフ等に対する意見・指導・助言

③その他、福祉用具の活用についてのご意見等

個人情報の管理に厳重注意！

> **モニタリング**

①居宅サービス計画の実施状況

　週1回の定期的な往診と週3回の訪問看護で血圧のコントロールや服薬管理，褥瘡の処置が行われ，週4回の訪問介護で食事介助、清拭や更衣など清潔の保持ができている。体調が安定し、週1回訪問入浴介護を利用して浴槽につかることができた。特殊寝台、付属品をレンタルし、食事時に背上げを使い食事介助ができている。褥瘡予防マットレスに変更をして褥瘡は画期的に改善してきている。

②居宅サービス計画の点検

　サービスは予定通り実施されている。長女が在宅の日に、週1回訪問看護で長女に褥瘡の処置方法を具体的に見せて本人にも行ってもらう、栄養面、保清の必要性などわかりやすく説明をするなどの家族指導は効果的であった。反面、同居家族がいると訪問介護の生活支援を提供できないので、長女がすることになっている掃除等の家事は行われていないことがある。

③今後の方針・対応

　当面は現状のプランを継続していく。経済面でサービスに使える金額について、当初2万円以内との話があったが明確な回答が得られず、毎月かかる費用を提示して了解を得ながら計画を立てている。経済的なことがクリアになれば、介護保険では対応できない住環境の整備や療養通所介護の利用等を検討していきたい。

ケアマネジャーのふりかえり

- 暫定プラン作成から4カ月、本プラン作成からは変更なくプランが継続されている
- 介護サービスが入り、本人の生活は劇的に変化、体調は安定状態で維持できている
- 家族が同居していると地域の中で状態を確認できる場がなく、医療の中断や2年間まったく外に出ていなくても必要なサービスが入らないことがある
- 長女は「この地区の民生委員は口が軽いから絶対に介護保険の利用を言わないでほしい」「経済的なことには触れないでほしい」と、対応が難しいところがある。長女の気持ちを受け止めつつ、具体的なプランから費用の相談をするなど工夫している
- 週1回、訪問看護師が長女に行う褥瘡の処置やおむつ交換の指導は介護能力の向上につながっている。長女が理解でき、イメージできるような助言をしていくことを全事業所が共通認識して支援することが必要であると考える

📍 モニタリングのチェックポイント

- 緊急対応の弾力的支援を展開する中で感じた疑問を整理することや、地域と家族のつながりについての情報分析をすることは、多世代同居の生活援助には必要な視点の一つであろう。疑問があれば情報を漏らさず集めておくことが重要

（引っかかり例）
例1：長女による「民生委員は口が軽い」という印象はどこから捉えられているか
例2：本人と長女、本人と孫、本人と長女の夫、長女とその子ども、長女夫婦、長女の子ども達の関係性の理解を深めるための情報収集はどの程度可能なのか

第5表　　　　　　　　　　　　居宅介護支援経過

利用者名　　　A　殿

居宅サービス計画作成者氏名　　T

年月日	内　容
H28.2.1	＜開業医（主治医）から支援依頼の電話＞ ・新規依頼
H28.2.2	＜初回訪問－長女と面談＞ ・介護保険について説明し、要介護認定の代理申請の依頼を受ける 市役所訪問 ・介護保険の要介護認定の代理申請を行い、認定調査日を相談する
H28.2.3	＜電話報告－F医院＞ ・要介護認定の代理申請手続きを完了したことを報告 自宅訪問－長女と面談 ・居宅介護支援契約を行う　➡居宅介護支援利用の届け出申請をする ・暫定プランを作成することを説明する 市役所から電話 ・2月4日、市の職員が居宅を訪問し認定調査を実施するとのこと
H28.2.4	＜居宅訪問＞ ・認定調査に同席、初回アセスメント実施 長女と面談 ・必要なサービスを確認する 　➡各サービス事業所の調整を行う（明日担当者会議予定）
H28.2.5	＜居宅訪問・サービス担当者会議開催（初回）＞ ・定期的な往診と訪問看護サービス、また訪問看護の緊急対応にて病状管理を行う ・長女不在時の訪問介護サービスの導入。特殊寝台等を搬入し環境整備行う

		・訪問看護からおむつ交換の手順を長女にレクチャーしてもらう ・会議後、長女、会議参加者で部屋を片づけ、夕方ベッド搬入 **連絡－地域包括支援センター** ・部屋の環境からネグレクトも視野に入れ、地域包括支援センターの担当者へ連絡する
	H28.2.8	**＜居宅訪問－サービス提供立ち会い＞** ・初回訪問看護サービスに立ち会う、褥瘡発見 ・長女不在、自宅には長女の子どもがいて玄関の鍵を開けてくれたが、それ以外は関知しない状況あり **長女から電話** ・長女の子どもが、人が家に来るたびに玄関の鍵の開け閉めをするのはいやと言っていると相談が入り、キーボックスを提案する ・その後すぐ、長女からホームセンターにてキーボックスを購入したと連絡が入る ➡各サービス事業所にキーボックス導入と番号を連絡する
	H28.2.9	**＜居宅訪問－サービス提供立ち会い＞** ・初回訪問介護サービスに立ち会う ・キーボックスを確認 ・訪問時、長女不在、長女の子どもはいる様子だが顔を見せず
	H28.2.15	**＜居宅訪問－サービス提供立ち会い＞** ・訪問看護からの依頼でサービス提供時に訪問 ・清拭時、身体状況を観察。担当看護師より、入浴は倒れる前からしていない様子、入浴サービスが必要との相談を受ける **主治医に電話** ・訪問入浴の導入をして良いか指示を仰ぐ ・主治医より血圧が安定してきているので訪問入浴は可能との返答をもらう
	H28.2.16	**＜居宅訪問－長女と面談＞** ・長女に訪問入浴についての説明をし、サービス利用の了解を得る ・入浴のスペースを確保するために室内整理を長女に依頼 ・福祉用具担当者に特殊寝台移動の依頼をする
	H28.2.18	**＜居宅訪問－サービス担当者会議開催（2回目）＞** ・訪問入浴サービス導入に際して担当者会議を開催 **状況報告－地域包括支援センター** ・包括担当者と面談、本人家族の状況を伝える ・現在サービス導入で本人の状況も落ち着いているので、様子を見ながら同行訪問してくれるとのこと
	H28.2.24	**＜訪問介護担当者より電話＞** ・長女から、本人が思うように食事を食べられていないことの相談 ・おむつ交換時に本人の協力動作が得られないことから、おむつ交換の仕方をレクチャーしたいと思うとのこと

		自宅訪問 ・電話し、長女の帰宅を待って状況を確認 ・食事も水分も十分でない様子だったため、訪問看護に連絡し同行訪問する ・脱水があるかもしれないので、訪問看護から主治医に連絡するとのこと ・長女を中心に家族について再アセスメントを行う 連絡－地域包括担当者 ・長女の状況を担当者に伝える ・近日中に、同行訪問してくれるとのこと
H28.2.25		<訪問看護担当者より電話> ・主治医に連絡したところ、本日往診してくれるとのこと ・また、状況に応じて緊急で対応してくれるとのこと 自宅訪問 ・主治医、長女に確認の上、往診に立ち会わせてもらう ・午後の訪問入浴介護を利用しても良いか主治医に確認、主治医より入浴しても良いとの指示をもらう ・長女に子どもの相談先として地域包括支援センターがあること、近いうちに同行にて訪問したいと伝え了承を得る
H28.2.28		<長女より電話> ・介護保険の要介護認定の結果、要介護5となったと連絡あり ・各サービス事業所の担当者に連絡、急きょ明日担当者会議開催となる
H28.2.29		<居宅訪問－サービス担当者会議開催（3回目）> ・介護保険の認定結果を受けて担当者会議開催 ・長女、主治医、各サービス担当者、地域包括支援センター職員参加にて開催 ・本プラン作成
H28.3.4		<地域包括支援センターにて孫の支援について話し合い> ・長女、孫、障害福祉課職員、障がい者就業・生活支援センター職員、ケアマネジャーにて再就職に向けて相談 ・孫の職業適性についての評価を障害者職業センターに依頼して実施する方向。孫の就労の窓口は地域包括支援センターの社会福祉士が担当することになった

評価表

利用者名　　A　殿　　　　　　　　　　　　　　　　　　　　　　　　　　　　　作成日　平成28年5月26日

短期目標	（期間）	援助内容			結果 ※2	コメント（効果が認められたもの/見直しを要するもの）
		サービス内容	サービス種別	※1		
①医療を受け安定した病状で過ごせる	H28.2～H28.7	往診	療養管理	F医院	△	・週1の定期的な訪問と状態変化のある時には往診をしている
		病状管理	訪問看護	K訪問看護Ｓｔ	△	・医療連携をしっかりと行っている
②必要な栄養や水分を摂取できる	H28.2～H28.7	食事介助	訪問介護長女	Iケアセンター	△	・訪問時に確実に栄養と水分が摂取できるようになった ・本人が食べたがらないと食べさせていない時がある
		栄養補助食品の情報提供	居宅介護支援	S事業所	△	・当事業所の管理栄養士が情報提供し補助食品を購入
③褥瘡を改善する	H28.2～H28.7	福祉用具貸与の利用	福祉用具	M社	△	・特殊寝台、褥瘡予防のマットの導入が効果あり
		褥瘡処置の方法を家族へ指導	訪問看護	K訪問看護Ｓｔ	△	・処置により褥瘡が改善してきている
④快適に日常生活を過ごすことができる	H28.2～H28.7	清拭、手・足浴・おむつ交換	訪問介護	Iケアセンター	△	・清潔を保つことができるようになった
		入浴介助	訪問入浴介護	Q訪問入浴介護	△	・数ヵ月ぶりに入浴ができた。血圧を見ながら継続する
		整理整頓・掃除・おむつ交換	長女		△	・ベッド周囲は整理できた。おむつ交換はうまくなっきている
⑤介護や子育てについて相談できる	H28.2～H28.7	障害をもつ子どもの就労支援	地域包括支援	地域包括支援センター	△	・地域包括支援センター、市の障害福祉課、障がい者就労・生活支援センター等でチームを作り支援している
		家族不在時のサービス調整	居宅介護支援	S事業所	△	・各事業所と連携がとれておりサービスの調整はできている

※1 「当該サービスを行う事業所」について記入する。　※2 短期目標の実現度合いを5段階で記入する（◎：短期目標は予想を上回って達せられた、○：短期目標は達せられた（再度アセスメントして新たに短期目標を設定する）、△：短期目標は達成可能だが期間延長を要する、×1：短期目標の達成は困難であり見直しを要する、×2：短期目標だけでなく長期目標の達成も困難であり見直しを要する）

困難化させない支援のヒント

編集委員会

・当初はネグレクトを疑った事例であるが、長女の介護力や介護する環境にも視点を置き、長女が（母親と子どもの）介護と仕事を両立できる環境をチーム連携により整えた

ケアマネジャー

・突然に必要となった母親の介護と障害のある子どもの離職問題が重なり、介護者が混乱している状況での介入であった。そのため、介護することを具体的にし、介護者がわかりやすいように表を作るなど、目で見て理解できるよう工夫した

・介護者の障害のある子どものことも含め、ケアマネジャーは自分一人で業務を展開していくのではなく、それぞれの役割に適した人や部署と業務を分担していくことも、自身がケアマネジメントに専念できる体制を作る上で重要であると考えた

事例9：介護力不足の三世代家族への対応

ポイント解説：地域包括支援センター

地域包括支援センターの業務

地域包括支援センターは、市町村が設置主体となり、保健師・社会福祉士・主任介護支援専門員等を配置して、3職種のチームアプローチにより、住民の健康の保持及び生活の安定のために必要な援助を行うことにより、その保健医療の向上及び福祉の増進を包括的に支援することを目的とする施設である。（介護保険法第115条の46第1項）
主な業務は、介護予防支援及び包括的支援事業（①介護予防ケアマネジメント業務、②総合相談支援業務、③権利擁護業務、④包括的・継続的ケアマネジメント支援業務）で、制度横断的な連携ネットワークを構築して実施する。

総合相談支援業務
住民の各種相談を幅広く受け付けて、制度横断的な支援を実施

多面的（制度横断的）支援の展開
行政機関、保健所、医療機関、児童相談所など必要なサービスにつなぐ
- 介護サービス
- ボランティア
- ヘルスサービス
- 成年後見制度
- 地域権利擁護
- 民生委員
- 医療サービス
- 虐待防止
- 介護相談員

権利擁護業務
・成年後見制度の活用促進、高齢者虐待への対応など

包括的・継続的ケアマネジメント支援業務
・「地域ケア会議」等を通じた自立支援型ケアマネジメントの支援
・ケアマネジャーへの日常的個別指導・相談
・支援困難事例等への指導・助言

社会福祉士等／主任ケアマネジャー等／保健師等
チームアプローチ

介護予防支援
要支援者に対するケアプラン作成
※ケアマネ事業所への委託が可能

介護予防ケアマネジメント業務
二次予防事業対象者（旧特定高齢者）に対する介護予防ケアプランの作成など

：包括的支援事業（地域支援事業の一部）
：介護予防支援（保険給付の対象）

資料出所：厚生労働省

『困難化させないケアマネジメント　支援のヒント事例集』
編集委員会

■編著
國光登志子　（特定非営利活動法人日本地域福祉研究所　理事　主任研究員）
牧野　雅美　（アースサポート株式会社ケアマネジャーリーダー（兼）東日本エリア
　　　　　　　ケアマネジャースーパーバイザー）

■執筆　（50音順）
相田　里香　（有限会社相仁介護・支援サービス）
田邊　薫　　（医療法人社団翠会和光病院）
冨井　尚美　（社会福祉法人晴智会晴和苑）
中原　浩　　（船橋市法典地域包括支援センター）
原　　靖子　（株式会社Ｈ＆Ｈ居宅介護支援事業所　結）
福嶋　克巳　（社会福祉法人立正橘福祉会）
横山　康代　（しんど老人保健施設　居宅介護支援事業所）

＊所属・肩書きは執筆当時のものです。

サービス・インフォメーション
───────────通話無料───────────
①商品に関するご照会・お申込みのご依頼
　　　　　TEL 0120(203)694／FAX 0120(302)640
②ご住所・ご名義等各種変更のご連絡
　　　　　TEL 0120(203)696／FAX 0120(202)974
③請求・お支払いに関するご照会・ご要望
　　　　　TEL 0120(203)695／FAX 0120(202)973

●フリーダイヤル（TEL）の受付時間は、土・日・祝日を除く9：00～17：30です。
●FAXは24時間受け付けておりますので、あわせてご利用ください。

困難化させないケアマネジメント　支援のヒント事例集

平成29年1月10日	初版発行
平成30年9月30日	初版第2刷発行

編　著　　國光登志子・牧野　雅美

発行者　　田　中　英　弥

発行所　　第一法規株式会社
　　　　　〒107-8560　東京都港区南青山2-11-17
　　　　　ホームページ　http://www.daiichihoki.co.jp/

編集協力　城戸ユリ子

ケアマネヒント　ISBN 978-4-474-05648-0　C2036 (1)